职业教育"互联网+"新形态教材·财会类专业

会计信息化应用
（T3 财税云平台）

赵丽华　孙雪玲　宗方霞　主　编
王新玲　王欣仪　车　萌　副主编

电子工业出版社
Publishing House of Electronics Industry
北京·BEIJING

内 容 简 介

本书以职业院校大数据时代会计人才的培养为出发点，按照企业会计信息化的实施过程，以新道 T3 财税云平台为蓝本，其中案例适用 2013 年《小企业会计准则》，以小企业"业财税一体管理"为鲜明特色，简明地介绍了新道 T3 财税云平台的基本应用。

本书共分 14 个项目，在编写上体现了基于工作过程的项目驱动教学法，内容包括会计信息化基本认知、系统管理、基础档案设置、总账管理、编制财务报表、工资管理、固定资产管理、购销存管理子系统初始化、采购与应付管理、销售与应收管理、库存管理、存货核算、纳税申报和 RPA 财务机器人。

本书体例新颖，配套资源丰富，既可作为职业院校财会类专业和其他专业相关课程的教材与参考书，也可作为会计人员岗位培训教材与参考资料，还可作为相关经济管理人员的自学用书。

未经许可，不得以任何方式复制或抄袭本书之部分或全部内容。
版权所有，侵权必究。

图书在版编目（CIP）数据

会计信息化应用：T3 财税云平台 / 赵丽华, 孙雪玲, 宗方霞主编. --北京：电子工业出版社，2024.7.
ISBN 978-7-121-48169-7
Ⅰ. F232
中国国家版本馆 CIP 数据核字第 2024Y0H455 号

责任编辑：贾瑞敏
印　　刷：北京雁林吉兆印刷有限公司
装　　订：北京雁林吉兆印刷有限公司
出版发行：电子工业出版社
　　　　　北京市海淀区万寿路 173 信箱　　邮编 100036
开　　本：880×1 230　1/16　印张：14.75　字数：406 千字
版　　次：2024 年 7 月第 1 版
印　　次：2024 年 7 月第 1 次印刷
定　　价：49.80 元

凡所购买电子工业出版社图书有缺损问题，请向购买书店调换。若书店售缺，请与本社发行部联系，联系及邮购电话：（010）88254888，88258888。

质量投诉请发邮件至 zlts@phei.com.cn，盗版侵权举报请发邮件至 dbqq@phei.com.cn。
本书咨询联系方式：电话 18310186571；邮箱 fservice@vip.163.com；QQ 群 427695338；微信 DZFW18310186571。

前　言

职业教育是我国教育体系的重要组成部分，教材建设是推动职业教育发展的重要因素。本书贯彻党的二十大精神，适应职业教育会计信息化课程教学的特点和需要，针对职业教育人才的培养目标，注重对学习者实践操作能力的培养，搭建了如下的学习结构。

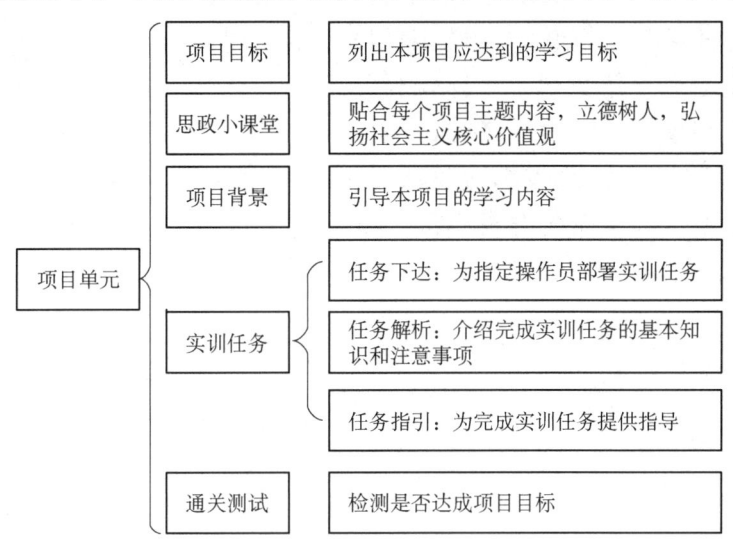

本书具有如下特色。

1. 项目引领，任务驱动

本书在内容的编写上，着力体现基于工作过程的项目驱动教学法，把每个项目分解为若干个简单易懂、易操作的任务。每个任务通过任务下达、任务解析、任务指引明确任务执行主体、任务中包含的知识点和完成任务的步骤。通过完成系列相关任务，完成每个项目的教学目标，进而实现整个课程的教学目标。

2. 结构精练，聚焦应用

本书充分考虑到学情，遵循"以实用为主，以掌握基础为重"的原则，针对完成任务必备的知识进行铺垫，用贯穿全书的系列"任务"把一个完整的企业案例串接起来，真正做到理论与实践相结合，强化动手能力。

3. 赛证结合，特色鲜明

本书首次介绍了T3云平台"发票管理""纳税申报""RPA财务机器人"三部分内容，将业财税全面打通，有助于学生参加新道科技股份有限公司组织的"百城联赛"，并考取业财一体信息化职业技能等级证书。

4. 融入思政教育，提升专业素养

本书设立"思政小课堂"，融入会计及会计信息化相关思政元素，以微课方式呈现，培养学生树立历史使命感和责任担当意识，养成细致严谨、精益求精的工作态度及诚实守信、遵纪守法的职业素养，成长为担当民族复兴大任的时代新人。

5. 配套资源齐全

本书配备云课程，可以让学生学习更高效，让教师教学更轻松。登录云博课堂，然后加入班级，输入邀请码480738，即可体验本书配套的云课程——不受专业机房、专业课时限制，只要有因特网，就可以随时随地观看操作视频，进行实训，并实时评分。

本书还配备了教学大纲、授课PPT、实训账套和操作视频（重要任务的操作可通过扫描书中二维码查看）。教学资源及云课程授课码的索取方式请参见书后所附的教学资源索取表。它们都从不同角度帮助学习者快速入门、融会贯通。

本书由青岛市西海岸新区职业中等专业学校赵丽华、畅捷通信息技术股份有限公司孙雪玲、青岛市西海岸新区职业中等专业学校宗方霞担任主编；天津财经大学王新玲，青岛市西海岸新区职业中等专业学校王欣仪、车萌担任副主编；河北省河间市职业教育中心郝俊影、灵山县职业技术学校谢勇担任参编。具体编写分工为：赵丽华编写项目1至项目3；孙雪玲编写项目5、项目6和项目14；宗方霞编写项目7和项目8；王新玲编写项目9；王欣仪编写项目10；车萌编写项目11；郝俊影编写项目12；谢勇编写项目13。

由于编者水平有限，书中难免存在疏漏之处，敬请读者批评指正。

编　者

目 录

项目 1 会计信息化基本认知　1

项目背景 /1
基本知识 /1
　1.1 会计信息化的相关概念 /1
　1.2 会计软件选型 /2
　1.3 会计信息化实训平台 /3
实训任务 /4
　任务 1 学习登录 T3 /4
　任务 2 获取教学资源 /5
通关测试 /5

项目 2 系统管理　6

项目背景 /6
基本知识 /6
　2.1 认识系统管理 /6
　2.2 企业建账的工作流程 /7
实训任务 /7
　任务 1 以系统管理员身份登录系统管理 /7
　任务 2 增加操作员 /8
　任务 3 企业建账 /9
　任务 4 设置操作员权限 /12
　任务 5 修改账套 /13
　任务 6 备份账套 /14
　任务 7 账套恢复 /15
通关测试 /15

项目 3 基础档案设置　17

项目背景 /17
基本知识 /17
　3.1 整理基础档案 /17
　3.2 输入基础档案 /18

实训任务 /18
　任务 1 注册 T3 /18
　任务 2 机构设置 /19
　任务 3 往来单位设置 /21
　任务 4 存货设置 /23
　任务 5 财务设置 /26
　任务 6 收付结算设置 /34
通关测试 /35

项目 4 总账管理　37

项目背景 /37
基本知识 /38
　4.1 认识总账管理子系统 /38
　4.2 总账管理子系统和其他子系统之间的数据关系 /38
　4.3 总账管理子系统的应用流程 /39
实训任务 /40
　任务 1 总账选项设置 /40
　任务 2 总账期初余额输入 /42
　任务 3 填制凭证 /46
　任务 4 出纳签字 /58
　任务 5 审核凭证 /59
　任务 6 记账 /60
　任务 7 账簿查询 /62
　任务 8 现金管理 /66
　任务 9 月末处理 /70
　任务 10 反结账 /75
　任务 11 红字冲销 /76
　任务 12 删除凭证 /76
通关测试 /77

项目 5 编制财务报表　79

项目背景 /79

基本知识 /79
    5.1 认识财务报表子系统 /79
    5.2 基本概念 /80
    5.3 编制报表的工作流程 /81
实训任务 /82
    任务1 新建报表 /82
    任务2 设计报表格式 /83
    任务3 定义报表公式 /85
    任务4 报表数据处理 /88
    任务5 利用报表模板制作报表 /89
通关测试 /90

项目6 工资管理

项目背景 /91
基本知识 /91
    6.1 认识工资管理子系统 /91
    6.2 工资管理子系统的操作流程 /92
实训任务 /93
    任务1 启用工资管理子系统 /93
    任务2 建立工资账套 /93
    任务3 工资账套基础信息设置 /95
    任务4 工资类别基础信息设置 /97
    任务5 日常工资管理 /104
    任务6 月末处理 /108
通关测试 /109

项目7 固定资产管理

项目背景 /111
基本知识 /111
    7.1 认识固定资产管理子系统 /111
    7.2 固定资产管理子系统的业务处理流程 /112
实训任务 /113
    任务1 固定资产管理子系统的启用 /113
    任务2 建立固定资产账套 /113
    任务3 基础信息设置 /116
    任务4 输入固定资产原始卡片信息 /118
    任务5 日常业务处理（一） /120
    任务6 日常业务处理（二） /127
    任务7 固定资产卡片管理 /130
通关测试 /130

项目8 购销存管理子系统初始化

项目背景 /132
基本知识 /132
    8.1 认识购销存管理子系统 /132
    8.2 购销存管理子系统模块间的数据关联 /133
实训任务 /134
    任务1 启用购销存管理相关系统 /134
    任务2 设置基础档案信息 /134
    任务3 设置购销存管理子系统的核算科目 /136
    任务4 设置购销存业务范围 /139
    任务5 期初数据输入 /139
通关测试 /143

项目9 采购与应付管理

项目背景 /145
基本知识 /145
    9.1 认识采购管理子系统 /145
    9.2 采购管理子系统与T3其他子系统的数据关联 /145
实训任务 /146
    任务1 普通采购业务处理 /146
    任务2 预付订金业务处理 /155
    任务3 采购现付业务处理 /156
    任务4 预付冲应付业务处理 /158
    任务5 暂估入库报销处理 /160
    任务6 采购运费处理 /163
    任务7 查看本企业暂估成本核算方式 /167
通关测试 /168

项目 10 销售与应收管理 /169

项目背景 /169

基本知识 /169
    10.1 认识销售管理子系统 /169
    10.2 销售管理子系统与 T3 其他子系统的数据关联 /170

实训任务 /170
    任务 1 信息同步 /170
    任务 2 普通销售业务处理 /172
    任务 3 销售现收业务处理 /180
    任务 4 代垫费用处理 /182
    任务 5 开票直接发货 /184
    任务 6 预收款业务处理 /185
    任务 7 应收冲应收业务处理 /187
    任务 8 退货业务处理 /188

通关测试 /192

项目 11 库存管理 /193

项目背景 /193

基本知识 /193
    11.1 认识库存管理子系统 /193
    11.2 库存管理子系统和 T3 其他子系统之间的数据关联 /194

实训任务 /194
    任务 1 入库业务处理 /194
    任务 2 出库业务处理 /197
    任务 3 调拨业务 /200
    任务 4 盘点业务 /202

通关测试 /203

项目 12 存货核算 /204

项目背景 /204

基本知识 /204
    12.1 认识核算管理子系统 /204
    12.2 核算管理子系统和 T3 其他子系统之间的数据关联 /205

实训任务 /206
    任务 1 入库及调整业务处理 /206
    任务 2 购销存和核算月末结账 /208

通关测试 /209

项目 13 纳税申报 /211

项目背景 /211

基本知识 /211
    13.1 认识纳税申报子系统 /211
    13.2 纳税申报子系统和 T3 其他子系统之间的数据关联 /212

实训任务 /212
    任务 1 纳税申报相关设置 /212
    任务 2 税务报表填报 /213
    任务 3 进行纳税申报 /215

通关测试 /216

项目 14 RPA 财务机器人 /218

项目背景 /218

基本知识 /218
    14.1 认识 RPA 财务机器人 /218
    14.2 RPA 财务机器人和 T3 子系统应用场景 /219

实训任务 /219
    任务 1 客户档案维护机器人 /219
    任务 2 税收分类编码机器人 /221
    任务 3 固定资产卡片录入机器人 /223
    任务 4 月末结账机器人 /224

通关测试 /225

项目 1
会计信息化基本认知

知识目标
1. 了解会计信息化的相关概念。
2. 了解企业会计信息化的建设过程。
3. 了解 T3 财税云平台的功能结构。

技能目标
1. 学习登录 T3 财税云平台。
2. 学会从畅课堂上获取教学资源。

素质目标
让学生充分认识到技术发展对会计的影响，树立积极把新技术引入会计的与时俱进的理念。

思政小课堂

会计发展简史

项目背景

北京华宇电脑有限公司（以下简称华宇电脑）是一家从事计算机生产和销售的公司。经过慎重选型，该公司购买了新道科技股份有限公司（以下简称新道科技）的 T3 财税云平台，准备从 2023 年 1 月开始利用 T3 财税云平台管理企业业务，实现财务业务的一体化管理。

基本知识

1.1 会计信息化的相关概念

1.1.1 会计电算化

我国将计算机用于会计工作是从 1979 年财政部给长春第一汽车制造厂拨款 500 万元试点开始的。1981 年，在长春召开了"财务、会计、成本应用电子计算机专题研讨会"，会上正式把电子计算机在会计工作中的应用简称为会计电算化。

会计电算化是将以电子计算机为主的当代电子和信息技术应用到会计工作中的简称。它主要是应用电子计算机代替人工记账、算账、报账，以及代替部分由大脑完成的对会计信息的处理、分析和判断的过程。

会计电算化是会计发展史上的一次革命，对会计工作的各个方面都产生了深刻的影响。会计电算化的普及应用，有利于促进会计工作的规范化，提高会计工作的效率和质量；有助于减轻会计人员的劳动强度，更好地发挥会计的职能作用，为实现会计工作现代化奠定良好的基础。

1.1.2 会计信息化

2000 年，在深圳召开了会计信息化理论专家座谈会，会上首次提出从会计电算化走向会计信息化的观点,之后逐渐形成了会计信息化的概念。会计信息化是会计电算化的高级阶段,是国家整体信息化的重要组成部分。

《企业会计信息化工作规范》[1]指出:会计信息化是指企业利用计算机、网络通信等现代信息技术手段开展会计核算,以及利用上述手段将会计核算与其他经营管理活动有机结合的过程。会计信息化不仅包括与会计核算相关的信息化,同时考虑到企业其他经营管理职能与会计职能可能存在交叉重叠,其他信息系统可能是会计信息系统重要数据来源的情况,也将会计核算与其他经营管理活动结合的情况纳入会计信息化范围。这样定义,有利于企业正确认识会计信息化与其他领域信息化的密切关系,有利于企业财务会计部门适当地参与企业全领域的信息化工作。

1.1.3 会计软件

《企业会计信息化工作规范》指出:会计软件是指企业使用的,专门用于会计核算、财务管理的计算机软件、软件系统或其功能模块。会计软件具有以下功能。

① 为会计核算、财务管理直接采集数据。
② 生成会计凭证、账簿、报表等会计资料。
③ 对会计资料进行转换、输出、分析、利用。

例如,通用表处理软件 Excel 不符合会计软件的定义,ERP(企业资源计划)系统中的部分子系统符合会计软件的定义。

1.2　会计软件选型

1. 会计软件分类

按照不同的分类方法,会计软件可以划分为不同的类型:按软件适用范围划分,可分为通用会计软件和专用会计软件;按软件来源划分,可分为国内软件和国外软件;按软件网络技术架构划分,可分为基于 C/S(客户/服务器)架构的软件和基于 B/S(浏览器/服务器)架构的软件。

① 通用会计软件是指满足大部分企业应用需求的会计软件。通用会计软件是通过在系统内预置大量的系统参数和多种核算方法,由用户根据企业自身的特点通过参数设定将通用软件改造成适合本企业的软件。因此,软件越通用,意味着系统初始化的工作量就越大。

② 专用会计软件一般是指面向特定企业,采用自行开发方式或委托开发方式开发,只适用于个别单位使用的会计软件。

2. 企业会计软件选型的指导意见

按照《企业会计信息化工作规范》的指导意见,企业在会计软件选型时应做到以下几点。

① 企业配备的会计软件应当符合《企业会计信息化工作规范》中关于会计软件和服务规范部分的要求。

② 企业配备会计软件应当根据自身技术力量及业务需求,考虑软件的功能、安全性、稳定性、响应速度、可扩展性等,合理选择购买、定制开发、购买与定制开发相结合等方式。

③ 企业通过委托外部单位开发、购买等方式配备会计软件,应当在有关合同中约定操作培训、软件升级、故障解决等服务事项,以及约定软件供应商对企业信息安全的责任。

3. SaaS 应用模式

小微企业除购买和开发两种获取财务软件的方式外,还可以考虑 SaaS 应用模式。

---

[1] 2013 年 12 月 6 日,财政部印发《企业会计信息化工作规范》(财会〔2013〕20 号)。该规范分总则、会计软件和服务、企业会计信息化、监督、附则 5 章 49 条,自 2014 年 1 月 6 日起施行。

SaaS 是 Software-as-a-Service（软件即服务）的简称，是一种通过因特网提供软件的模式——软件供应商将应用软件统一部署在云服务器上，企业可以根据自己的实际需求订购服务并向厂商支付费用，即按需租用。SaaS 的月租费中包括通常的应用软件许可证费、软件维护费及技术支持费。对于许多小微企业来说，SaaS 是采用先进技术的最好途径，它节省了企业购买、构建和维护基础设施及应用程序的费用。

1.3 会计信息化实训平台

本书选择新道科技的 T3 财税云平台（以下简称 T3）作为会计信息化实训平台。

1.3.1 T3 简介

1. 功能特点

T3 系列关注小企业会计信息管理的现状和需求，以"精细管理，精细理财"为产品核心理念，以财务核算为主轴，业务管理为导向，提供产、供、销、财、税一体化的解决方案，帮助企业实现业务运作的全程管理与信息共享。

T3 系列是一款通用的商品化软件。新道科技提供网络版和云平台版两种服务模式。

2. 功能结构

T3 的功能结构如图 1.1 所示。

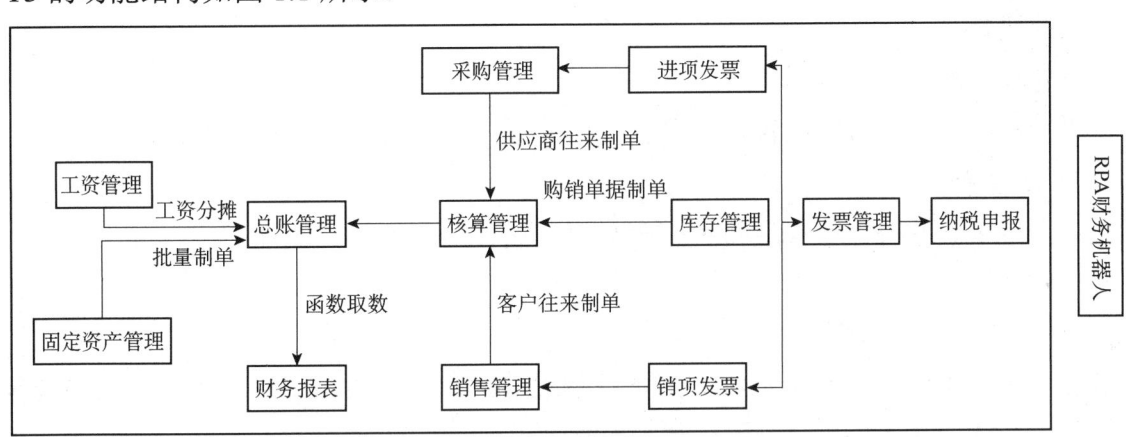

图 1.1 T3 的功能结构

T3 由服务于不同层面的子系统构成。下面对这些子系统的功能进行简要介绍。

（1）总账管理

总账管理是 T3 的核心子系统。企业发生各项经济业务时取得原始凭证，在总账管理子系统中输入记账凭证，后续经过凭证复核和记账处理，完成账簿登记。总账管理子系统提供了丰富的账簿查询功能，并且支持按照部门、个人、项目开展专项辅助核算管理。

（2）财务报表

财务报表子系统可以完成各种会计报表的编制与汇总工作，生成各种内部报表、外部报表及汇总报表，根据报表数据生成各种分析表和分析图等。

（3）工资管理

工资管理子系统以职工个人的原始工资数据为基础，可以完成职工工资的计算，工资费用的汇总和分配，计算个人所得税，查询、统计和打印各种工资表，自动编制工资费用分配凭证传递给总账管理子系统。

（4）固定资产管理

固定资产管理子系统主要是对设备进行管理，即存储和管理固定资产卡片，灵活地对其进行增加、删除、修改、查询、打印、统计与汇总。进行固定资产的变动核算时，在输入固定资产增减变动或项目内容变化的原始凭证后，可以自动登记固定资产明细账，更新固定资产卡片。完成计提折旧和分配后，可以生成折旧计提及分配明细表、固定资产综合指标统计表等，业务凭证可自动转入总账管理子系统。

（5）采购管理

采购管理子系统支持对企业采购全过程的管理，包括采购订货、采购入库、开具采购发票、核算采购成本、确认应付、付款及核销各个环节。

（6）销售管理

销售管理子系统支持对企业销售全过程的管理，包括销售订货、销售发货、销售出库、销售开票、确认应收、收款及核销各个环节。

（7）库存管理

库存管理子系统支持对企业存货的出入库进行管理——侧重于对出入库数量进行管理。

（8）核算管理

核算管理（也称存货核算）子系统主要是进行存货出入库成本的核算，并可以将购销存业务产生的各种单据生成凭证，传入总账管理子系统。它是联结总账管理子系统和购销存管理子系统的纽带。

（9）发票管理

发票管理子系统支持防伪税控开票、发票采集、发票认证、一键取票等。

（10）纳税申报

纳税申报子系统可以进行增值税、附加税、企业所得税和个人所得税纳税申报，一键申报等。

（11）RPA财务机器人

RPA财务机器人可以进行RPA财务流程设计、数据检索与记录、图像识别与处理、平台资料上传下载、数据加工与分析、数据监控与产出等。

1.3.2 云博课堂

云博课堂是新道科技研发的"教、学、测、评"一体化集成平台。通过云端支持课程创建、资源共享、教学互动、教学评测等教学管理活动，使广大师生能随时随地获得资源，实现自主学习，提高学习效率。

实训任务

任务1　学习登录T3

任务下达

登录T3。

任务解析

T3是集RPA、人工智能、大数据分析等新技术于一体的在线平台。它通过高仿真案例，高效培养符合会计新专业标准要求的会计信息化人才；它引领职业院校的专业建设与课程改

项目1　会计信息化基本认知

革，引导教学团队关注职教发展、推进改革创新、注重协作教研，推动职业院校回归课堂教学、解决教学难题、服务学生成长。

任务指引

步骤1　将T3部署在学校的服务器上。
步骤2　建立班级，为每个同学分配登录账号。
步骤3　以指定账号登录，可以看到开放的资源。

任务2　获取教学资源

任务下达

登录云博课堂，获取本课程教学资源。

任务解析

为方便教学，本书配备了立体化教学资源，包括教学大纲、授课PPT、实训账套、操作视频等，这些配套资源放置于云博课堂。借助这些教学资源，教学可以达到事半功倍的效果。

任务指引

步骤1　登录云博课堂。
步骤2　在首页找到"会计信息化应用（T3财税云平台）"课程，单击进入即可。

 ## 通关测试

在线测试

一、判断题

1. 会计信息化是指企业利用计算机、网络通信等现代信息技术手段开展会计核算，以及利用上述手段将会计核算与其他经营管理活动有机结合的过程。（　　）
2. 软件越通用，内置的参数就越少。（　　）
3. SaaS是一种按需租用的软件获取方式。（　　）

二、选择题

1. T3属于（　　）。
　　A. 通用软件　　　　B. 专用软件　　　　C. 行业会计软件
2. 电子会计凭证包括（　　）。
　　A. 电子发票　　　B. 电子行程单　　　C. 银行电子回单　　　D. 电子客票
3. 企业配备的会计软件应当符合（　　）中关于会计软件和服务规范部分规定的要求。
　　A.《中华人民共和国会计法》　　　　　B.《企业会计准则》
　　C.《企业会计信息化工作规范》　　　　D.《会计制度》

三、思考题

1. 在会计信息化定义中，你对"其他经营管理活动"是如何理解的？
2. 采用SaaS应用模式的优势有哪些？
3. T3的功能结构是怎样的？

项目 2 系统管理

知识目标
1. 了解系统管理的作用。
2. 理解系统管理的基本功能。
3. 熟悉建立企业核算账套的完整工作过程。
4. 理解操作员及权限的作用和设置方法。
5. 理解账套备份的重要性。

技能目标
1. 掌握注册系统管理、增加操作员、建立企业账套、设置权限、系统启用、账套备份及恢复等操作。
2. 了解修改账套的操作。

素质目标
通过实训操作，培养学生认真细致的工作作风。

 **项目背景**

北京华宇电脑有限公司（简称华宇电脑）购买了 T3 中的总账管理、财务报表、工资管理、固定资产管理、购销存管理和核算管理子系统，并准备于 2023 年 1 月开始使用 T3 管理企业业务。

企业选购 T3 作为会计信息化应用平台之后，首先需要在系统中建立企业的基本信息、核算方法、编码规则等，这称为建账。这里的"账"在 T3 中称为"账套"。本项目我们就为华宇电脑在 T3 中建立一个账套。

 **基本知识**

2.1 认识系统管理

T3 由多个子系统组成，各个子系统服务于企业管理的不同层面，满足不同的管理需要。子系统本身具有相对独立的功能，彼此之间具有紧密的联系。它们共用一个企业数据库，拥有公共的基础信息、相同的账套和年度账。

系统管理是 T3 为各个子系统提供的一个公共管理平台，用于对整个系统的公共任务进行统一管理。其主要内容包括以下几个方面。

2.1.1 账套管理

账套是一组相互关联的数据。在 T3 中，可以为多个企业（或企业内多个独立核算的部门）分别立账，每个企业的数据都存放在数据库中，各账套之间相互独立、互不影响。系统最多允许建立999个企业账套。

账套管理功能包括建立账套、修改账套、删除账套、备份/恢复账套和启用系统。

2.1.2 年度账管理

年度账与账套是两个不同的概念。把企业数据按年度进行划分，称为年度账。年度账可以作为系统操作的基本单位，因此设置年度账主要是为了管理方便。

年度账管理包括年度账的建立、备份、恢复、结转上年度数据和清空年度数据。对年度账的管理只能由账套主管进行。

2.1.3 操作员及其操作权限的集中管理

为了保证系统及数据的安全与机密，系统管理提供了操作员及操作权限的集中管理功能。通过对系统操作分工和权限的管理，一方面可以避免与业务无关的人员进入系统；另一方面可以对系统所包含的各个子系统的操作进行协调，以保证各司其职、流程顺畅。

操作权限的集中管理包括设置操作员和为操作员分配权限。

2.1.4 系统运行安全管理

对企业来说，系统运行安全是至关重要的。为此，T3提供了强有力的安全保障机制，包括由系统管理员对T3系统的运行过程进行监控，及时发现并清除系统运行过程中的异常，自动记录形成上机日志，以及升级SQL Server数据库等。

2.2 企业建账的工作流程

为了帮助企业顺利、快速地完成企业账套的创建工作，我们先给出企业建账的工作流程，如图2.1所示。有关企业建账的详细内容可见本项目实训任务中的任务解析。

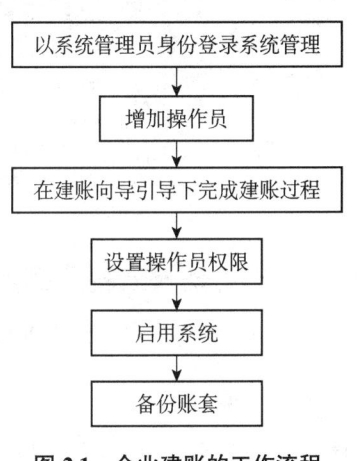

图2.1 企业建账的工作流程

 实训任务

任务1 以系统管理员身份登录系统管理

任务下达

以系统管理员身份登录系统管理。

任务解析

鉴于系统管理在T3中的地位和重要性，对能够登录系统管理的人员做了严格限制。T3只允许以两种身份注册进入系统管理：一是系统管理员；二是账套主管。

系统管理员负责整个系统的安全运行和数据维护。以系统管理员身份登录系统，可以进行账套的建立、备份和恢复，设置操作员和为操作员分配权限。T3中默认的系统管理员为admin，初始密码为空。系统管理员的工作性质偏技术，他只能使用系统管理，不能登录T3进行业务处理。

账套主管负责对所管辖账套的管理，其工作任务是确定企业会计核算的规则，为该账套内的操作员分配权限，组织企业业务处理按既定流程进行。对所管辖的账套来说，账套主管是级别最高的，拥有所有子系统的操作权限。

任务指引

步骤1　双击系统管理图标，打开"系统管理"窗口。

步骤2　选择"系统"|"注册"命令，打开"注册〖控制台〗"对话框。

步骤3　在"用户名"文本框中输入T3默认的系统管理员"admin"（必须小写），初始密码为空，如图2.2所示。

步骤4　单击"确定"按钮，打开"系统管理"窗口。窗口下方的状态栏中显示当前操作员admin，如图2.3所示。窗口上方显示为黑色的菜单项为系统管理员可以执行的功能。

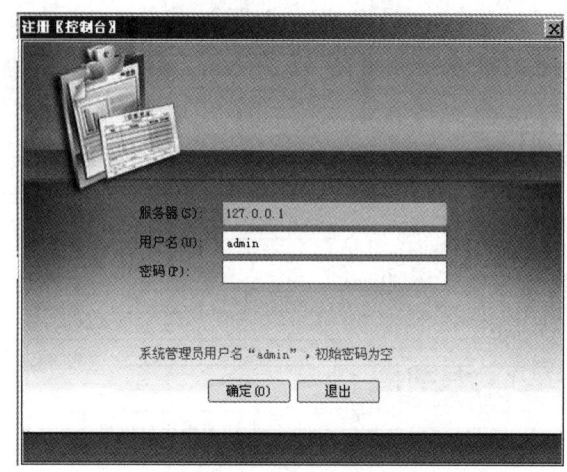

图2.2　以系统管理员身份登录系统管理

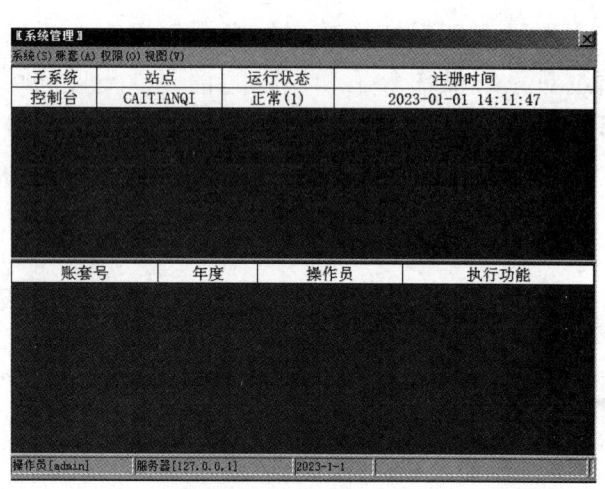

图2.3　系统管理员登录系统管理后的界面

> **注意**
> ① 系统管理员admin只能小写。
> ② 在"系统管理"窗口中，选择"系统"|"退出"命令，即可退出系统管理。

任务2　增加操作员

任务下达

以系统管理员的身份在T3中增加操作员。

任务解析

操作员也称用户，是指有权登录系统，并对系统进行操作的人。登录T3时需要进行用户身份验证，即需要提供用户名和密码。因此，企业在开始使用T3之前，需要设定T3系统的操作员，并按照企业内部控制要求对操作人员的使用权限进行明确限定——一方面杜绝无关人员登录系统，另一方面保证操作员按照岗位工作需要对系统进行有序操作，从而保证整个系统和会计数据的安全与保密。

操作员管理包括操作员的增加、修改和删除。

任务详情

按表2.1增加操作员。

项目 2 系统管理

表 2.1 华宇电脑 T3 操作员

编 号	姓 名	口 令	所属部门
101	于谦	1	财务部
102	耿丽	空	财务部
103	冯洁	空	财务部

任务指引

步骤1 以系统管理员的身份在"系统管理"窗口中选择"权限"|"操作员"命令,打开"操作员"对话框。

增加操作员

步骤2 单击"增加"按钮,打开"增加操作员"对话框。输入编号"101"、姓名"于谦"、口令及确认口令"1"、所属部门"财务部",如图2.4所示。

步骤3 单击"增加"按钮,系统弹出"添加成功"信息提示框。单击"确定"按钮返回。

步骤4 继续增加其他操作员。完成后单击"退出"按钮返回。

步骤5 单击"退出"按钮,退出"操作员"对话框,返回系统管理。

图 2.4 增加操作员

注意

① 只有系统管理员才有权限设置操作员。
② 操作员编号在系统中是唯一的。
③ 所设置的操作员一旦被引用,就不能删除。
④ 使用系统之后调离企业的操作员可以通过"修改操作员"对话框中的"注销当前操作员"功能进行注销。该操作员此后不允许再登录系统。

任务3 企业建账

任务下达

以系统管理员的身份在系统管理中为华宇电脑创建账套。

任务解析

企业在应用 T3 之前需要为本单位建立一套账簿文件。这些文件存放在数据库中,用于存放企业日后发生的各种经济业务信息。

建账时需要根据本单位的具体情况进行账套的参数设置,建账过程可在建账向导引导下完成。

只有系统管理员可以创建账套。

任务详情

华宇电脑企业建账的相关信息如下。

① 账套信息包括:账套号500;账套名称"华宇电脑";启用会计期"2023年1月"。

9

② 单位信息包括：单位名称"北京华宇电脑有限公司"；单位简称"华宇电脑"；单位地址"北京市海淀区中关村大街32号"；联系电话"010-67794296"；税号"91110555054889652C"；银行名称"中国银行北京分行中关村分理处"；银行账号"6646474104744061823"。

③ 核算类型包括：企业类型"工业"；记账本位币"人民币"；执行《小企业会计准则》（2013年）；账套主管"于谦"。

④ 基础信息包括：企业有外币业务；对经济业务处理时，需要对客户和存货分类，供应商无须分类。

⑤ 分类编码方案：科目4222；客户和存货223；部门122。

⑥ 数据精度采用系统默认设置。

⑦ 建账完成后立即启用总账管理、发票管理和纳税管理子系统，启用日期为"2023-01-01"。

任务指引

创建账套

步骤1　以系统管理员的身份在"系统管理"窗口中选择"账套"|"建立"命令，打开"添加账套——账套信息"对话框，输入账套信息如图2.5所示。

① 账套号。账套号是该企业账套的唯一标志，为必须输入项，且不得与机内已经存在的账套号重复。可以输入001至999之间的3个字符，本例输入账套号"500"。

② 账套名称。账套名称可以输入核算单位的简称，为必须输入项。进入系统后它将显示在正在运行的软件界面上。本例输入"华宇电脑"。

③ 启用会计期。启用会计期是指使用T3进行业务处理的初始日期，为必须输入项。系统默认为计算机的系统日期，本例更改为"2023年1月"。系统自动将自然月份作为会计核算期间。

步骤2　单击"下一步"按钮，打开"添加账套——单位信息"对话框。输入单位信息，如图2.6所示。

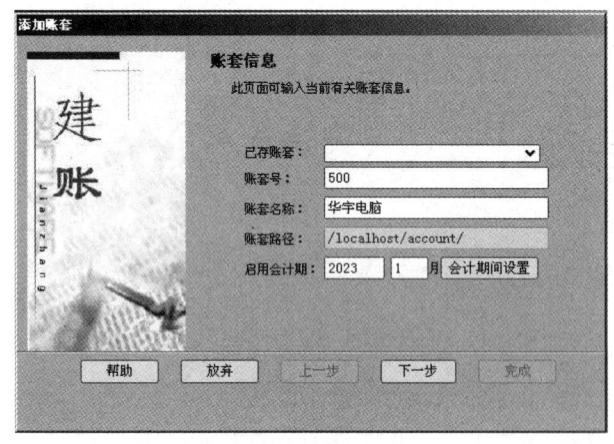

图2.5　添加账套——账套信息

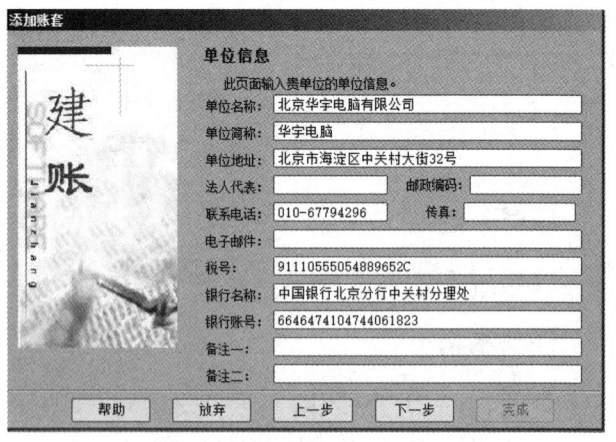

图2.6　添加账套——单位信息

① 单位名称。此处必须输入企业的全称。企业全称在正式发票中使用，其余情况全部使用企业简称。本例输入"北京华宇电脑有限公司"。

② 单位简称。此处是用户单位的简称，最好输入。本例输入"华宇电脑"。

继续输入其他栏目，参照所给资料输入即可。

步骤3　单击"下一步"按钮，打开"添加账套——核算类型"对话框。输入核算类型，如图2.7所示。

① 本币代码。本项必须输入。本例采用系统默认值 RMB。
② 本币名称。本项必须输入。本例采用系统默认值"人民币"。
③ 企业类型。本项系统提供了工业、商业两种类型。如果选择"工业",则系统不能处理受托代销业务;如果选择"商业",则系统不能处理产成品入库、材料领用出库业务。本例采用系统默认值"工业"。
④ 行业性质。用户必须从下拉列表框中选择输入,系统将按照所选择的行业性质预置科目。本例选择"小企业会计准则(2013年)"。
⑤ 账套主管。从下拉列表框中选择"[101]于谦"。
⑥ 按行业性质预置科目。如果希望系统预置所属行业的标准一级科目,则选中该复选框。本例选中此复选框。

> **注意**
> ① 行业性质是系统提供科目和报表等基础数据的依据。
> ② 账套主管既可以在此确定,也可以在操作员权限设置功能中进行设置。

步骤 4　单击"下一步"按钮,打开"添加账套——基础信息"对话框。选择存货需要分类、客户需要分类和有外币核算,如图 2.8 所示。

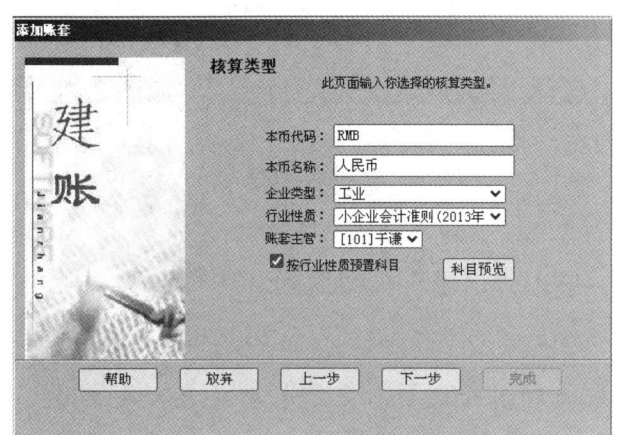

图 2.7　添加账套——核算类型

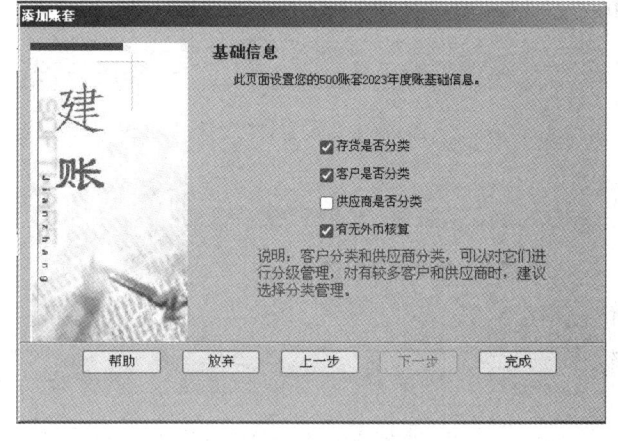

图 2.8　添加账套——基础信息

> **注意**
> 　　如果企业的存货、客户、供应商相对较多,则可以对它们进行分类管理。分类的目的是提供统计分析的口径。

步骤 5　单击"完成"按钮,弹出系统提示"请稍等,正在创建账套"。
步骤 6　完成后打开"编码级次"对话框。按要求设置各个项目的编码级次,如图 2.9 所示。

> **注意**
> ① 科目编码级次的第 1 级级长根据"添加账套——核算类型"对话框中选择的行业性质决定,其他级次、级长可根据需要修改。
> ② 删除编码级次时,需要从后向前逐级删除。

步骤 7　单击"确认"按钮,打开"数据精度定义"对话框。
步骤 8　默认系统设置,单击"确认"按钮,系统弹出"创建账套:{华宇电脑:[500]}

成功"信息提示框，如图 2.10 所示。

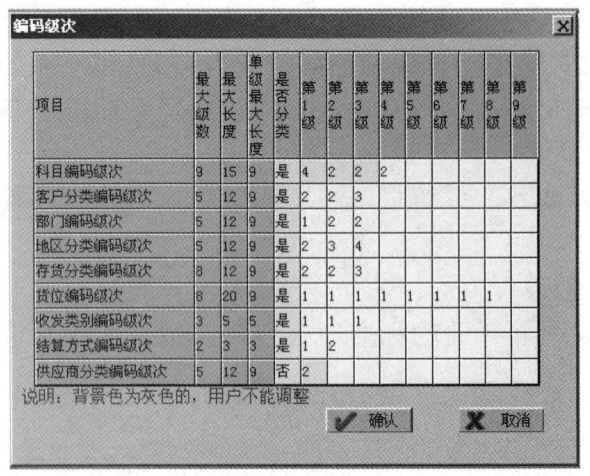

图 2.9　编码级次

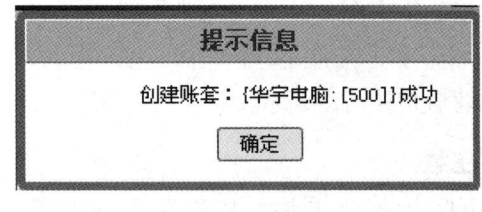

图 2.10　创建账套成功提示

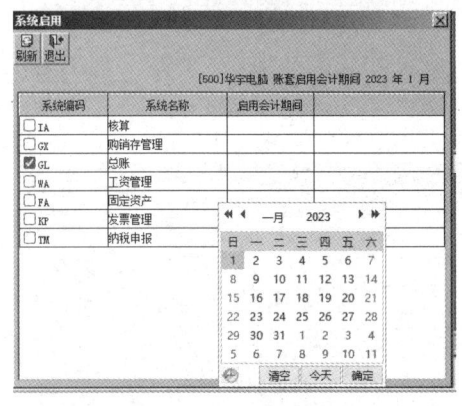

图 2.11　启用总账管理子系统

步骤 9　单击"确定"按钮，系统弹出"是否立即启用账套"信息提示框。单击"确定"按钮，打开"系统启用"对话框。

步骤 10　单击"总账"前的复选框，系统弹出"日历"对话框。选择"2023""一月""1日"，如图 2.11 所示。单击"确定"按钮。

步骤 11　同理，启用"发票管理"和"纳税申报"子系统。

步骤 12　单击"退出"按钮返回。

> **注意**
>
> ① 只有系统管理员和账套主管有权进行系统启用的设置。系统管理员在建账的最后一个环节可以设置系统启用；建账完成后账套主管在"系统管理"窗口的"账套"|"启用"中可以进行系统启用。
>
> ② 各子系统的启用时间必须晚于或与账套的启用时间相同。

任务 4　设置操作员权限

任务下达

以系统管理员的身份为操作员分配权限。

任务解析

按照企业内部控制的要求，需要对系统中所有的操作员进行合理授权，以保证各负其责。只有系统管理员和该账套的账套主管有权进行操作员权限设置，但两者的权限又有所区别：系统管理员既可以指定某账套的账套主管，也可以对各个账套的操作员进行权限设置；账套主管可以为操作员赋权，但不能将操作员指定为账套主管。

任务详情

按表 2.2 设置操作员权限。

项目 2 系统管理

表 2.2 操作员权限

操作员	岗 位	分管工作	权 限
101 于谦	财务部经理	全面负责财务部各项工作	账套主管
102 耿丽	会计	填制凭证、工资核算、固定资产核算、成本核算、应收应付核算、发票管理、纳税申报	公用目录设置、总账管理、工资管理、固定资产管理、核算管理、应收管理、应付管理、发票管理、纳税申报
103 冯洁	出纳	货币资金管理、现金收付凭证审核	现金管理、出纳签字、查询凭证

任务指引

步骤 1 以系统管理员的身份在系统管理中选择"权限"|"权限"命令，打开"权限"对话框。

设置操作员权限

步骤 2 从账套下拉列表框中选择"[500]华宇电脑"账套，再从操作员列表框中选择"101 于谦"，查看于谦是否为 500 账套的账套主管。

步骤 3 从操作员列表中选择"102 耿丽"，单击"增加"按钮，打开"增加权限"对话框。双击选择"产品分类选择"列表框中的"公用目录设置""固定资产""总账""工资管理""应付管理""应收管理""核算""发票管理""纳税申报"，如图 2.12 所示。单击"确定"按钮，系统弹出"添加成功"信息提示框。单击"确定"按钮返回。

步骤 4 从操作员列表框中选择"103 冯洁"，单击"增加"按钮，打开"增加权限"对话框。双击选择"产品分类选择"列表框中的"现金管理"，再单击选择"产品分类选择"列表框中的"总账"，在右侧的"明细权限选择"列表框中双击"出纳签字"和"查询凭证"，如图 2.13 所示。单击"确定"按钮，系统弹出"添加成功"信息提示框。单击"确定"按钮返回。

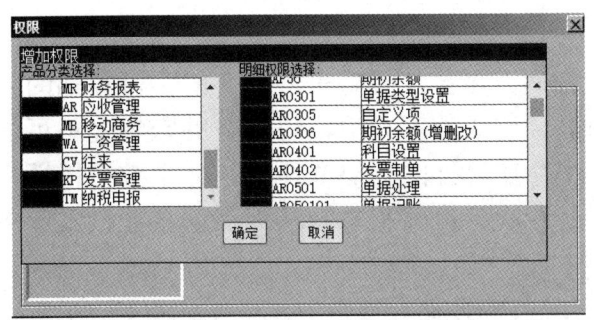

图 2.12 为 102 操作员增加权限

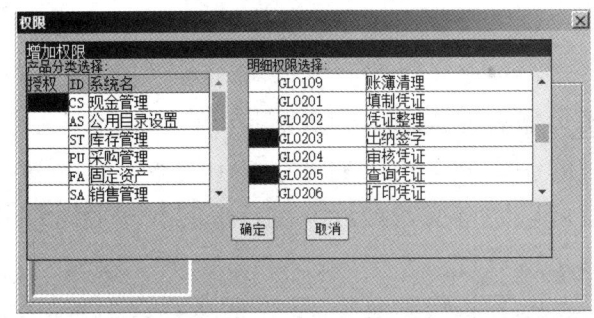

图 2.13 为 103 操作员增加权限

任务 5 修改账套

任务下达

由账套主管修改账套参数：供应商需要分类。

任务解析

账套建立后或经过一段时间的运行，发现账套的某些信息需要修改或补充时，可以通过修改账套功能完成。

任务指引

1. 以账套主管的身份登录系统管理

步骤 1 在"系统管理"窗口中，选择"系统"|"注册"命令，打开"注册〖控制台〗"

对话框。

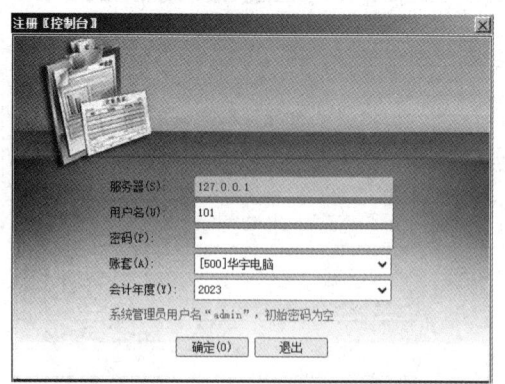

图 2.14　以账套主管的身份登录系统管理

步骤 2　输入用户名"101"、密码"1"，在"账套"下拉列表框中选择"[500]华宇电脑"，如图 2.14 所示。

步骤 3　单击"确定"按钮，以账套主管的身份登录系统管理。

2. 修改账套参数

步骤 1　以账套主管的身份在系统管理中选择"账套"|"修改"命令，打开"修改账套"对话框。

步骤 2　多次单击"下一步"按钮，直至打开"基础信息"对话框。从中选中"供应商是否分类"复选框，然后单击"完成"按钮，完成账套参数修改。

> **注意**
> ① 只有账套主管有权修改账套。
> ② 不是所有的账套信息都能修改，如账套号就不能修改。

任务 6　备份账套

任务下达

由系统管理员进行华宇电脑账套备份。

任务解析

任何使用计算机系统的企业，均会视安全性为第一要务。威胁来自众多的不可预知的因素，如病毒入侵、硬盘故障、自然灾害等，这些都会造成数据丢失，对企业的影响是不可估量的。因此，应定期将系统中的数据进行备份并保存在另外的存储介质上。如果数据损坏，就可以通过引入最近一次备份的数据及时恢复到上一次备份的状态，从而保证企业日常业务的正常进行。

账套备份就是将 T3 中的账套数据备份到硬盘或其他存储介质。

只有系统管理员有权备份和恢复账套。

任务详情

备份"[500]华宇电脑"账套。

任务指引

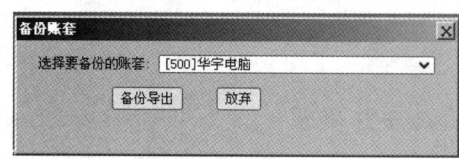

图 2.15　账套备份

步骤 1　以系统管理员的身份在系统管理中选择"账套"|"备份"命令，打开"备份账套"对话框。

步骤 2　选择要备份的账套"[500]华宇电脑"，如图 2.15 所示。然后单击"备份导出"按钮。

步骤 3　系统弹出"您确定要进行账套的备份吗？"信息提示框。单击"确定"按钮，系统对所要备份的账套数据进行压缩处理，生成账套文件后输出到默认下载路径下。

步骤 4　单击"完成"按钮。

项目 2　系统管理

> **注意**
> 备份路径下的文件为 .dat 文件。这个备份文件只能通过恢复账套功能还原到 T3 中才可以阅读。

任务 7　账套恢复

任务下达

由系统管理员进行华宇电脑账套恢复。

任务解析

账套恢复是指将硬盘或其他存储介质中的备份数据恢复到指定路径中。计算机故障或病毒侵犯都会导致系统数据受损，这时利用账套恢复功能恢复备份数据，可以将损失降到最低。

任务详情

利用账套恢复功能将 500 账套备份文件恢复到本机中。500 账套的存储路径为默认下载路径。

任务指引

步骤 1　以系统管理员的身份在系统管理中选择"账套"|"恢复"命令，打开"恢复账套"对话框。

步骤 2　单击"选择文件"按钮，选择默认下载路径下的".dat"账套备份文件。单击"打开"按钮，再单击"导入"按钮，系统弹出"您要导入的[500：华宇电脑]信息已经存在，导入后将会被覆盖，您确定要进行导入吗？"信息提示框。

步骤 3　单击"确定"按钮，系统进行账套数据的恢复，完成后提示"账套信息恢复完成！"。单击"完成"按钮返回。

通关测试

在线测试

一、判断题

1. 只有以账套主管的身份登录系统管理才能创建账套。　　　　　　　　　（　　）
2. 从系统安全的角度考虑，操作员应定期通过系统管理员更改自己的密码。（　　）
3. 一个账套可以指定多个账套主管。　　　　　　　　　　　　　　　　　（　　）
4. 系统管理员和账套主管拥有 T3 中所有子系统的操作权限。　　　　　　（　　）
5. 只有设置了启用的子系统才可以进行登录。　　　　　　　　　　　　　（　　）

二、选择题

1. 系统管理员无权进行以下哪种操作？（　　）
   A. 建立账套　　　　B. 修改账套　　　　C. 备份账套　　　　D. 恢复账套
2. 以下哪一项是区分不同账套的唯一标志？（　　）
   A. 账套号　　　　　B. 账套名称　　　　C. 单位名称　　　　D. 账套主管
3. 关于启用系统，以下说法正确的是（　　）。
   A. 只能由系统管理员启用系统
   B. 只能由账套主管启用系统

15

C. 系统管理员和账套主管均可以启用系统
4. 关于账套主管，以下说法正确的是（   ）。
 A. 可以增加用户
 B. 可以为本账套的用户设置权限
 C. 自动拥有本账套所有子系统的操作权限
 D. 可以删除自己所管辖的账套
5. 如果要给王莉赋予账套主管的权限，以下哪种方法是可行的？（   ）
 A. 在增加操作员时由系统管理员指定王莉为账套主管
 B. 由王莉建立账套便自动成为该账套的账套主管
 C. 在建立账套时由系统管理员选择王莉为该账套的账套主管
 D. 在权限设置中由系统管理员指定王莉为该账套的账套主管

三、思考题

1. 谁可以使用系统管理？
2. 系统管理的功能有哪些？
3. 企业中哪些职工是 T3 中的操作员？
4. 企业财务主管适合 T3 中的系统管理员身份还是账套主管身份？为什么？
5. 举例说明科目编码方案"4-2-2-2"的含义。

项目 3
基础档案设置

知识目标
1. 了解基础档案设置的重要性。
2. 理解各项基础档案的含义。
3. 掌握基础档案整理的基本方法。

技能目标
掌握不同类别的基础档案的输入方法。

素质目标
通过实训操作,培养学生认真细致的工作作风,并深知基础工作的重要性。

项目背景

华宇电脑在 T3 中建立账套之后,只相当于形成了一套数据库文件空表,其中不包含任何数据。计算机信息处理的优势主要表现在数据处理速度快、精确度高、分析统计汇总方便等,而基础档案是计算机进行汇总统计的依据。用 T3 处理企业日常业务需要用到大量的基础档案信息,如部门、会计科目等,因此项目实施小组需要结合企业的实际情况和 T3 数据设置的基本要求做好基础档案的整理准备,并正确地输入系统,作为系统运行的基本条件。

为了逐步深入理解和掌握 T3 的功能,华宇电脑项目实施小组准备采用循序渐进的策略,先学习财务模块,再学习业务模块。在本项目中,我们就随同项目实施小组做好与财务模块相关的基础档案的整理,并输入 T3。

基本知识

3.1 整理基础档案

基础档案是会计信息系统运行必需的基础数据。T3 需要的基础数据不仅涉及财务部门,还涉及业务部门,因此数据搜集、整理的工作量很大。

按照 T3 的要求,从实现财务业务一体化的管理需求出发,需要准备的基础档案如表 3.1 所示。

表 3.1 基础档案的整理

分 类	目 录	用 途	前提条件
机构设置	部门档案	设置与企业财务核算和管理有关的部门	设置部门编码方案
	职员档案	设置企业职工信息	设置部门档案

(续表)

分类	目录	用途	前提条件
往来单位	客户分类	便于进行业务数据的统计、分析	先确定对客户分类,然后确定编码方案
	客户档案	便于进行客户管理和业务数据的输入、统计、分析	建立客户分类档案
	供应商分类	便于进行业务数据的统计、分析	先确定对供应商分类,然后确定编码方案
	供应商档案	便于进行供应商管理和业务数据的输入、统计、分析	建立供应商分类档案
	地区分类	针对客户、供应商所属地区进行分类,便于进行业务数据的统计、分析	
存货	存货分类	便于进行企业存货的输入、统计、分析	先确定对存货分类,然后确定编码方案
	存货档案	便于存货核算、统计、分析和实物管理	建立存货分类档案
财务	会计科目	设置企业核算的科目目录	设置科目编码方案和外币种类
	凭证类别	设置企业核算的凭证类型	
	外币种类	设置企业用到的外币种类和汇率	
	项目目录	设置企业需要对其进行核算和管理的对象、目录	可将存货、成本对象、现金流量直接作为核算的项目目录
收付结算	结算方式	资金收付业务中用到的结算方式	
	付款条件	设置企业与往来单位协议规定的收付款折扣优惠方法	
	开户银行	设置企业在收付结算中对应的开户银行信息	
购销存	仓库档案	设置企业存放存货的仓库信息	
	收发类别	设置企业的入库、出库类型	
	采购类型	设置企业在采购存货时的各项业务类型	设置好收发类别为收
	销售类型	设置企业在销售存货时的各项业务类型	设置好收发类别为发
	产品结构	设置企业各种产品的组成内容,以利于配比出库、成本计算	建立存货、仓库档案

3.2 输入基础档案

基础档案整理完后,还需要准确、完整地输入系统,作为系统运行的基础。表3.1中列出了使用T3要准备的所有基础档案,本项目中我们先完成与财务系统相关的档案输入,包括机构设置、往来单位、财务、收付结算几类。

实训任务

任务1 注册T3

任务下达

以账套主管的身份进入T3主界面。

任务解析

信息门户是进入T3的唯一入口,也是T3的集成应用平台。进入T3主界面后,登录操作员只能看到已经启用且自己有权限操作的子系统。

项目 3　基础档案设置

任务指引

步骤 1　双击信息门户图标,打开"注册〖控制台〗"对话框。

步骤 2　输入用户名"101"、密码"1",选择"〔500〕华宇电脑"账套,操作日期改为"2023-01-01",如图 3.1 所示。

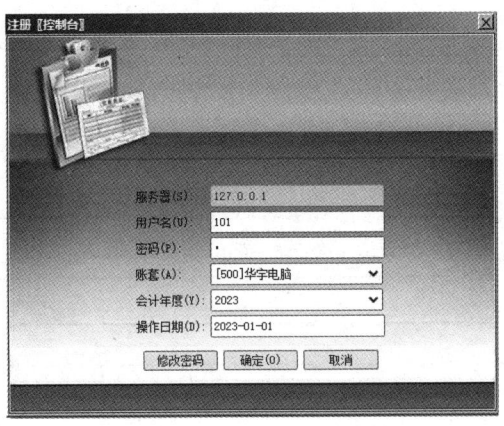

图 3.1　登录 T3 主界面

步骤 3　单击"确定"按钮,进入 T3 主界面,如图 3.2 所示。

图 3.2　T3 主界面

注意

为了安全,操作员应定期更换自己的登录密码,方法是在"注册〖控制台〗"对话框中单击"修改密码"按钮。

任务 2　机构设置

任务下达

以账套主管的身份登录 T3,进行机构设置。

任务解析

机构设置包含两项内容:部门档案和职员档案。必须先建立部门档案,再建立职员档案。

19

1. 部门档案

部门是指与企业财务核算或业务管理相关的职能单位，不一定与企业设置的现存部门一一对应。设置部门档案的作用在于：企业的收入、费用通常以部门为单位归集；职工薪资按部门统计；企业购置的固定资产需要按部门进行管理。

2. 职员档案

职员是指与企业业务活动有关的企业员工，如采购员、销售员等。设置职员档案的作用在于：按职员记录借款还款情况；按职员统计销售业绩；追踪订单，等等。

任务详情

华宇电脑部门档案如表 3.2 所示，职员档案如表 3.3 所示。

表 3.2　部门档案

部门编码	部门名称
1	企管办
2	财务部
3	采购部
4	销售部
401	国内销售部
402	国际销售部
5	生产部

表 3.3　职员档案

职员编号	职员名称	所属部门
101	何润东	企管办
201	于谦	财务部
202	耿丽	财务部
203	冯洁	财务部
301	杨帅	采购部
401	任志刚	国内销售部
402	黄海波	国际销售部
501	陈小春	生产部

任务指引

1. 输入部门档案

步骤 1　选择"基础设置"|"机构设置"|"部门档案"命令，打开"部门档案"对话框。

输入部门档案

步骤 2　单击"增加"按钮，输入部门编码"1"、部门名称"企管办"，单击"保存"按钮。

步骤 3　同理，输入其他部门档案。全部资料输入完成后如图 3.3 所示。

> **注意**
> ① 部门编码和部门名称为必录项。
> ② 部门编码必须符合编码原则。
> ③ 在未建立职员档案前，不能选择输入负责人信息。可以在职员档案建立完成后，再回到"部门档案"对话框中通过"修改"按钮补充输入负责人信息。

2. 输入职员档案

步骤 1　选择"基础设置"|"机构设置"|"职员档案"命令，打开"职员档案"对话框。

步骤 2　输入职员编号"101"、职员名称"何润东"。然后双击所属部门，再单击 (参照)按钮，打开"部门参照"对话框，从中选择"企管办"。

步骤 3　单击"增加"按钮，输入其他职员信息。全部输入完成后如图3.4所示。

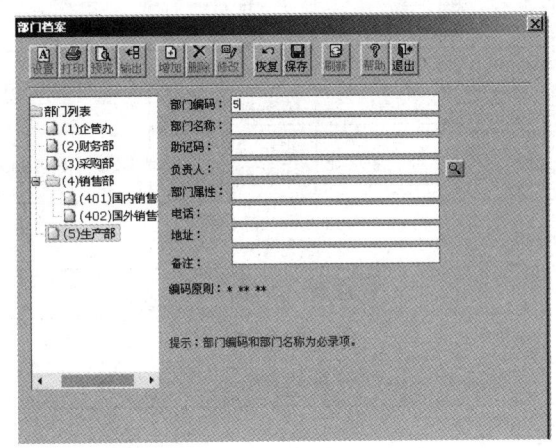

图3.3　部门档案　　　　　　　　　图3.4　职员档案

> **注意**
> ① 职员编号、职员名称和所属部门为必录项。
> ② 要保存已输入的内容，必须在单击"增加"按钮增加新的空白行后才能保存。在输入完一行内容后如果直接单击"退出"按钮，则放弃对当前行的操作。
> ③ 职员档案资料一旦使用就不能修改或删除。

任务 3　往来单位设置

任务下达

以账套主管的身份进行往来单位设置。

任务解析

往来单位设置包括5项内容：客户、供应商和地区分类设置，以及客户和供应商档案设置。必须先建立分类，才能在分类下建立档案。

1. 客户和供应商分类

当企业客户和供应商较多时，可以按照一定的标准对客户和供应商进行分类，以便对业务数据进行统计和分析。例如，可以按照行业、地区、规模等进行分类。只有在建立账套时选择了对客户和供应商进行分类，才能在基础设置中建立客户和供应商档案。

2. 客户和供应商档案

客户是企业的重要资源，建立客户分类后，必须将客户设置在最末级的客户分类之下。如果对客户和供应商没有进行分类管理的需求，则可以直接建立客户和供应商档案。

任务详情

华宇电脑客户分类如表3.4所示，客户档案如表3.5所示，供应商分类如表3.6所示，供应商档案如表3.7所示。

表 3.4　客户分类

客户分类编码	客户分类名称
01	国内
02	国外

表 3.5　客户档案

编号	客户名称	简称	所属分类码	税　号	开户银行	账　号	地址	电话
001	瑞美集团股份有限公司	瑞美	01	91110108584321457A	中行北京分行	5483042305342532452	北京市朝阳区诺阳路042号	010-89299559
002	北京实创技术学院	实创	01	91370103M248909694	工行北京分行	5832475898257859845	北京市朝阳区邦领路701号	010-39649855

表 3.6　供应商分类

供应商分类编码	供应商分类名称
01	主材供应商
02	辅材供应商

表 3.7　供应商档案

编号	供应商名称	简称	所属分类码	税　号	开户银行	账　号	地址	电话
001	日星科技有限公司	日星	01	91110108500400311B	中行北京分行	9984323257237585283	北京市朝阳区恒驰路100号	010-58837578
002	亚捷商贸有限公司	亚捷	01	911101055329998772I	工行北京分行	9832823655838435683	北京市朝阳区鑫泽路853号	010-43158425

任务指引

1. 输入客户分类

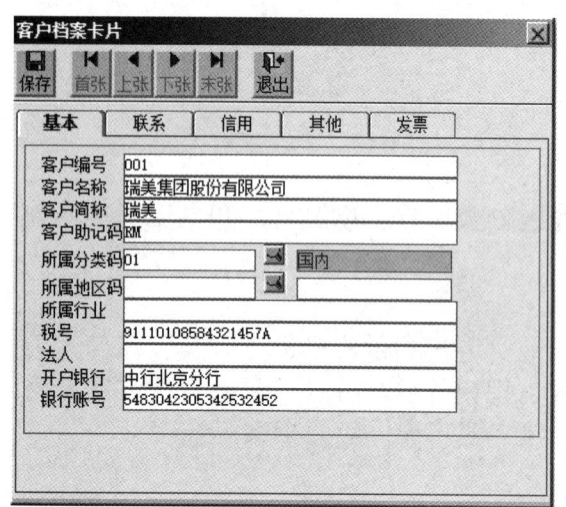

图 3.5　客户档案

步骤 1　选择"基础设置"|"往来单位"|"客户分类"命令，打开"客户分类"窗口。

步骤 2　单击"增加"按钮，在右侧窗格的"类别编码"中输入"01"、"类别名称"中输入"国内"，然后单击"保存"按钮。

步骤 3　按表 3.4 输入其他资料。

2. 输入客户档案

输入客户档案

步骤 1　选择"基础设置"|"往来单位"|"客户档案"命令，打开"客户档案"窗口。

步骤 2　在左侧列表中选择客户分类"01 国内"，然后单击"增加"按钮，打开"客户档案卡片"对话框。按表 3.5 输入基本信息，如图 3.5 所示。

步骤 3　单击"保存"按钮。全部输入完成后，单击"退出"按钮返回。

同理，按表 3.6 输入供应商分类，按表 3.7 输入供应商档案信息。

项目 3　基础档案设置

任务 4　存货设置

任务下达

以账套主管的身份进行存货设置。

任务解析

1. 存货分类

如果企业存货较多，就需要按照一定的方式进行分类管理。存货分类是指按照存货固有的特征或属性将存货划分为不同的类别，以便分类核算和统计。例如，工业企业可以将存货划分为原材料、产成品、应税劳务；商业企业可以将存货划分为商品、应税劳务等。

在企业日常购销业务中，经常会发生一些劳务费用，如运输费、装卸费等。这些费用是构成企业存货成本的一个组成部分，并且可以拥有不同于一般存货的税率。为了能够正确反映和核算这些劳务费用，一般在存货分类中单独设置一类，如"应税劳务"或"劳务费用"。

2. 存货档案

"存货档案卡片"对话框包括 5 个选项卡：基本、成本、信用、其他和发票。

（1）存货属性

在"基本"选项卡中，有 6 个复选框，用于设置存货属性。设置存货属性的目的是在填制单据参照存货时缩小参照范围。

① 销售。"销售"复选框用于发货单、销售发票、销售出库单等与销售有关的单据参照，表示该存货可用于销售。

② 外购。"外购"复选框用于购货时所填制的采购入库单、采购发票等与采购有关的单据参照。

③ 生产耗用。"生产耗用"复选框用于生产产品耗用的原材料、辅助材料等在开具材料领料单时参照。

④ 自制。"自制"复选框用于由企业生产自制的存货，如产成品、半成品等，在开具产成品入库单时参照。

⑤ 在制。"在制"复选框用于尚在制造加工中的存货。

⑥ 劳务费用。"劳务费用"复选框用于采购发票上的运输费、包装费等采购费用及销售发票或发货单上的应税劳务、非应税劳务等。

（2）存货价格

在"成本"选项卡中，可以设置计划价/售价、参考成本、参考售价、最新成本、最低售价、最低批发价、最高进价、主要供货单位等。

（3）开票信息

在"发票"选项卡中，可设置开票名称、税收分类编码等。

任务详情

华宇电脑存货分类如表 3.8 所示。

表 3.8 存货分类

存货分类编码	存货分类名称
01	原材料
02	产成品
03	应税劳务

华宇电脑存货档案如表 3.9 所示。

表 3.9 存货档案　　　　　　　　　　　　　　　　　　　　　元

存货编号	存货名称	计量单位	所属分类码	税率	存货属性	参考成本	参考售价	开票名称	税收分类编码
101	主板	个	01	13%	外购、生产耗用	600.00		主板	109051201
102	键盘	个	01	13%	外购、生产耗用	125.00		键盘	109051299
201	华宇天骄	台	02	13%	销售、自制		4 600.00	华宇天骄	109050901
202	华宇天星	台	02	13%	销售、自制		3 800.00	华宇天星	109050901
301	运输费	千米	03	9%	外购、销售、劳务费用			运输费	30101020201

任务指引

1. 输入存货分类

步骤 1　以账套主管的身份进入 T3 主界面，选择"基础设置"|"存货"|"存货分类"命令，打开"存货分类"对话框。

步骤 2　单击"增加"按钮，按表 3.8 输入存货分类信息，然后单击"保存"按钮。

输入存货分类

2. 输入存货档案

步骤 1　选择"基础设置"|"存货"|"存货档案"命令，打开"存货档案"窗口。

步骤 2　选择存货分类"原材料"，单击"增加"按钮，打开"存货档案卡片"对话框。在"基本"选项卡中输入存货编号、存货名称、计量单位、所属分类码、税率等信息，并选中"外购"和"生产耗用"复选框，如图 3.6 所示。

步骤 3　打开"成本"选项卡，输入参考成本"600"。

步骤 4　打开"发票"选项卡，输入开票名称，选择税收分类编码时，要依次展开左侧的分类，如图 3.7 所示。完成后，如图 3.8 所示。

步骤 5　单击"保存"按钮。继续输入其他档案。全部输入完成后，如图 3.9 所示。单击"退出"按钮。

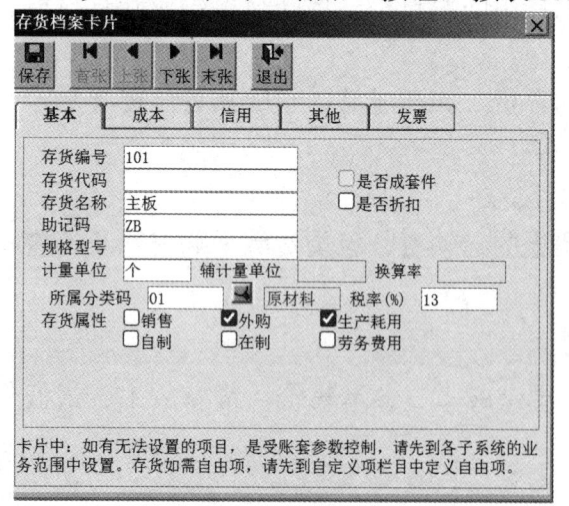
图 3.6　"基本"选项卡

项目 3　基础档案设置

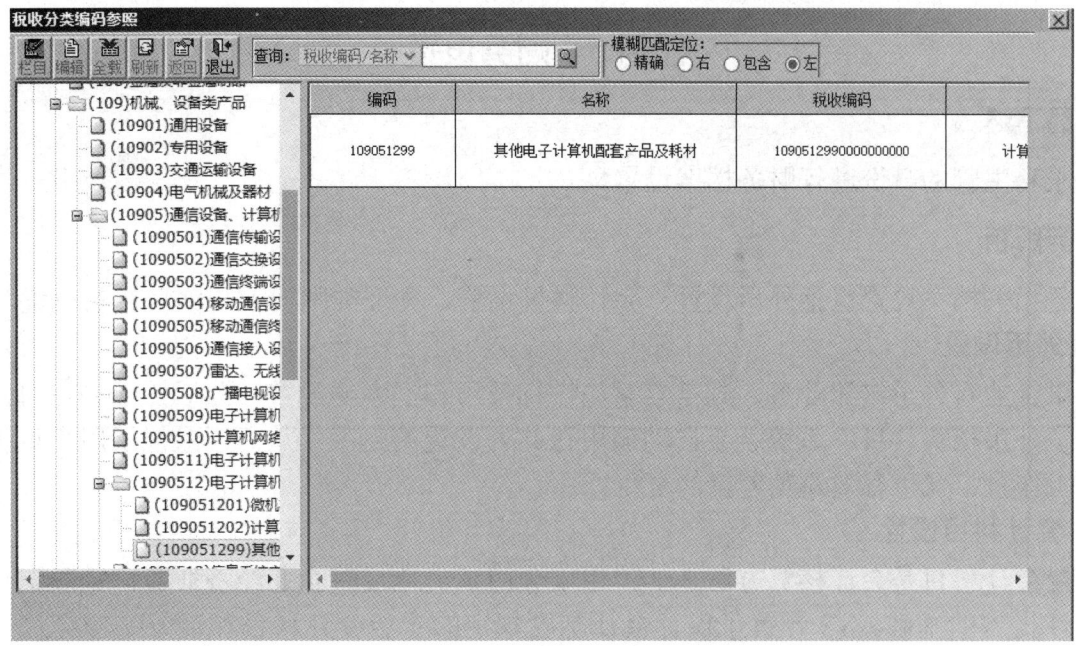

图 3.7　选择税收分类编码

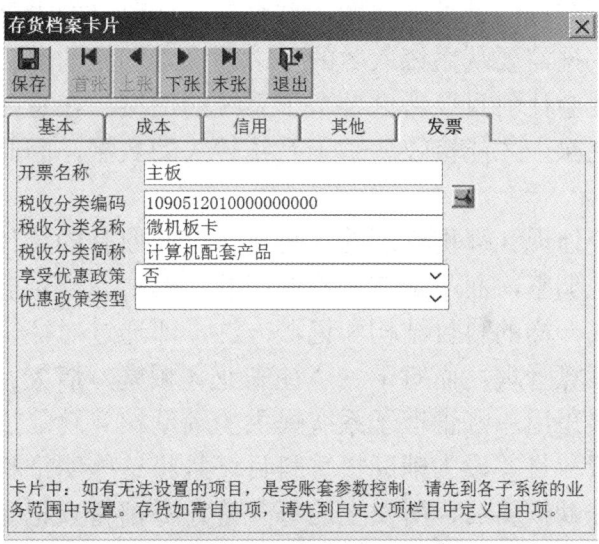

图 3.8　"发票"选项卡

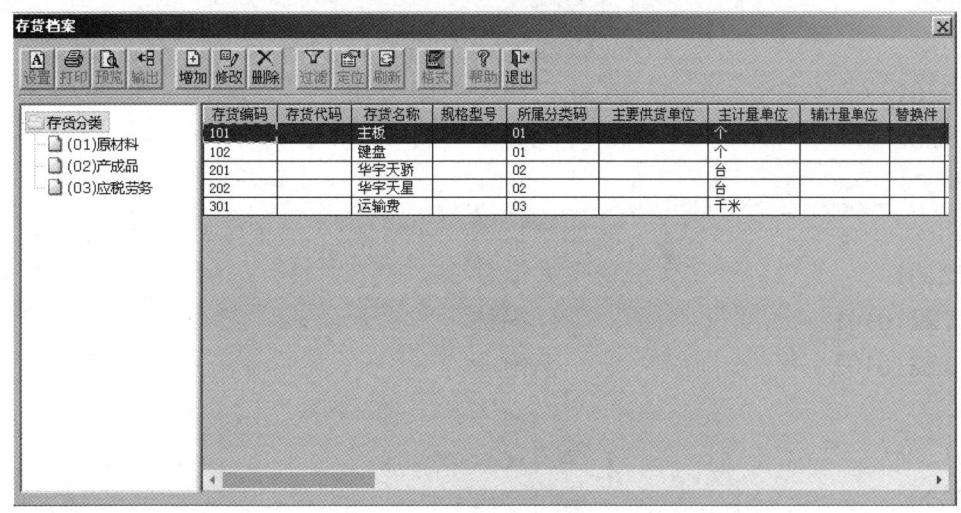

图 3.9　存货档案

任务5 财务设置

任务下达

以账套主管的身份进行财务档案设置。

任务解析

财务相关档案设置包括外币设置、会计科目设置、凭证类别设置和项目目录设置。

1. 外币设置

如果企业有外币核算业务，则需要事先进行外币和汇率的设置。此后，如果在填制凭证时使用了外币核算科目，系统就会自动调用在此处设置的汇率，从而既减轻了用户重复输入汇率的工作量，又可有效避免差错的发生。

2. 会计科目设置

设置会计科目是会计核算方法之一，用于分门别类地反映企业经济业务，是登记账簿、编制会计报告的基础。T3预置了现行会计制度规定的一级会计科目和部分二级会计科目，企业可根据本单位实际情况修改科目属性并补充明细科目。

在设置会计科目时，应该注意以下问题：首先，会计科目的设置必须满足会计报表编制的要求，凡是报表所用数据需要从系统取数的，必须设立相应的科目；其次，会计科目要保持相对稳定；最后，设置会计科目要考虑各个子系统的衔接。在总账管理子系统中，只有末级会计科目才允许有发生额，才能接收各个子系统转入的数据，因此要将各个子系统中的核算科目设置为末级科目。

一般来说，为了充分体现计算机管理的优势，在企业原有的会计科目基础上，应对以往的一些科目结构进行优化调整，而不是完全照搬照抄。例如，当企业规模不大、往来业务较少时，可采用与手工方式一样的科目结构和记账方法，即通过对往来单位、个人、部门、项目设置明细科目来进行核算管理；而对于一个往来业务频繁，清欠、清理工作量大，核算要求严格的企业来说，应该采用总账管理子系统提供的辅助核算功能进行管理，即将这些明细科目的上级科目设为末级科目并设为辅助核算科目，且将这些明细科目设为相应的辅助核算目录。一个科目设置了辅助核算后，所发生的每一笔业务都将登记在总账和辅助明细账上。例如，未使用辅助核算功能时，可将科目做如下设置。

```
科目编码              科目名称
1122                 应收账款
   112201              北京益业有限公司
   112202              上海凌峰科技公司
   ……
1221                 其他应收款
   122101              个人借款
      12210101            任福林
      12210102            李雨菲
   ……
1605                 工程物资
   160501              车间改造
   160502              职工俱乐部
```

......
5602	管理费用
560201	办公费
56020101	A 部门
56020102	B 部门

......

启用总账管理子系统的辅助核算功能进行核算时，可将科目做如下设置。

科目编码	科目名称	辅助核算
1122	应收账款	客户往来
1221	其他应收款	
122101	个人借款	个人往来
1605	工程物资	项目核算
5602	管理费用	
560201	办公费	部门核算

会计科目的常用操作包括增加会计科目、修改会计科目和指定会计科目。如果在建账时选择了按行业预置科目，那么由于系统内已预置行业一级科目，因此企业需要增加的主要是明细科目。系统预置的科目没有设置任何辅助核算，企业需要利用修改会计科目功能为科目设置合适的辅助核算；为了加强对现金收付的管理，需要通过指定会计科目功能指定出纳的专管科目，包括现金科目、银行科目和现金流量科目。

3. 凭证类别设置

在手工方式下，企业多采用收、付、转 3 类凭证或银、现、转 3 类凭证，或者划分为银收、银付、现收、现付、转 5 类凭证。当然，还有更复杂的分类。为什么要对凭证分类呢？其深层原因在于：一是不同类别的凭证可以印制成不同的颜色，有些凭证只需要填写对方科目，从而节省书写的工作量；二是便于分类统计汇总。在信息化方式下实现了计算机自动记账，且各类查询是以科目编号为检索条件的，因此凭证分类的意义已不复存在，为简化起见，可采用单一凭证类别。

4. 项目目录设置

在所有类别的辅助核算中，项目是最灵活、最不好理解的一个概念。项目既可以是工程，也可以是订单，还可以是产品。总之，我们可以把需要单独计算成本或收入的对象都视为项目。在企业中通常存在多种不同的项目，对应地在软件中可以定义为多类项目核算，将具有相同特性的一类项目定义为一个项目大类。为了便于管理，对每个项目大类还可以进行明细分类，在最末级明细分类下再建立具体的项目档案。为了在业务发生时将数据准确归入对应的项目，需要在项目和已设置为项目核算的科目间建立对应关系。这是不是有些复杂呢？其实，只要遵循以下提示就可以快速建立项目档案。

① 定义项目大类。定义项目大类包括指定项目大类名称、定义项目级次和定义项目栏目 3 项工作。项目级次是确定该项目大类下所管理的项目级次和每级的位数；项目栏目是针对项目属性的记录。例如，定义项目大类"工程"，"工程"下又分了一级，则设置 1 位数字即可，而"工程"要记录的必要内容，如"工程号""工程名称""负责人""开工日期""完工日期"等可作为项目栏目。

② 指定核算科目。这是指指定设置了项目辅助核算的科目具体要核算哪一个项目，以建立项目和核算科目之间的对应关系。

③ 定义项目分类。例如，将工程分为"自建工程"和"外包工程"。

④ 定义项目目录。定义项目目录是指将每个项目分类中所包含的具体项目输入系统。具体每个项目输入哪些内容取决于项目栏目的定义。

任务详情

1. 外币核算

华宇电脑采用固定汇率核算外币，外币只涉及美元一种，美元币符为$，2023年1月初汇率为6.8。

2. 会计科目设置

（1）增加会计科目

按表3.10增加华宇电脑常用会计科目。

表3.10 增加会计科目

科目编号及名称	辅助核算	币别/计量单位	方向
100201 中行存款	银行账、日记账		借
10020101 人民币户	银行账、日记账		借
10020102 美元户	银行账、日记账	美元	借
140301 主板	数量核算	个	借
140302 键盘	数量核算	个	借
190101 待处理流动资产损溢			借
190102 待处理固定资产损溢			借
220201 应付货款	供应商往来		贷
220202 暂估应付款			贷
400101 直接材料	项目核算		借
400102 直接人工			借
400103 制造费用			借
400104 住房公积金			借
410101 工资			借
410102 折旧费			借
410103 其他			借
410104 住房公积金			借
560112 住房公积金			借
560218 差旅费	部门核算		借
560219 住房公积金			借

（2）修改会计科目

按表3.11修改会计科目。

表3.11 修改会计科目

科目编号及名称	设置辅助核算	修改科目名称
1001 库存现金	日记账	
1002 银行存款	银行账、日记账	
1121 应收票据	客户往来	

项目 3　基础档案设置

(续表)

科目编号及名称	设置辅助核算	修改科目名称
1122 应收账款	客户往来	
1123 预付账款	供应商往来	
1221 其他应收款	个人往来	
2201 应付票据	供应商往来	
2203 预收账款	客户往来	
5001 主营业务收入	项目核算	
5401 主营业务成本	项目核算	
560108 业务宣传费		折旧费

（3）指定会计科目

指定"1001 库存现金"为现金总账科目，指定"1002 银行存款"为银行总账科目。

3. 凭证类别

华宇电脑采用单一凭证类别"记账凭证"。

4. 项目目录

按照表 3.12 所示设置华宇电脑项目目录。

表 3.12　项目目录

核算科目	项目大类：产品	
	项目分类：家用电脑	
	项　目	
	001 华宇天骄	002 华宇天星
400101 直接材料	是	
5001 主营业务收入	是	
5401 主营业务成本	是	

任务指引

1. 外币设置

步骤 1　选择"基础设置"|"财务"|"外币种类"命令，打开"外币设置"对话框。

步骤 2　输入币符"$"、币名"美元"，其他项目采用默认值，然后单击"确认"按钮。

步骤 3　输入 2023 年 1 月初的记账汇率"6.8"，按回车键确认，如图 3.10 所示。然后单击"退出"按钮，完成外币设置。

图 3.10　外币设置

> **注意**
> ① 币符和币名。币符和币名是指定义外币的表示符号及其中文名称。
> ② 汇率小数位。汇率小数位是指定义外币的汇率小数位数。
> ③ 折算方式。折算方式分为直接汇率和间接汇率两种：直接汇率即"外币×汇率=

本位币"；间接汇率即"外币÷汇率=本位币"。

④ 外币最大误差。在记账时，如果外币×（或÷）汇率−本位币＞外币最大误差，则系统给予提示。系统默认最大折算误差为 0.000 01，即不相等时就提示。

⑤ 固定汇率与浮动汇率。对于使用固定汇率（使用月初或年初汇率）作为记账汇率的用户，在填制每月的凭证前，应预先在此输入该月的记账汇率，否则在填制该月外币凭证时，将会出现汇率为 0 的错误；对于使用变动汇率（使用当日汇率）作为记账汇率的用户，在填制凭证的当天，应预先在此输入该日的记账汇率。

⑥ 这里的汇率管理仅提供输入汇率的功能，对于制单时使用固定汇率还是浮动汇率，取决于总账管理子系统相应选项的设置。

2. 增加会计科目

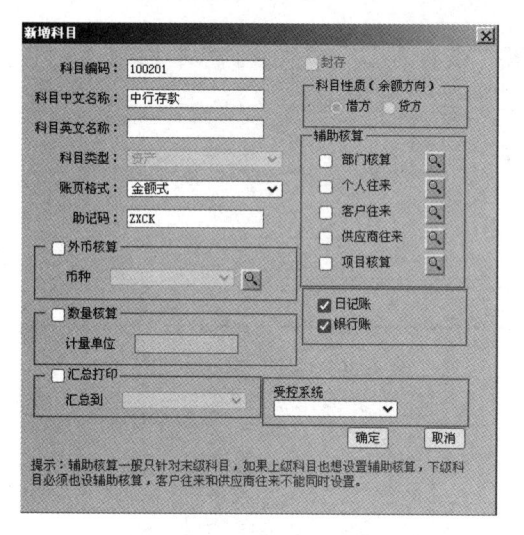

图 3.11 增加会计科目

步骤 1 选择"基础设置"|"财务"|"会计科目"命令，打开"会计科目"窗口。

步骤 2 单击"增加"按钮，打开"新增科目"对话框。

步骤 3 输入科目编码"100201"、科目名称"中行存款"，然后选中"日记账"和"银行账"复选框，如图 3.11 所示。

步骤 4 单击"确定"按钮保存。

步骤 5 按表 3.10 提供的数据增加其他明细会计科目。对"新增科目"对话框中的各选项说明如下。

① 科目编码。科目编码就是按科目编码方案对每一个科目进行编码定义。设置会计科目编码时应注意：一级会计科目编码要符合会计制度的统一要求；明细科目编码要满足建账时设定的编码规则。

② 科目名称。科目名称分为科目中文名称和科目英文名称，两者不能同时为空。科目中文名称是证、账、表上显示和打印的标志，必须意义明确、用语规范，尽量避免重名。

③ 科目类型。科目类型是按会计科目性质对会计科目进行的划分。按照会计制度的规定，科目类型分为五大类，即资产、负债、所有者权益、成本、损益。由于一级科目编码的首位数字与科目类型有直接的对应关系，即科目大类代码"1=资产""2=负债""3=所有者权益""4=成本""5=损益"，因此系统可以根据科目编码自动识别科目类型。

④ 账页格式。该选项设置查询和打印时该科目的会计账页形式。账页格式一般分为金额式、外币金额式、数量金额式、数量外币式几类。一般情况下，有外币核算的科目可设置为外币金额式；有数量核算的科目可设置为数量金额式；既有数量又有外币核算的科目可设置为数量外币式；既无外币又无数量核算的科目可设置为金额式。

⑤ 外币核算。该选项设置该科目是否核算外币，如果是，就需要选择外币种类。一个科目只能核算一种外币。

⑥ 数量核算。该选项用于设置该科目是否有数量核算，以及数量的计量单位。计量单位可以是任何汉字或字符，如千克、件、吨等。

⑦ 汇总打印。在同一张凭证中当某科目或同一上级科目的末级科目有多笔同方向的分录时，如果希望将这些分录按科目汇总成一笔打印，就需要对该科目选中"汇总打印"复选框，汇总到的科目设置成该科目本身或其上级科目。

⑧ 封存。被封存的科目在制单时不可以使用。

> **注意**
> ① 银行存款科目要按存款账户设置，需要进行数量、外币核算的科目要按不同的数量单位、外币单位建立科目。
> ② 会计科目只有在修改状态时才能设置汇总打印和封存。只有末级科目才能设置汇总打印，且汇总到的科目必须为该科目本身或其上级科目。当将该科目设成汇总打印时，系统登记明细账时仍按明细登记，而不是按汇总数登记。此设置仅供凭证打印输出。

⑨ 科目性质。只能在一级科目设置科目性质，下级科目的科目性质与其一级科目的相同。已有数据的科目不能再修改科目性质。

⑩ 辅助核算。辅助核算也叫辅助账类，用于说明本科目是否有其他核算要求。系统除完成一般的总账、明细账核算外，还提供以下几种专项核算功能：部门核算、个人往来核算、客户往来核算、供应商往来核算、项目核算。

辅助核算是 T3 的优势之一。在手工方式下，一般是采用设置明细科目的方式来满足特殊的细化核算要求。

在一般情况下，收入或费用类科目可设置成部门辅助核算，日常运营中当收入或费用发生时系统要求实时确认收入或费用的部门归属，记账时同时登记总账、明细账和部门辅助账；其他应收款可设置为个人往来核算，用于详细记录内部职工的借款情况；与客户的往来科目，如应收账款、应收票据、预收账款可设置成客户往来核算；应付账款、应付票据、预付账款可设置成供应商往来核算；在建工程和收入成本类科目可设置成项目核算，用于按项目归集收入或费用。

一个科目可同时设置两种专项核算。如果企业既希望核算主营业务收入是哪个销售部门的业绩，又希望核算其是哪个产品的销售收入，那么可以同时设置部门核算和项目核算。个人往来核算不能与其他专项一同设置，客户与供应商核算也不能一同设置。辅助账类必须设在末级科目上，但为了查询或出账方便，有些科目也可以在末级科目和上级科目同时设置辅助账类。但如果只在上级科目设置辅助账核算，则系统将不承认。

⑪ 日记账。在手工方式下，只对现金和银行科目记日记账；在信息化方式下，突破了记账速度这个瓶颈，企业可以根据管理需要设置对任意科目记日记账。

⑫ 银行账。对银行科目需要设置银行账。填制凭证时如果使用设置了银行账的科目，就需要输入结算方式辅助核算信息以方便今后进行银行对账，同时也方便进行支票登记。

> **注意**
> ① 增加会计科目时，要遵循先建上级再建下级的原则。
> ② 科目已经使用，再增加明细科目时，系统会自动将上级科目的数据结转到新增加的第 1 个明细科目上，以保证账账相符。

3. 修改会计科目

系统预置的科目中没有指定科目的辅助核算内容，如库存现金科目未设置日记账核算、应收账款科目未指定客户往来核算，因此需要补充指定科目的辅助核算内容。

步骤 1　在"会计科目"窗口中，选中需要修改的科目"1001 库存现金"，然后单击"修改"按钮，或者直接双击需要修改的科目"1001 库存现金"，打开"修改科目"对话框。

步骤 2　选中"日记账"复选框，如图 3.12 所示。

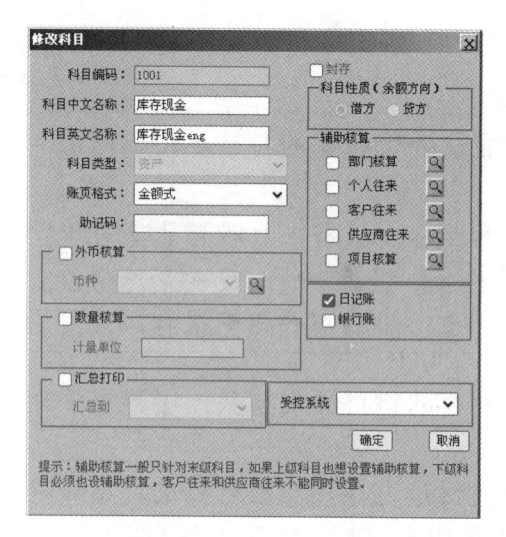

图 3.12　修改会计科目

步骤 3　单击"确定"按钮保存。
步骤 4　按表 3.11 修改其他会计科目。

> **注意**
>
> 已有数据的会计科目，应先将该科目及其下级科目余额清零后再修改。

4. 指定会计科目

指定会计科目就是指定出纳的专管科目，一般是现金科目和银行存款科目。指定会计科目后，才能执行出纳签字，从而实现现金、银行管理的保密性，才能查看现金、银行存款日记账。

步骤 1　在"会计科目"窗口中，选择"编辑"|"指定科目"命令，打开"指定科目"对话框。
步骤 2　选中"现金总账科目"单选按钮，从"待选科目"列表框中选择"1001 库存现金"科目。然后单击">"按钮，将现金科目添加到"已选科目"列表框中。
步骤 3　将"1002 银行存款"科目设置为银行总账科目，如图 3.13 所示。
步骤 4　单击"确认"按钮保存。

5. 凭证类别设置

步骤 1　选择"基础设置"|"财务"|"凭证类别"命令，打开"凭证类别预置"对话框，如图 3.14 所示。

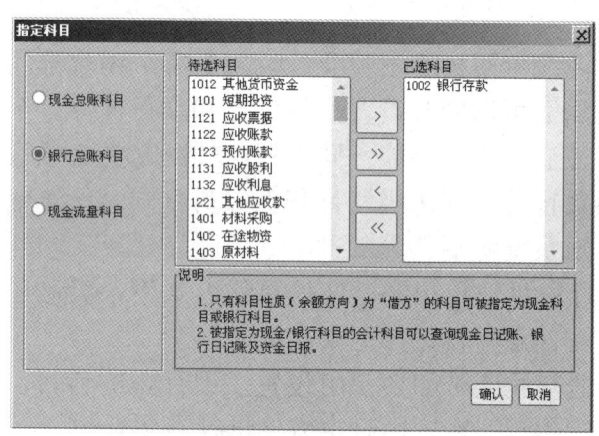

图 3.13　指定科目

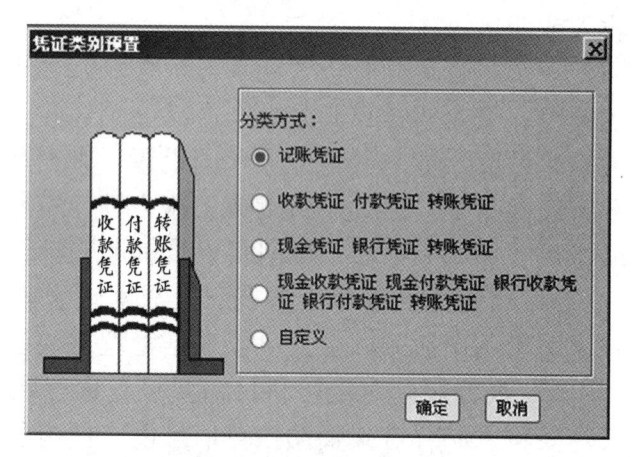

图 3.14　设置凭证类别

步骤 2　选择"记账凭证"单选按钮，打开"凭证类别"对话框。
步骤 3　单击"退出"按钮返回。

6. 定义项目目录

步骤 1　选择"基础设置"|"财务"|"项目目录"命令，打开"项目档案"窗口。
步骤 2　单击"增加"按钮，打开"项目大类定义_增加"对话框。
步骤 3　输入新项目大类名称"产品"，选择新增项目大类的属性"普通项目"，如图 3.15 所示。
步骤 4　单击"下一步"按钮，打开"定义项目级别"对话框，设定项目级别"一级 1 位"，如图 3.16 所示。

定义项目目录

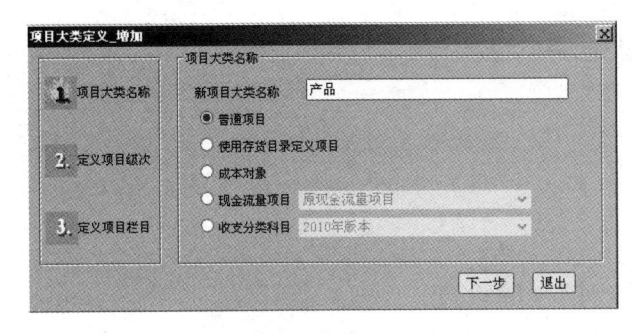

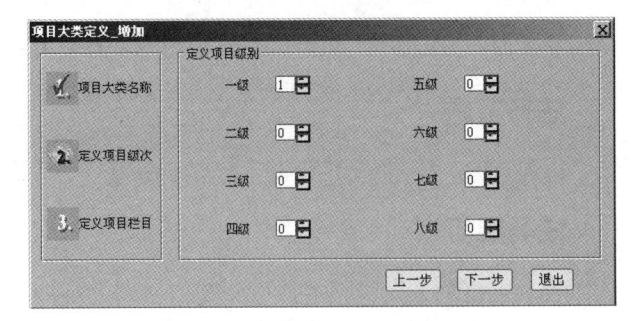

图 3.15　新增项目大类

图 3.16　定义项目级别

步骤 5　单击"下一步"按钮,打开"定义项目栏目"对话框。使用系统默认设置,不做修改。

步骤 6　单击"完成"按钮,返回"项目档案"窗口。

步骤 7　从"项目大类"下拉列表框中选择"产品"选项,选中"核算科目"单选按钮,单击 ↓ 按钮将全部待选科目选择为按产品项目大类核算的科目,如图 3.17 所示。然后单击"确定"按钮,系统提示"保存成功!"。

步骤 8　选中"项目分类定义"单选按钮,单击"增加"按钮,输入分类编码"1"、分类名称"家用电脑",然后单击"确定"按钮,如图 3.18 所示。

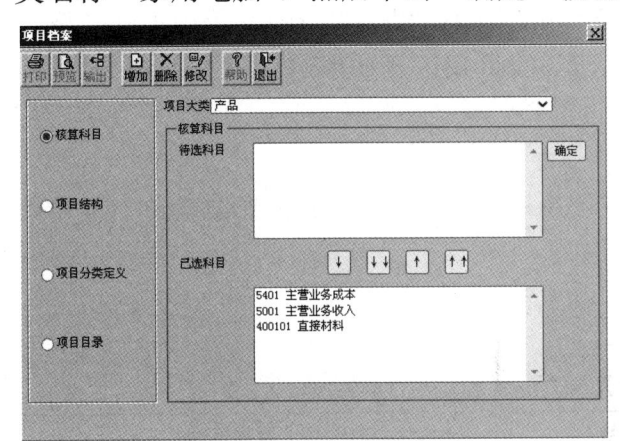

图 3.17　选择项目核算科目

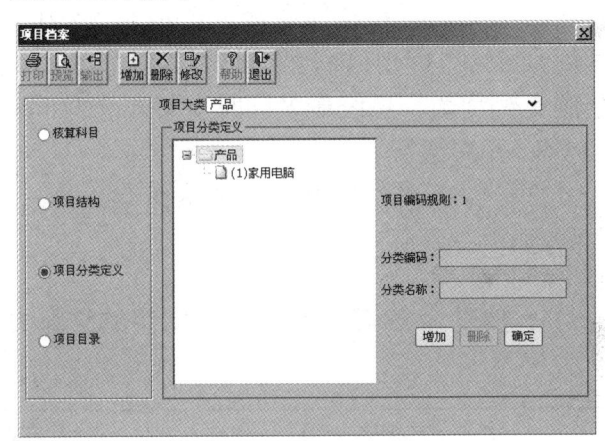

图 3.18　项目分类定义

步骤 9　选中"项目目录"单选按钮,再单击"维护"按钮,打开"项目目录维护"对话框。单击"增加"按钮,按要求输入项目目录,如图 3.19 所示。然后单击"确定"按钮。

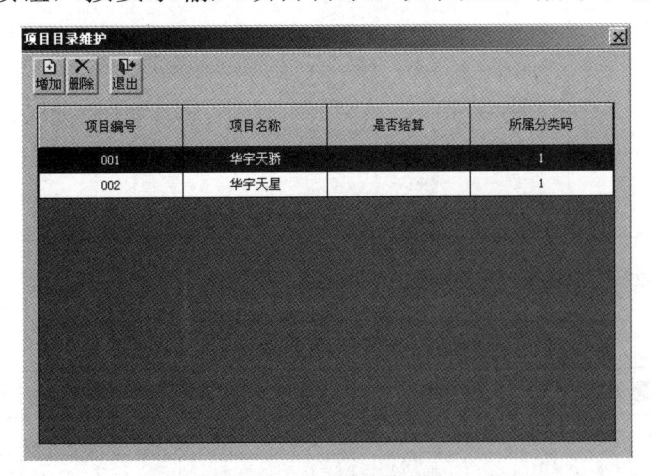

图 3.19　输入项目目录

任务 6　收付结算设置

任务下达

以账套主管身份进行收付结算设置。

任务解析

收付结算设置包括结算方式、付款条件和开户银行的设置。

1. 结算方式

设置结算方式的目的一是提高银行对账的效率，二是在根据业务自动生成凭证时可以识别相关的科目。T3 中需要设置的结算方式与财务上的结算方式基本一致，如现金结算、支票结算等。手工方式下一般设有支票登记簿，因业务需要借用支票时，需要在支票登记簿上签字，回来报销支票时再注明报销日期。在计算机信息系统中同样提供票据管理的功能，如果某种结算方式需要进行票据管理，则只需要选中"票据管理方式"复选框即可。

2. 付款条件

付款条件又称现金折扣，是指企业为了鼓励客户提前偿还货款而允诺在一定期限内给予的折扣优惠。设置付款条件的作用是规定企业在经营过程中与往来单位的收、付款折扣优惠方法。例如，折扣条件通常可表示为"5/10, 2/20, n/30"，意思是客户在 10 天内偿还货款，可得到 5%的折扣；在 20 天内偿还货款，可得到 2%的折扣；在 30 天内偿还货款，则要按全额支付货款。系统最多同时支持 4 个时间段的折扣。

3. 开户银行

设置开户银行是指设置本企业在收付结算时使用的银行信息。T3 支持设置多个开户行。

任务详情

1. 按表 3.13 设置华宇电脑常用的结算方式

表 3.13　结算方式

结算方式编码	结算方式名称	票据管理
1	现金结算	否
2	支票结算	否
201	现金支票	否
202	转账支票	否
3	商业汇票	否
301	商业承兑汇票	否
302	银行承兑汇票	否
4	电汇	否
5	其他	否

2. 按表 3.14 设置华宇电脑付款条件

表 3.14　付款条件

编　码	信用天数/天	优惠天数1/天	优惠率1/%	优惠天数2/天	优惠率2/%	优惠天数3/天	优惠率3/%
01	30	5	2				
02	60	5	4	15	2	30	1
03	90	5	4	20	2	45	1

3. 设置华宇电脑的开户银行

编码为 01，名称为"中国银行北京分行中关村分理处"，账号为 6646474104744061823。

任务指引

1. 结算方式

步骤 1　选择"基础设置"|"收付结算"|"结算方式"命令，打开"结算方式"对话框。

步骤 2　按要求输入企业常用结算方式，如图 3.20 所示。

2. 付款条件

步骤 1　选择"基础设置"|"收付结算"|"付款条件"命令，打开"付款条件"对话框。

步骤 2　单击"增加"按钮，输入付款条件，然后单击"保存"按钮。完成后如图 3.21 所示。

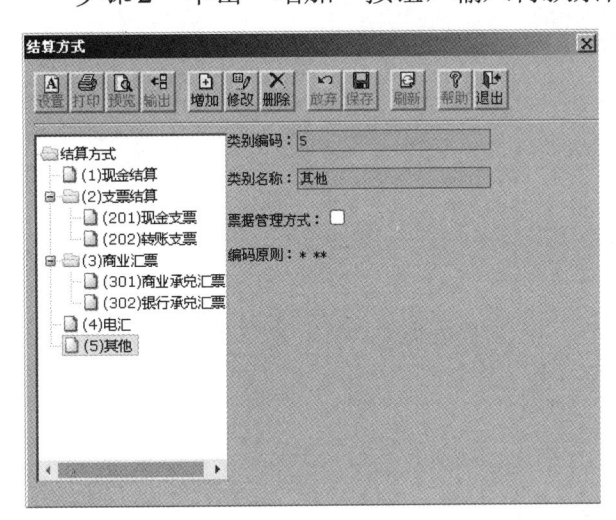

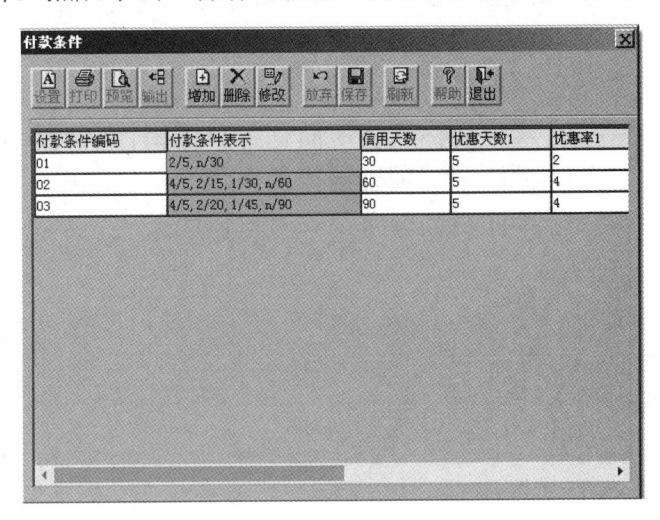

图 3.20　结算方式　　　　　　　　　　　图 3.21　付款条件

3. 开户银行

维护本单位的开户银行信息。T3 支持多个开户行和账号的设置。

步骤 1　选择"基础设置"|"收付结算"|"开户银行"命令，打开"开户银行"对话框。

步骤 2　按实验资料输入开户银行信息，然后单击"增加"按钮保存。

全部完成后，将账套备份至"基础档案设置"文件夹中。

通关测试

在线测试

一、判断题

1. 只有系统管理员和账套主管才能进行基础档案设置。　　　　　　　　　　　（　　）
2. 部门档案中的负责人信息只能从已经建立的职员档案中进行选择。　　　　　（　　）
3. 不设置客户的税号，就不能向该客户开具销售专用发票。　　　　　　　　　（　　）
4. 指定现金总账科目和银行总账科目的作用是指定出纳的专管科目。　　　　　（　　）
5. 增加会计科目时，必须先建上级科目，再建下级科目。　　　　　　　　　　（　　）

二、选择题

1. 必须先建立（　　），才能建立职员档案。

　　A. 客户分类　　　　　B. 部门档案　　　　　C. 会计科目　　　　　D. 开户银行

2. 在 T3 基础设置中，可以对（　　）账套信息进行修改。

　　A. 会计期间　　　　　B. 编码方案　　　　　C. 系统启用　　　　　D. 数据精度

3. 财务档案包括以下哪些内容？（　　）
   A. 凭证类别　　　　B. 结算方式　　　　C. 项目目录　　　　D. 常用摘要
4. 如果本公司客户较多，则"应收账款"科目应选择（　　）辅助核算。
   A. 部门核算　　　　B. 个人往来　　　　C. 客户往来　　　　D. 供应商往来
5. 关于项目，以下说法错误的是（　　）。
   A. 具有相同特点的一类项目可以定义为一个项目大类
   B. 一个项目大类可以核算多个科目
   C. 可以定义项目的具体栏目
   D. 一个科目也可以对应到不同的项目大类

三、思考题

1. 基础档案的输入有无先后顺序？
2. 哪些科目适合设置为部门核算？
3. 客户全称和客户简称各自适用什么场景？
4. 举例说明项目核算的用法。
5. 操作员如何定期修改自己的密码？

项目 4

总账管理

知识目标

1. 了解总账管理子系统的主要功能。
2. 熟悉总账管理子系统的操作流程。
3. 掌握总账管理子系统初始化的工作内容。
4. 理解总账管理子系统中各参数的含义。
5. 理解会计科目辅助核算的用途。
6. 熟悉凭证填制、审核、记账日常操作流程。
7. 掌握凭证、账簿查询的基本方法。
8. 了解期末自定义凭证的作用,掌握自定义凭证的方法。
9. 掌握现金管理的基本工作内容。
10. 理解结账的含义和结账要满足的前提条件。

技能目标

1. 学会设置总账管理子系统的参数。
2. 掌握不同会计科目期初余额输入的操作。
3. 掌握凭证填制、审核、记账等基本操作。
4. 掌握出纳签字、银行对账的基本操作。
5. 掌握转账定义及生成的基本操作。
6. 掌握期末结账的操作。

素质目标

通过实训操作,培养学生树立"坚持学习,守正创新"的意识。

项目背景

在 T3 中输入基础档案后,就可以开始学习总账管理子系统应用了。总账管理子系统是 T3 最核心的子系统,是企业会计信息化的起点。

在进行日常业务处理之前,需要根据企业自身的需要,对总账管理子系统进行初始化设定,使 T3 变成更适合企业实际需要的专用系统。其主要工作包括设置总账选项、明细账权限和期初余额的输入等。

总账管理子系统完成初始化后,就可以通过其管理企业的各项日常业务,进行账簿查询和业务分析等工作了。

在本项目中,华宇电脑项目实施小组已预先整理好各项资料,开始进行总账管理子系统的初始化设置,并对企业的日常业务进行处理。

基本知识

4.1 认识总账管理子系统

总账管理子系统的主要功能包括总账管理子系统初始化、凭证管理、现金管理、往来管理、项目管理、账簿管理和月末处理。

4.1.1 总账管理子系统初始化

总账管理子系统初始化是由企业用户根据自身的行业特性和管理需求，将通用的总账管理子系统设置为适合企业自身特点的专用系统的过程。总账管理子系统初始化主要包括总账选项设置和期初数据输入两项内容。

4.1.2 凭证管理

凭证是记录企业各项经济业务的载体，凭证管理是总账管理子系统的核心功能，主要包括填制凭证、出纳签字、审核凭证、记账、查询打印凭证等。

4.1.3 现金管理

现金管理为出纳人员提供了一个集成办公环境，可以完成现金日记账、银行存款日记账的查询和打印，随时产生最新资金日报表，以便进行银行对账并生成银行存款余额调节表。

4.1.4 往来管理

往来管理主要是管理企业和客户、供应商之间的业务往来，包括设置客户、供应商档案和进行客户、供应商往来业务查询。

4.1.5 项目管理

项目管理是总账管理子系统提供的特别功能，可以方便企业按特定项目对象进行收入、费用的归集。

4.1.6 账簿管理

总账管理子系统提供了强大的账证查询功能，可以查询打印总账、明细账、日记账、发生额余额表、多栏账、序时账等。它不但可以查询到已记账凭证的数据，而且查询的账表中也可以包含未记账凭证的数据，并可以轻松实现总账、明细账、日记账和凭证的联查。

4.1.7 月末处理

总账管理子系统月末处理主要包括自动转账凭证的定义、自动转账凭证的生成、对账和结账等内容。

4.2 总账管理子系统和其他子系统之间的数据关系

总账管理子系统既可以独立运行，也可以同其他子系统协同运转。总账管理子系统和其他子系统之间的数据关系如图 4.1 所示。

项目 4　总账管理

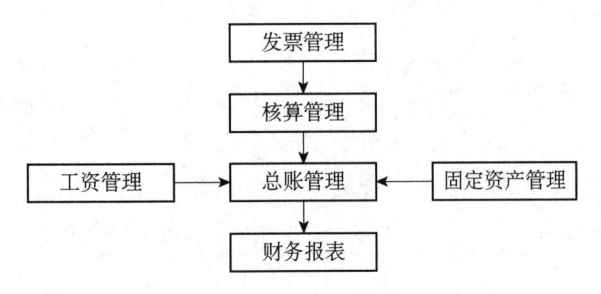

图 4.1　总账管理子系统和其他子系统之间的数据关系

4.3　总账管理子系统的应用流程

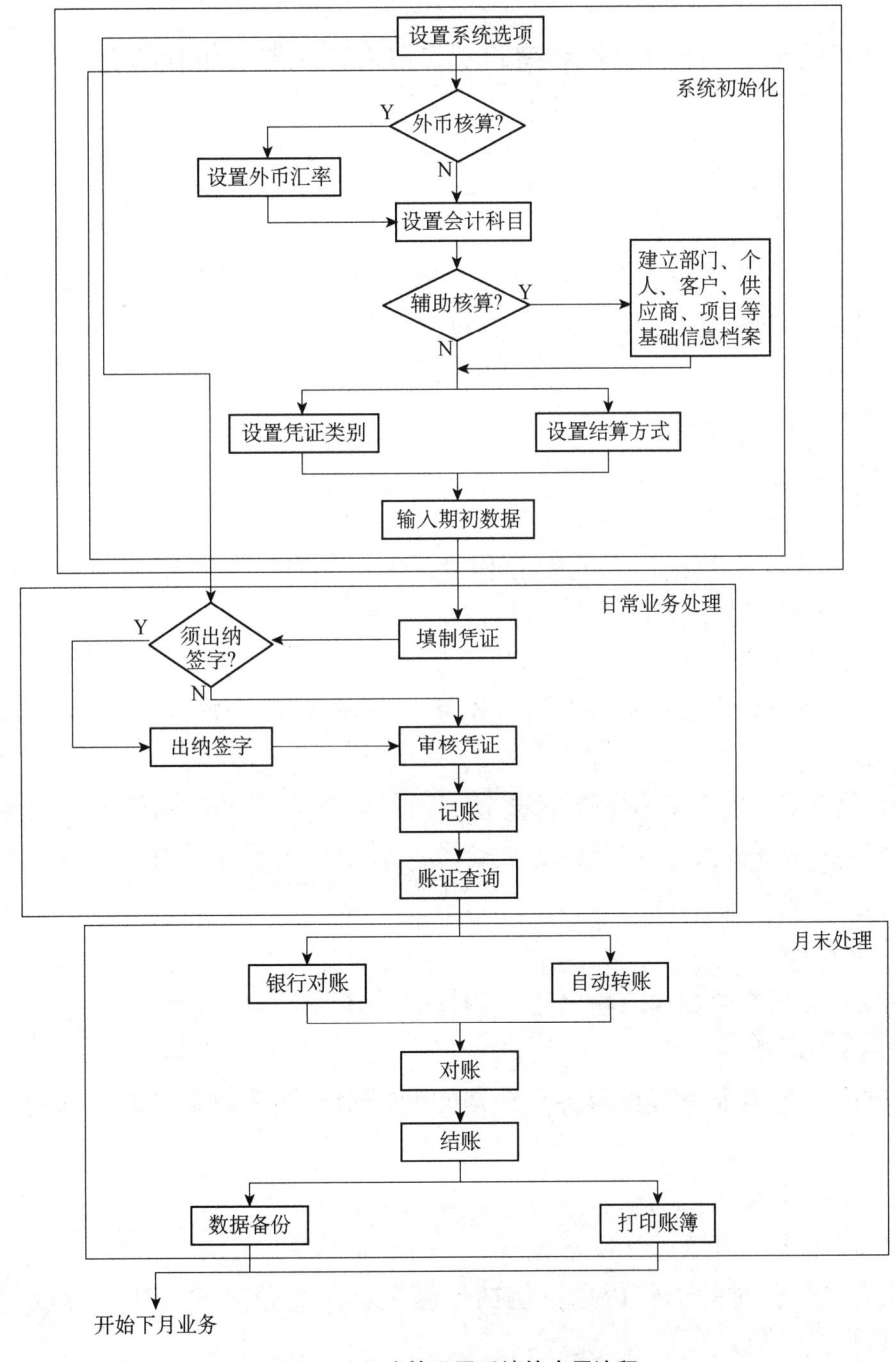

总账管理子系统的应用流程指明了正确使用总账管理子系统的操作顺序，从而有助于帮助企业实现快速应用。总账管理子系统的应用流程如图 4.2 所示。

图 4.2　总账管理子系统的应用流程

39

会计信息化应用（T3 财税云平台）

> **注意**
> ① 在图 4.2 中的系统初始化阶段，与总账管理子系统相关的基础档案（内框包含的部分）在 T3 基础设置中进行设置。此处仅为列示，以保持体系的完整性。
> ② 如果在总账管理子系统选项中设置了出纳凭证必须由出纳签字，则在凭证处理流程中就必须经过出纳签字环节。出纳签字和审核凭证没有先后次序之分。

实训任务

任务1 总账选项设置

任务下达

以系统管理员的身份恢复"基础档案设置"账套。以账套主管的身份登录 T3，进行总账选项设置。

任务解析

通用软件内设计了大量的系统参数，企业通过对系统参数进行设置可以决定企业的应用模式和应用流程。为了明确各项参数的适用对象，软件一般对参数进行分门别类的管理。T3 总账管理子系统将参数存放于以下 4 个选项卡。

1. "凭证"选项卡

该选项卡可进行以下设置。

① 制单控制。

② 凭证控制。

③ 凭证编号方式。系统提供系统编号和手工编号两种方式。如果选用系统编号，则系统就在填制凭证时按照设置的凭证类别按月自动编号。

④ 外币核算。有外币业务时，企业可以选择"固定汇率"或"浮动汇率"处理方式。

⑤ 预算控制。根据预算管理子系统或财务分析子系统设置的预算数对业务发生进行控制。

⑥ 合并凭证显示、打印。选中此复选框，则在填制凭证、查询凭证、出纳签字和审核凭证时，凭证按照"按科目、摘要相同方式合并"或"按科目相同方式合并"显示，在明细账显示界面提供"合并打印"的选项。

2. "账簿"选项卡

该选项卡用来设置各种账簿的输出方式和打印要求等。

3. "会计日历"选项卡

在"会计日历"选项卡中可查看各会计期间的起始日期和结束日期，以及启用会计年度和启用日期。

4. "其他"选项卡

在"其他"选项卡中可以进行以下设置。

① 可查看建立账套时的一些信息，包括账套名称、单位名称、账套存放的路径、行业性质和定义的科目级长等。

② 可以修改数量小数位、单价小数位和本位币精度。

③ 在参照部门目录、查询部门辅助账时，可以指定查询列表的内容是按编码顺序显示还是按名称顺序显示。也可以对个人往来辅助核算和项目辅助核算进行设置。

任务详情

华宇电脑总账选项设置如表 4.1 所示。

表 4.1 总账选项

选项卡	选项设置
凭证	制单序时控制 资金及往来赤字控制 允许修改、作废他人填制的凭证 允许查看他人填制的凭证 可以使用其他系统受控科目
凭证	打印凭证页脚姓名 出纳凭证必须经由出纳签字 凭证编号方式采用系统编号 外币核算采用固定汇率 其他采用系统默认设置
账簿	明细账查询权限控制到科目
其他	数量小数位和单价小数位设为 2 位 部门、个人、项目按编码方式排序

任务指引

步骤 1　以账套主管的身份登录 T3 主界面，选择"总账"|"设置"|"选项"命令，打开"总账选项"对话框。

步骤 2　单击"凭证"选项卡，按表 4.1 进行相应的设置。设置完成后如图 4.3 所示。

步骤 3　单击"账簿"选项卡，按表 4.1 进行相应的设置。设置完成后如图 4.4 所示。

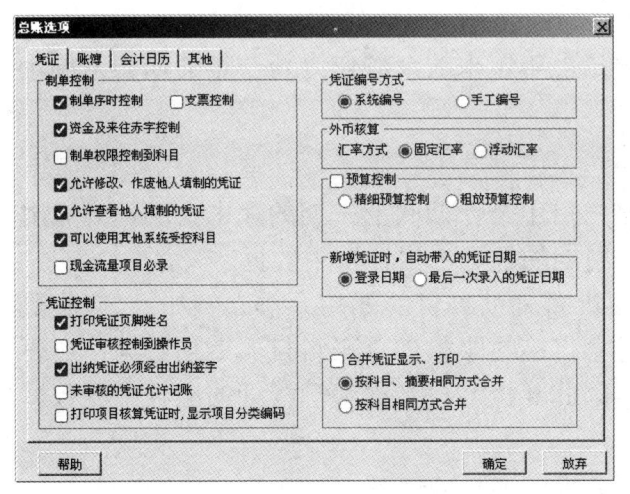

图 4.3　"凭证"选项卡

图 4.4　"账簿"选项卡

步骤 4　单击"其他"选项卡，按表 4.1 进行相应的设置。设置完成后如图 4.5 所示。

步骤 5　设置完成后，单击"确定"按钮，系统提示"参数设置成功"。单击"确定"按钮返回。

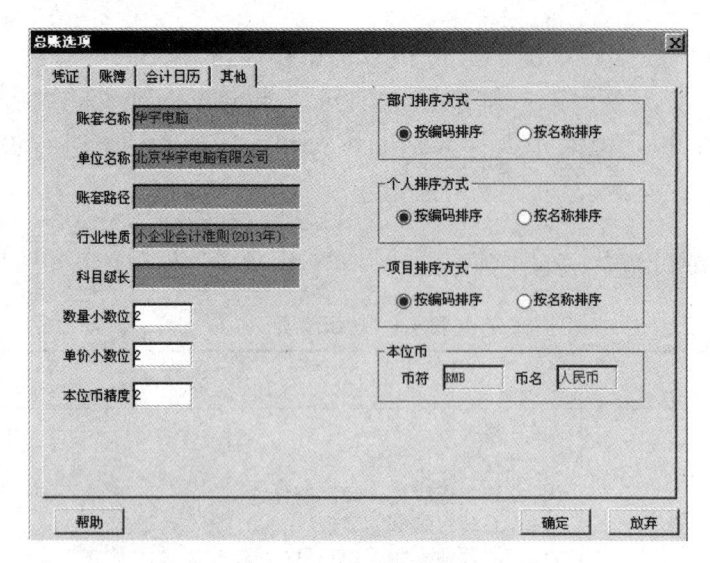

图 4.5 "其他"选项卡

任务 2　总账期初余额输入

任务下达

以账套主管的身份输入总账期初余额。

任务解析

总账选项设置完成后，还需要建立各账户的余额数据，才能接替手工业务处理。各账户余额数据的准备与总账管理子系统启用的会计期间相关。

1. 准备期初数据

为了保持账簿资料的连续性，应该将原有系统下截至总账启用日的各账户年初余额、累计发生额和期末余额输入计算机系统。

选择年初启用总账和选择年中启用总账需要准备的期初数据是不同的。

（1）年初启用总账

如果选择年初启用总账，则只需要准备各账户上年年末的余额作为新一年的期初余额，且年初余额和月初余额是相同的。

（2）年中启用总账

如果选择年中启用总账，则不但要准备各账户启用会计期间上一期的期末余额作为启用期的期初余额，而且要整理自本年度开始截至启用期的各账户累计发生数据。

如果科目设置了某种辅助核算，那么还需要准备辅助项目的期初余额。例如，"应收账款"科目设置了客户往来辅助核算，则除了要准备"应收账款"总账科目的期初数据，还要详细记录这些应收账款是哪些客户的销售未收，因此要按客户名称整理详细的应收余额数据。

2. 输入期初数据

输入期初余额时，根据科目性质的不同，可分为以下几种情况。

① 末级科目的余额可以直接输入。

② 非末级科目的余额数据由系统根据末级科目数据逐级向上汇总而得。

③ 科目有数量和外币核算时，在输入本位币金额后，还要输入相应的数量和外币信息。

④ 科目设置了客户往来、供应商往来、个人往来、部门核算、项目核算时，需要按照辅助核算对象输入期初余额，总账科目余额自动生成。

3. 进行试算平衡

期初数据输入完毕后应进行试算平衡。如果期初余额试算不平衡，则虽然可以填制、审核凭证，但不能进行记账处理。

凭证一经记账，期初数据就不能再修改。

任务详情

按表4.2进行科目期初余额输入并进行试算平衡。

表4.2 科目期初余额表　　　　　　　　　　　　　　　　　　　　　元

科目编码	科目名称	方　向	辅助核算	期初余额
1001	库存现金	借		15 654.00
1002	银行存款	借		531 812.00
100201	中行存款	借		531 812.00
10020101	人民币户	借		205 412.00
10020102	美元户	借		326 400.00
			外币核算——美元	48 000.00
1122	应收账款	借	见表4.3	113 000.00
1221	其他应收款	借	见表4.4	2 800.00
1403	原材料	借		67 500.00
140301	主板	借		60 000.00
			数量核算——个	100.00
140302	键盘	借		7 500.00
			数量核算——个	60.00
1405	库存商品	借		1 571 000.00
1601	固定资产	借		381 880.00
1602	累计折旧	贷		44 032.60
2001	短期借款	贷		480 000.00
2202	应付账款	贷		74 125.00
220201	应付货款	贷	见表4.5	14 125.00
220202	暂估应付款	贷		60 000.00
2211	应付职工薪酬	贷		236 161.40
221101	应付职工工资	贷		192 430.20
221102	应付奖金、津贴和补贴	贷		28 023.20
221104	应付社会保险费	贷		11 220.00
221105	应付住房公积金	贷		4 488.00
2221	应交税费	贷		78 160.00
222101	应交增值税	贷		36 660.00
22210101	进项税额	贷		−89 650.00
22210105	销项税额	贷		126 310.00
222102	未交增值税	贷		20 000.00

(续表)

科目编码	科目名称	方向	辅助核算	期初余额
222106	应交所得税	贷		18 000.00
222112	应交个人所得税	贷		3 500.00
3001	实收资本	贷		1 000 000.00
3101	盈余公积	贷		230 000.00
310101	法定盈余公积	贷		230 000.00
3104	利润分配	贷		541 167.00
310415	未分配利润	贷		541 167.00

辅助明细资料如表 4.3 至表 4.5 所示。

表 4.3 "1122 应收账款"期初余额 元

日　期	凭证号	客　户	摘　要	方　向	金　额
2022-12-26	记-128	瑞美	期初	借	113 000

表 4.4 "1221 其他应收款"期初余额 元

日　期	凭证号	个　人	摘　要	方　向	期初余额
2022-12-28	记-132	何润东	出差借款	借	2 800

表 4.5 "220201 应付货款"期初余额 元

日　期	凭证号	供应商	摘　要	方　向	金　额
2022-12-28	记-136	亚捷	期初	贷	14 125

任务指引

1. 输入末级科目期初余额

步骤1　选择"总账"|"设置"|"期初余额"命令,打开"期初余额录入"对话框。

步骤2　在1001(库存现金)科目"期初余额"栏中输入金额"15654",然后按回车键。末级科目余额输入完成后,上级科目余额自动汇总生成。

步骤3　按表4.2输入其他末级科目期初余额,末级科目底色为白色。

2. 输入数量/外币辅助核算科目期初余额

步骤1　在"期初余额录入"对话框中,外币辅助核算科目10020102显示为两行:首先在第1行中输入人民币期初余额"326400",然后在第2行中输入美元期初余额"48000",如图4.6所示。

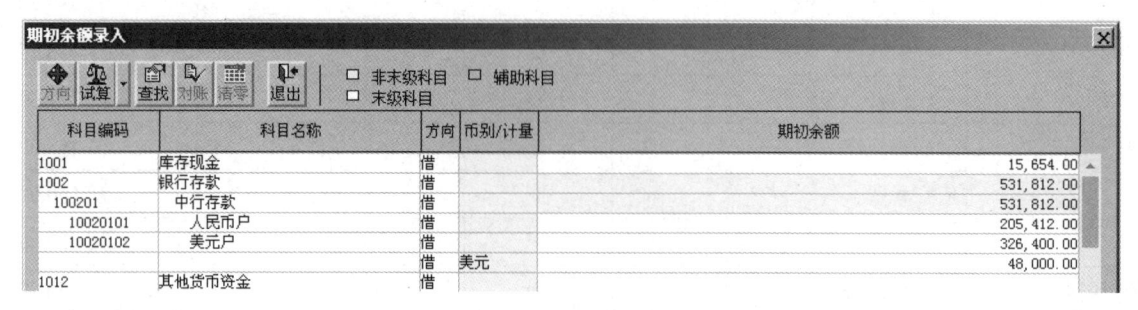

图 4.6　输入外币辅助核算科目期初余额

步骤2　数量辅助核算科目140301也显示为两行:首先在第1行中输入人民币期初余额"60000",然后在第2行中输入数量期初余额"100"。同理,输入键盘期初余额后,原材料科目自动汇总，如图 4.7 所示。

图 4.7 输入数量辅助核算科目期初余额

3. 输入客户往来辅助核算科目期初余额

在会计科目有"客户往来""供应商往来""个人往来"辅助核算时，不能直接输入该账户的期初余额，而是必须输入辅助账的期初余额。辅助账期初余额输入完毕后，将自动带回总账。

步骤 1　双击"1122 应收账款"科目的"期初余额"栏，打开"期初辅助核算"对话框。

步骤 2　单击"增加"按钮，按表 4.3 输入资料，如图 4.8 所示。

步骤 3　完成后单击"退出"按钮，辅助账期初余额自动带到总账。

步骤 4　同理，输入"其他应收款""应付货款"科目期初余额。

> **注意**
> 辅助核算科目的底色显示为蓝色，期初余额的输入要在相应的辅助账中进行。

4. 进行期初余额试算平衡

步骤 1　期初余额输入完成，单击"试算"按钮，打开"期初试算平衡表"对话框，如图 4.9 所示。

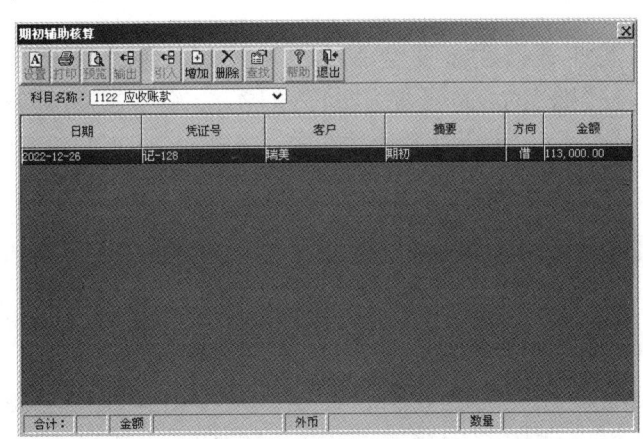

图 4.8　输入客户往来辅助核算科目期初余额

图 4.9　期初试算平衡

步骤 2　如果期初余额不平衡，则修改期初余额；如果期初余额试算平衡，则单击"确认"按钮。

步骤 3　期初余额试算平衡后，备份账套至"总账初始化"文件夹中。

> **注意**
> 期初余额试算不平衡时，可以进行填制凭证、审核凭证等操作，但不能记账。

任务 3 填制凭证

任务下达

以会计（102耿丽）的身份在T3中进行填制凭证、修改凭证和删除凭证的操作。

任务解析

总账管理子系统初始化工作完成后，企业就可以开始进行日常业务处理了。总账管理子系统日常业务处理主要包括凭证管理、现金管理、往来管理、项目管理、账簿查询和期末处理。

记账凭证是登记账簿的依据，是总账管理子系统的唯一数据来源，因此凭证管理是总账管理子系统最核心的内容。凭证管理主要包括填制凭证、出纳签字、审核凭证、查询凭证、记账等内容。

记账凭证按其编制来源可分为两大类：手工填制凭证和机制凭证。机制凭证包括利用总账管理子系统自动转账功能生成的凭证和在其他子系统中生成传递到总账管理子系统的凭证。

1. 填制凭证

填制凭证时各项目应填制的内容和注意事项如下。

（1）凭证类别

填制凭证时可以直接选择所需的凭证类别。如果在设置凭证类别时设置了凭证的限制类型，就必须符合限制类型的要求，否则系统会给出错误提示。

（2）凭证编号

如果选择"系统编号"方式，则系统按凭证类别按月自动生成凭证编号；如果选择"手工编号"方式，则需要手工输入凭证编号，但应注意凭证编号的连续性、唯一性。

（3）凭证日期

填制凭证时，日期一般自动取登录系统时的业务日期。在选中"制单序时控制"复选框的情况下，凭证日期应晚于或与该类凭证最后一张凭证的日期相同，但不能晚于机内系统日期。

（4）附单据数

记账凭证打印出来后，应将相应的原始凭证粘附其后。这里的附单据数就是指将来该记账凭证所附的原始单据数。

（5）摘要

摘要是对经济业务的概括说明。每行摘要将随相应的会计科目在明细账、日记账中出现。摘要可以直接输入，如果定义了常用摘要，则可以调用常用摘要。凭证中的每一行都必须有摘要，否则凭证无法保存。

（6）会计科目

填制凭证时，要求会计科目必须是末级科目。可以输入科目编码、科目名称、科目助记码。

如果输入的是银行科目，则一般系统会要求输入有关结算方式的信息，此时最好输入，以方便日后进行银行对账；如果输入的科目有外币核算，则系统会自动带出在外币设置时已设置的相关汇率——如果不符还可以修改，输入外币金额后系统会自动计算出本币金额；如果输入的科目有数量核算，则应该输入数量和单价，系统会自动计算出本币金额；如果输入的科目有辅助核算，则应该输入相关的辅助信息，以便系统生成辅助核算账簿。

（7）金额

金额可以是正数或负数（红字），但不能为0。凭证金额应符合"有借必有贷，借贷必相等"的原则，否则将不能保存。

2. 修改凭证

在信息化方式下，凭证的修改分为无痕迹修改和有痕迹修改。

（1）无痕迹修改

无痕迹修改是指系统内不保存任何修改线索和痕迹。对于尚未审核和签字的凭证可以直接进行修改；对于已经审核或签字的凭证应当先取消审核或签字，然后才能修改。显然，在这两种情况下，都没有保留任何审计线索。

（2）有痕迹修改

有痕迹修改是指系统通过保存错误凭证和更正凭证的方式来保留修改痕迹，因而可以留下审计线索。对于已经记账的错误凭证，一般应采用有痕迹修改，具体方法是采用红字更正法或补充更正法。前者适用于更正记账金额大于应记金额的错误或会计科目的错误，后者适用于更正记账金额小于应记金额的错误。

能否修改他人填制的凭证，取决于系统参数的设置。其他子系统生成的凭证，只能在总账管理子系统中进行查询、审核、记账，不能修改和作废，只能在生成该凭证的原子系统中进行修改和删除，以保证记账凭证与原子系统中的原始单据相一致。

修改凭证时，一般情况下凭证类别和编号是不能修改的。修改凭证日期时，为了保持序时性，日期应介于前后两张凭证日期之间，且日期的月份不能修改。

任务详情

根据以下企业经济业务在T3中填制凭证。

① 1月1日，国内销售部任志刚报销业务招待费1 500元，以现金支付。电子普通发票如图4.10所示。

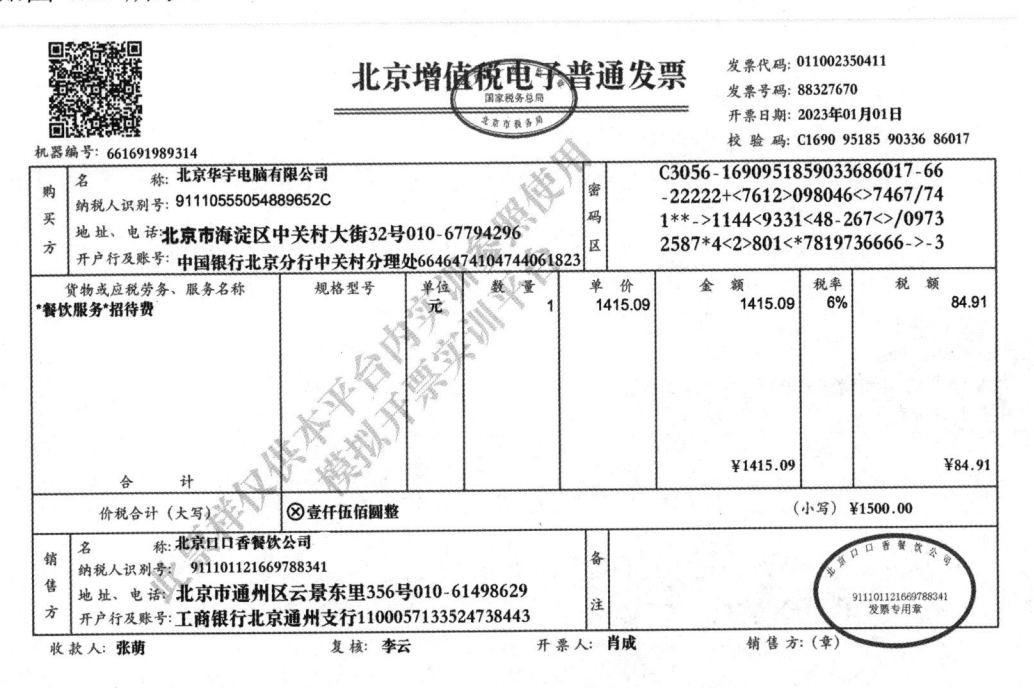

图4.10 电子普通发票

② 1月6日，财务部冯洁从中行人民币户提取现金10 000元，作为备用金（现金支票号55230116）。现金支票存根如图4.11所示。

③ 1月6日，收到达昌集团投资资金20 000美元，汇率1:6.80（转账支票号23030201）。转账支票如图4.12所示。

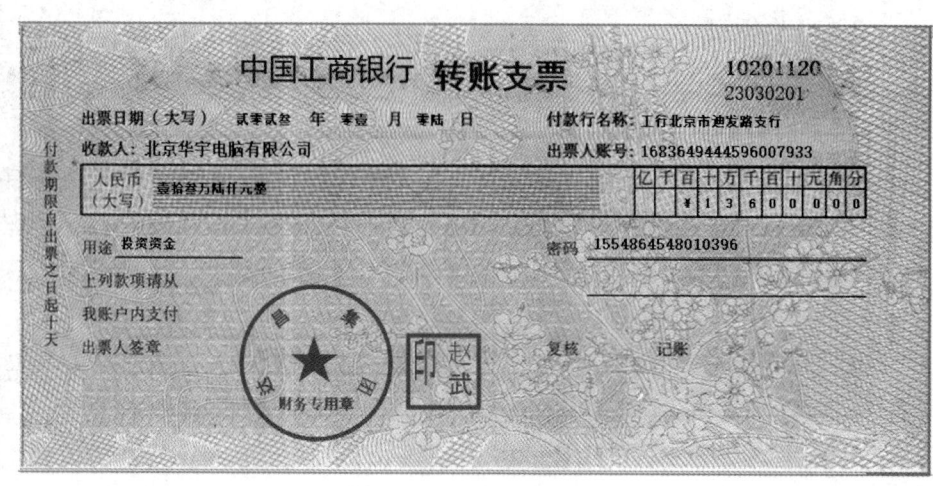

图4.11　现金支票存根

图4.12　转账支票

④ 1月18日，采购部杨帅从日星采购一批主板，共200个，无税单价600元。以转账支票（转账支票号65820118）支付。电子专用发票如图4.13所示。

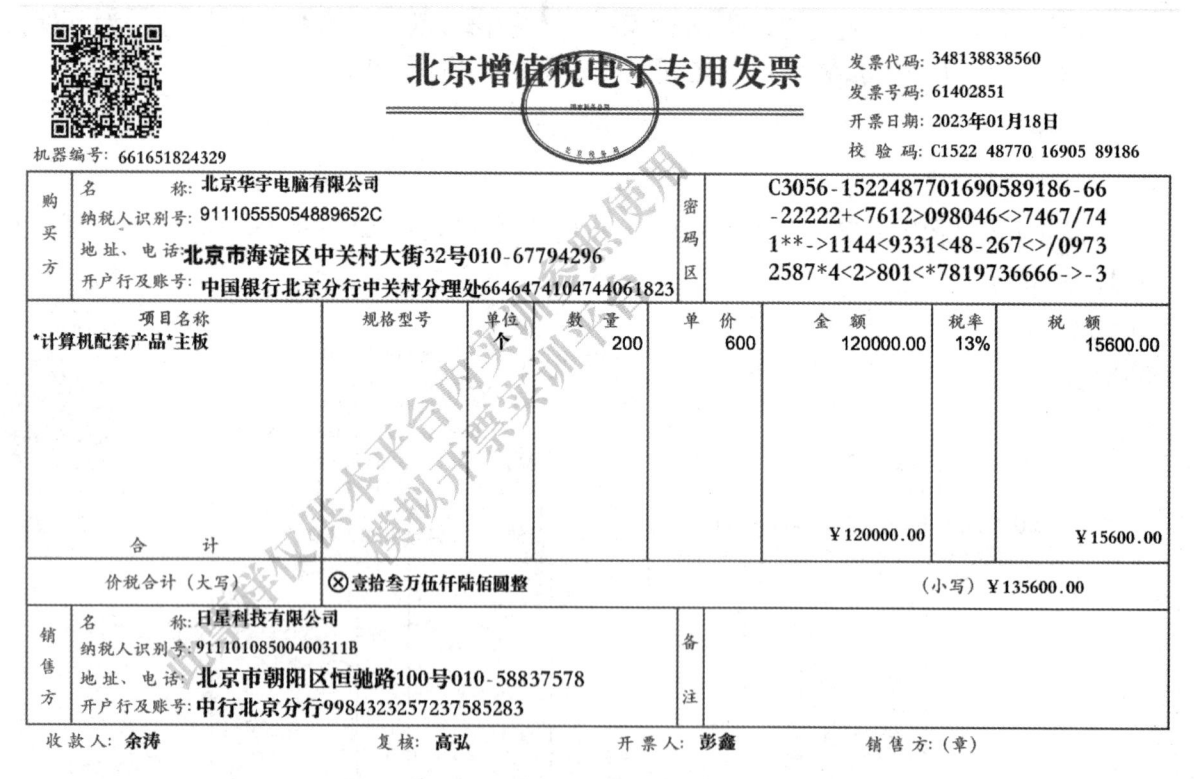

图4.13　电子专用发票

⑤ 1月18日，收到向亚捷购买的键盘300个，增值税电子专用发票（票号98576912）上注明无税单价120元，适用税率13%。货款未付。电子专用发票如图4.14所示。

项目 4　总账管理

北京增值税电子专用发票

发票代码：011002385013
发票号码：98576912
开票日期：2023年01月18日
校　验　码：C1522 48707 96753 05985

机器编号：661693477652

购买方	名　　　称：北京华宇电脑有限公司 纳税人识别号：91110555054889652C 地址、电话：北京市海淀区中关村大街32号010-67794296 开户行及账号：中国银行北京分行中关村分理处6646474104744061823	密码区	C3056-15224870796753305985-66 -22222+<7612>098046<>7467/74 1**->1144<9331<48-267<>/0973 2587*4<2>801<*7819736666->-3

项目名称	规格型号	单位	数量	单价	金额	税率	税额
*计算机配套产品*键盘		个	300	120	36000.00	13%	4680.00
合　　计					¥36000.00		¥4680.00

价税合计（大写）　⊗肆万零陆佰捌拾圆整　　　　　　　（小写）¥40680.00

销售方	名　　　称：亚捷商贸有限公司 纳税人识别号：91110105532998772I 地址、电话：北京市朝阳区鑫泽路853号010-43158425 开户行及账号：工行北京分行9832823655838435683	备注	

收款人：张晓月　　　复核：李芸　　　开票人：马芳芳

图 4.14　电子专用发票

⑥ 1月18日，收到瑞美转账支票一张（支票号54391242），金额113 000元，用以归还前欠货款。转账支票存根如图 4.15 所示。

⑦ 1月25日，国内销售部向实创出售华宇天骄电脑 10 台，无税单价6 000元，适用税率13%。货款尚未收到。

发票类别：增值税电子专用发票。

开票人：耿丽；收款人：张蕾；复核人：苏明城。

⑧ 1月25日，企管办何润东报销差旅费2 800元，原始单据共5张。

任务指引

1. 第1笔业务：通过发票管理子系统生成凭证

本笔业务会计分录如下。

借：销售费用/业务招待费（560106）　　　1 500
　　贷：库存现金（1001）　　　　　　　　　　　1 500

步骤1　以会计102耿丽的身份进入T3，选择"发票管理"|"发票采集"命令，打开"发票"窗口，如图4.16所示。

步骤2　单击"发票采集"下拉按钮，选择"PDF发票上传"选项，打开"PDF发票采集上传"对话框。单击"选择文件"按钮，选择要上传的发票，如图4.17所示。

图 4.15　转账发票存根

思政小课堂

关于差旅费报销进项税抵扣问题

49

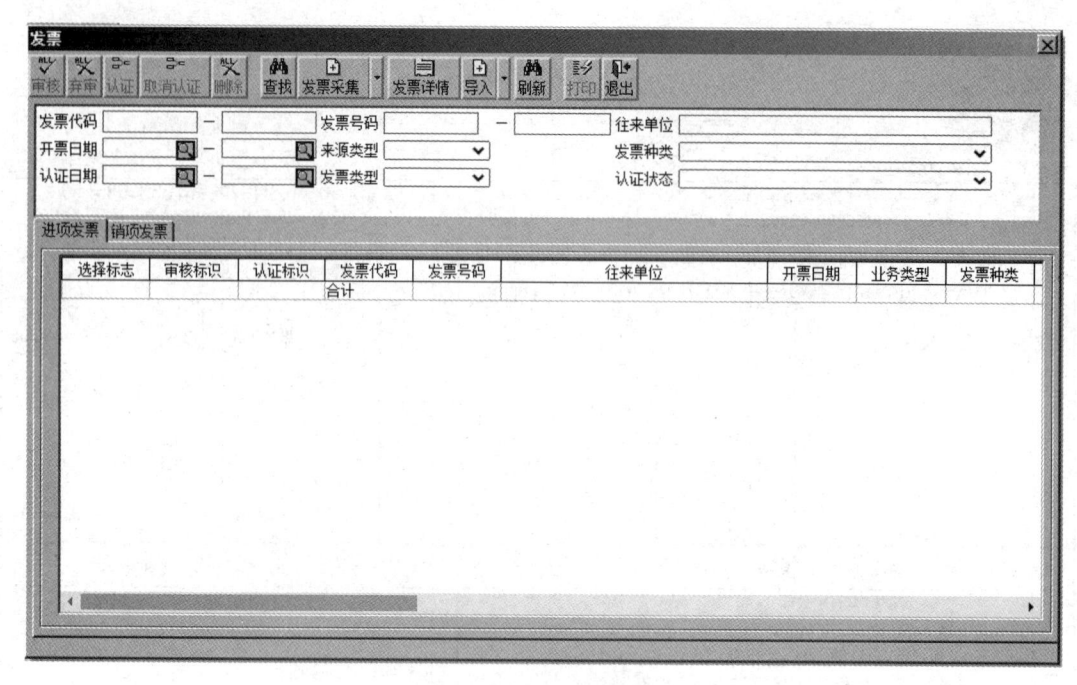

图 4.16 "发票"窗口

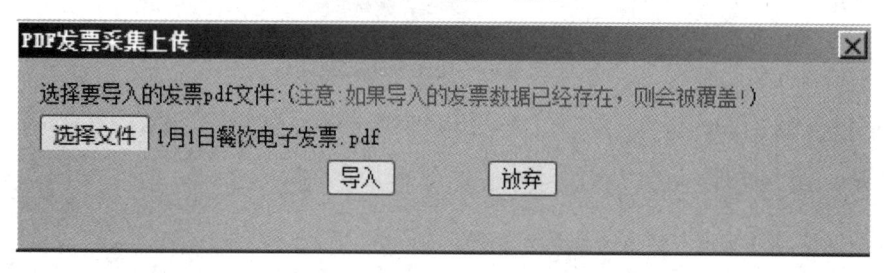

图 4.17 选择 PDF 发票上传

步骤 3　单击"导入"按钮，系统上传完成后，提示"导入完成"。单击"完成"按钮，返回"发票"窗口，如图 4.18 所示。

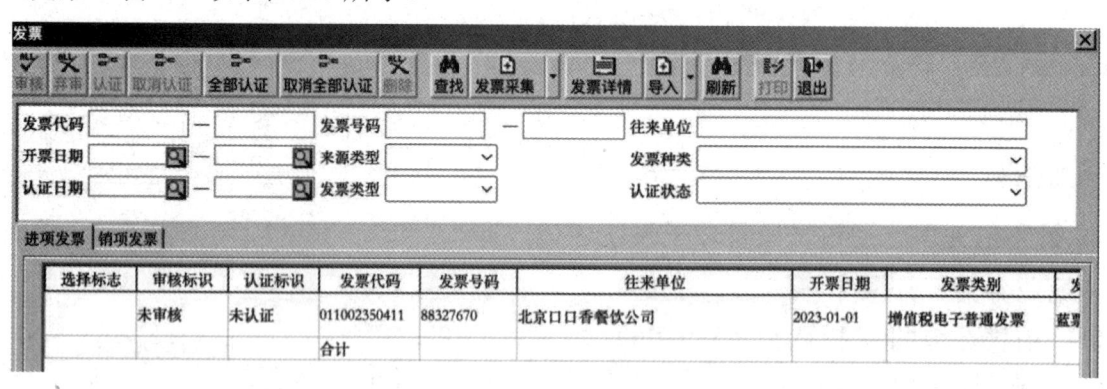

图 4.18 上传发票

步骤 4　单击发票的"选择标志"栏，出现选中标记"√"。单击"审核"按钮，系统提示"审核成功！"。单击"确定"按钮，"审核标识"一栏显示"已审核"。

步骤 5　单击"退出"按钮返回。

步骤 6　选择"总账"|"期末"|"电票生成"|"电票凭证"命令，打开"电票转账查询"对话框，如图 4.19 所示。

项目 4　总账管理

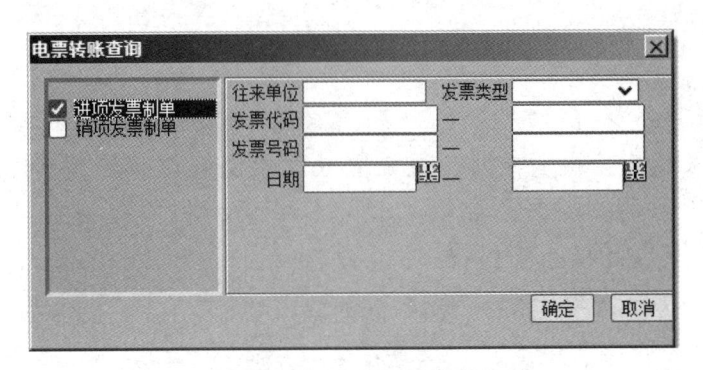

图 4.19　电票转账查询

步骤 7　选中"进项发票制单"复选框，单击"确定"按钮，打开"电票制单"窗口，如图 4.20 所示。

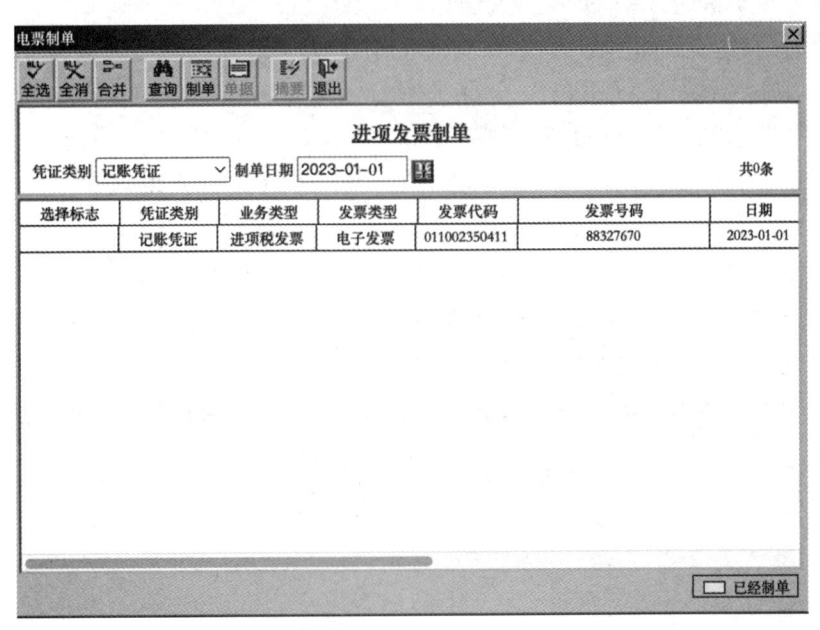

图 4.20　电票制单

步骤 8　双击要生成凭证的发票，单击"制单"按钮，打开"填制凭证"窗口。输入制单日期"2023-01-01"、摘要"报销业务招待费"、借方科目"560106 业务招待费"，贷方科目"1001 库存现金"，如图 4.21 所示。然后单击"保存"按钮。

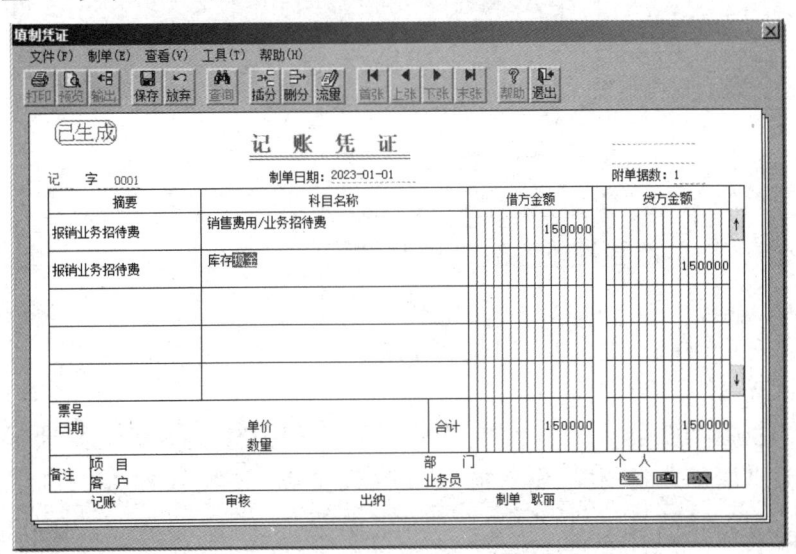

图 4.21　生成第 1 笔业务凭证

51

会计信息化应用（T3财税云平台）

步骤9　单击"退出"按钮返回。

> **注意**
> ① 凭证一旦保存，其凭证类别、凭证编号就不能修改。
> ② 正文中不同行的摘要可以相同，也可以不同，但不能为空。每行摘要将随相应的会计科目在明细账、日记账中出现。
> ③ 科目编码必须是末级的科目编码。
> ④ 金额不能为0；红字以"—"号表示。

2. 第2笔业务：在总账管理子系统中填制凭证

本笔业务会计分录如下。

借：库存现金（1001）　　　　　　　　　　　　　　　　　10 000
　　贷：银行存款/中行存款/人民币户（10020101）　　　　　　　10 000

业务特点："10020101人民币户"设置了银行账辅助核算，需要输入辅助项信息。

步骤1　选择"总账"|"凭证"|"填制凭证"命令，打开"填制凭证"窗口。

步骤2　单击"增加"按钮，系统自动增加一张空白记账凭证。

步骤3　输入制单日期"2023-01-06"，输入附单据数"1"。

步骤4　输入摘要"提现金"，选择借方科目"库存现金"，输入借方金额"10 000"，按回车键；摘要自动带到下一行，输入贷方科目"10020101"，该科目设置了银行账辅助核算，系统弹出"辅助项"对话框，输入各项信息如图4.22所示。

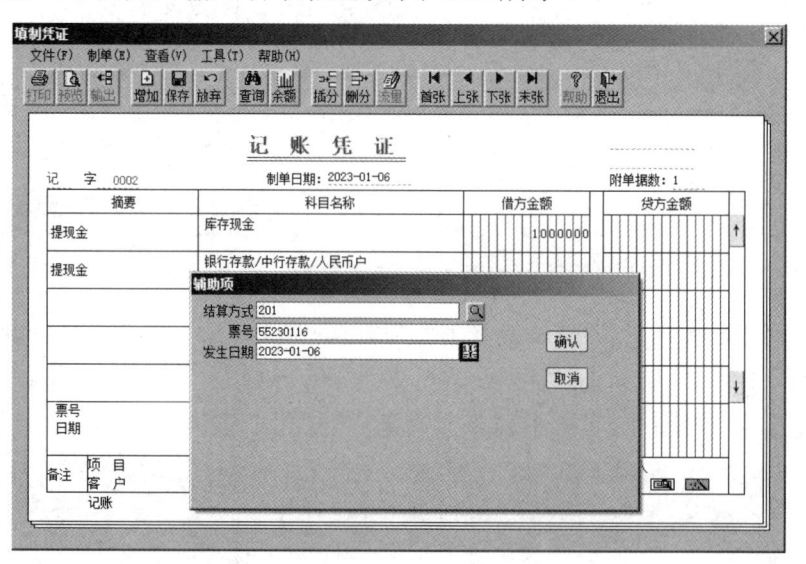

图4.22　填制凭证——第2笔业务处理

步骤5　单击"保存"按钮，系统提示"保存成功！"。单击"确认"按钮返回。

3. 第3笔业务：在总账管理子系统中填制凭证

本笔业务会计分录如下。

借：银行存款/中行存款/美元户（10020102）　　　　　　　136 000
　　贷：实收资本（3001）　　　　　　　　　　　　　　　　　136 000

业务特点："10020102美元户"设置了外币核算和银行账核算。需要输入辅助项信息。

步骤1　单击"增加"按钮，输入摘要"收投资款"；输入外币科目"10020102"，打开"辅助项"对话框，选择结算方式"202"（转账支票），输入票号"23030201"，单击"确认"按钮。

步骤2 输入外币金额"20000",系统自动计算并显示本币金额"136000",如图4.23所示。

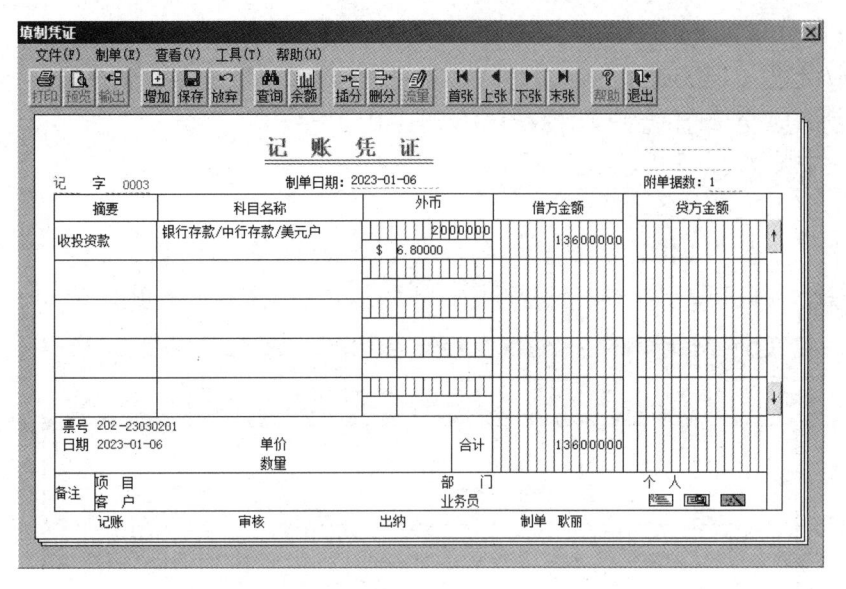

图 4.23 填制凭证——第3笔业务

步骤3 继续输入贷方数据。凭证输入完成后,单击"保存"按钮。

4. 第4笔业务:通过发票管理子系统生成凭证

本笔业务会计分录如下。

借:原材料/主板(140301)　　　　　　　　　　　　　　　　　　　　　　　120 000
　　应交税费/应交增值税/进项税额(22210101)　　　　　　　　　　　　　　15 600
　　贷:银行存款/中行存款/人民币户(10020101)　　　　　　　　　　　　　135 600

操作步骤参考第1笔业务。

生成凭证时,注意"140301 主板"科目设置了数量核算,需要输入辅助项信息,如图4.24所示。

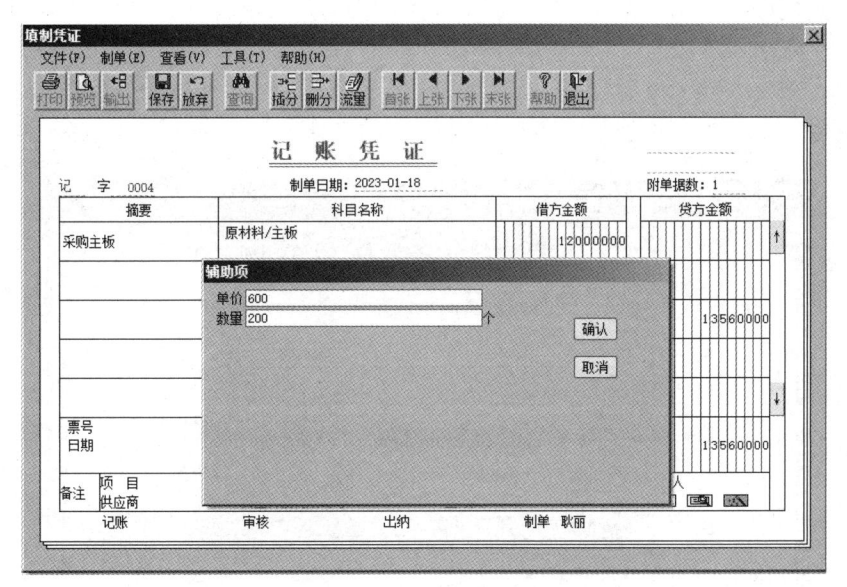

图 4.24 第4笔业务——科目设置了数量辅助核算

> **注意**
> 系统根据"数量×单价"自动计算出金额,并默认放置于借方。如果应为贷方金额,则可按键盘上的空格键调整金额到贷方。

5. 第 5 笔业务：通过发票管理子系统生成凭证

本笔业务会计分录如下。

借：原材料/键盘（140302） 36 000
　　应交税费/应交增值税/进项税额（22210101） 4 680
　　贷：应付账款/应付货款（220201） 40 680

操作步骤参考第 1 笔业务。

生成凭证时，注意"140302 键盘"科目设置了数量辅助核算，需要输入数量和单价；"220201 应付货款"科目设置了供应商往来辅助核算，需要输入辅助项信息，如图 4.25 所示。

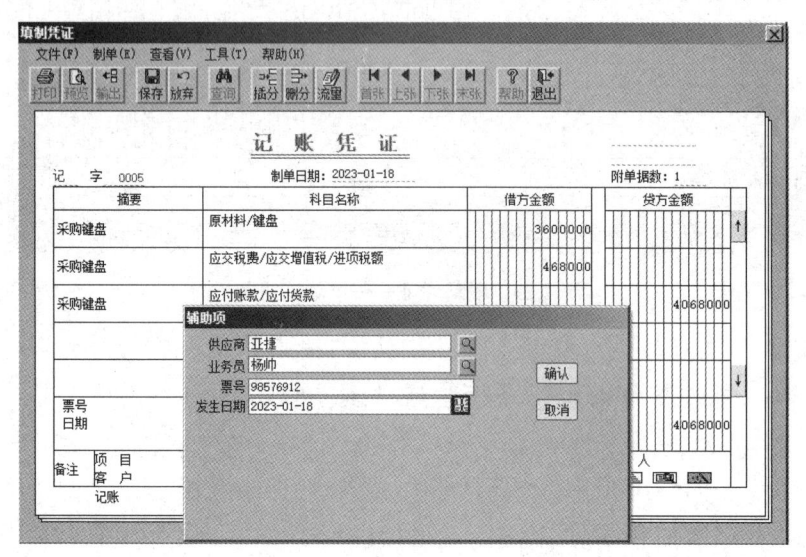

图 4.25　第 5 笔业务——供应商往来辅助核算

6. 第 6 笔业务：在总账管理子系统中填制凭证

本笔业务会计分录如下。

借：银行存款/中行存款/人民币户（10020101） 113 000
　　贷：应收账款（1122） 113 000

填制凭证时，注意"1122 应收账款"科目设置了客户往来辅助核算，需要输入辅助项信息，如图 4.26 所示。

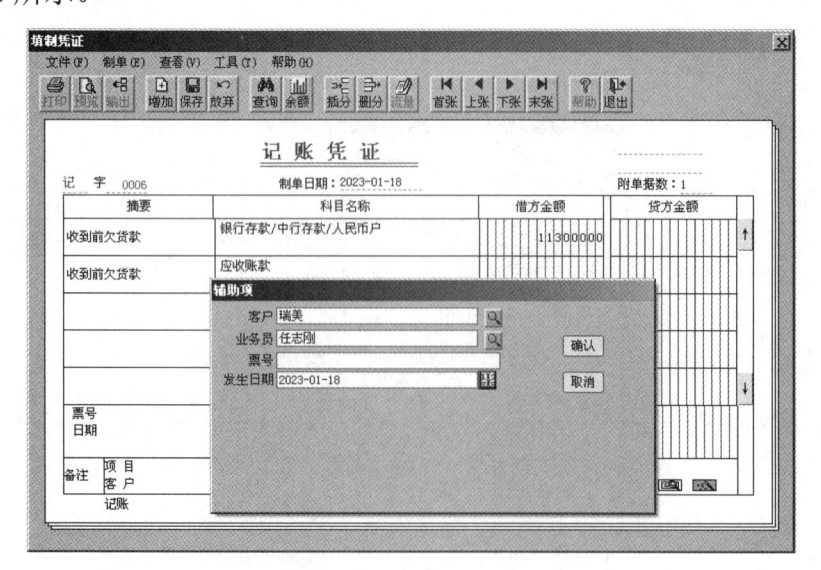

图 4.26　第 6 笔业务——客户往来辅助核算

7. 第 7 笔业务——通过发票管理子系统生成凭证

本笔业务会计分录如下。

借：应收账款（1122）　　　　　　　　　　　　　　　　　　　　67 800
　　贷：主营业务收入（5001）　　　　　　　　　　　　　　　　60 000
　　　　应交税费/应交增值税/销项税额（22210106）　　　　　　　7 800

其中，"5001 主营业务收入"科目设置了项目核算，需要输入辅助项信息。

（1）开票信息同步

步骤 1　选择"发票管理"|"开票信息同步"命令，打开"开票信息同步"对话框。单击"确认"按钮。

步骤 2　选择"发票管理"|"开票商品同步"命令，打开"开票商品同步"对话框。单击"全选"按钮，再单击"同步"按钮，系统提示"同步成功"。单击"确定"按钮。

步骤 3　选择"发票管理"|"开票客户同步"命令，打开"开票客户同步"对话框。单击"全选"按钮，再单击"同步"按钮，系统提示"同步成功"。单击"确定"按钮。

（2）向客户开具电子专用发票

步骤 1　选择"开票"|"普电专票"命令，打开"普电专票"对话框。

步骤 2　输入发票信息，如图 4.27 所示。

设置发票类型：增值税电子专用发票。

开票日期：2023-01-25。

省市：北京。

购买方名称：实创。系统自动带出实创纳税人识别号、地址、电话、开户行、账号等信息。

货物名称：华宇天骄；数量：10；单价（不含税）：6 000。

开票人：耿丽；收款人：张蕾；复核人：苏明城。

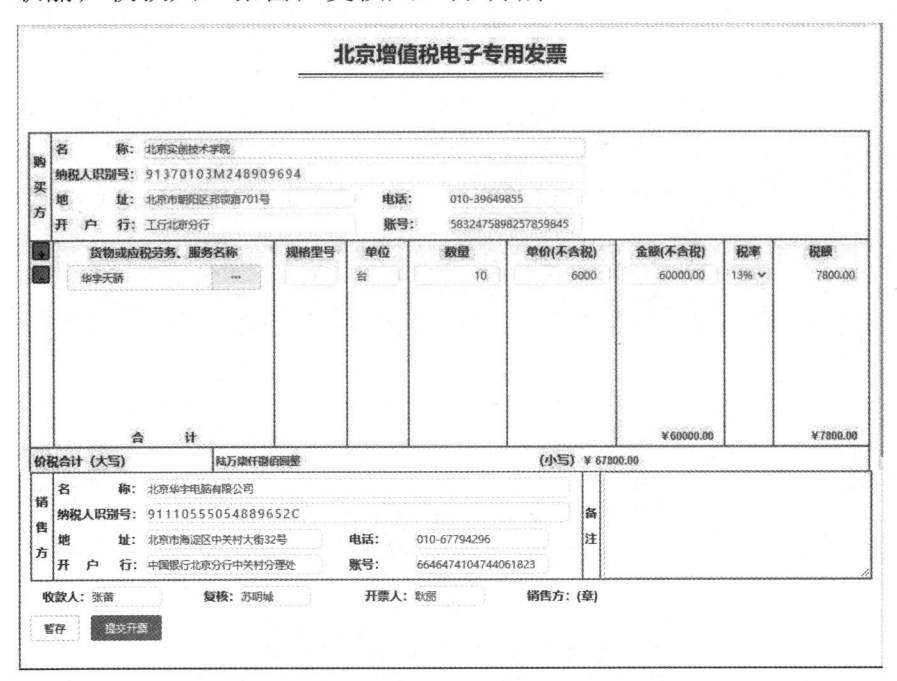

图 4.27　输入发票信息

步骤 3　单击"提交开票"按钮。关闭"普电专票"对话框返回。

（3）一键取票、发票审核

步骤1　选择"发票管理"|"发票采集"命令，打开"发票采集"窗口。

步骤2　单击"发票采集"下拉按钮，选择"一键取票"选项，系统提示"成功导入1条记录"。单击"确定"按钮。

步骤3　单击"销项发票"选项卡，选中要审核的发票。

步骤4　单击"审核"按钮，系统提示"审核成功！"。单击"确定"按钮，如图4.28所示。

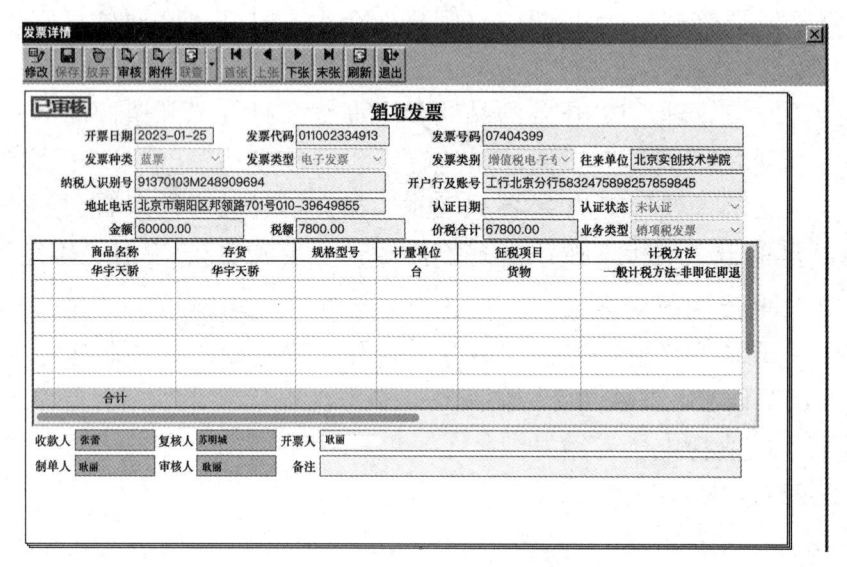

图4.28　审核销项发票

步骤5　单击"退出"按钮。

（4）在总账管理子系统中对电子发票制单

步骤1　选择"总账"|"期末"|"电票生成"|"电票凭证"命令，打开"电票转账查询"对话框。

步骤2　选中"销项发票制单"，单击"确定"按钮，打开"电票制单"窗口。

步骤3　双击要生成凭证的记录，单击"制单"按钮，打开"填制凭证"窗口。

步骤4　输入制单日期、摘要、科目名称，如图4.29所示。单击"保存"按钮。

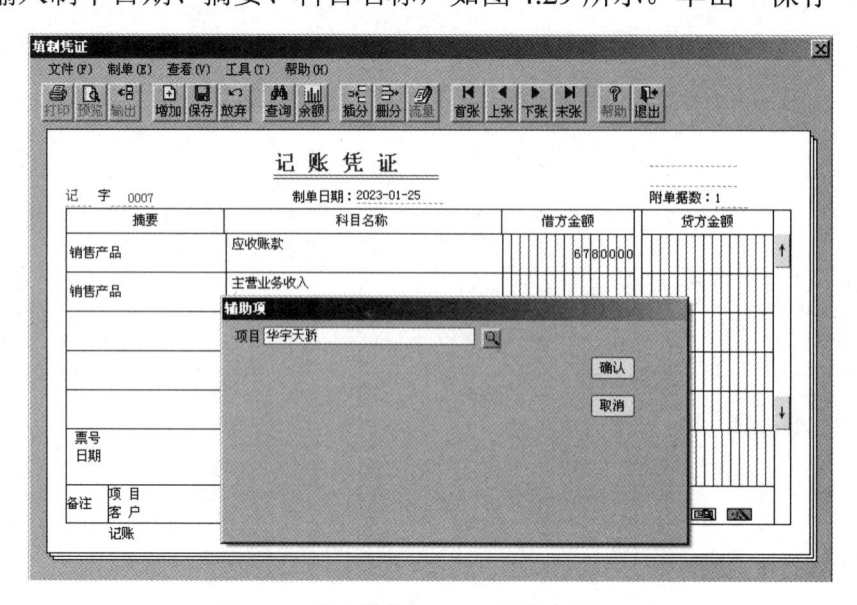

图4.29　第7笔业务——开票并生成凭证

步骤 5　单击"退出"按钮。

8. 第 8 笔业务：在总账管理子系统中填制凭证

本笔业务会计分录如下。

借：管理费用/差旅费（560218）　　　　　　　　　　　　　　2 800
　　贷：其他应收款（1221）　　　　　　　　　　　　　　　　　　2 800

生成凭证时，注意"560218 差旅费"科目设置了部门核算，"1221 其他应收款"科目设置了个人往来辅助核算，需要输入辅助项信息。

步骤 1　在填制凭证的过程中，需要输入附单据数"5"。

步骤 2　输入部门核算科目"560218"后，打开"辅助项"对话框。选择部门为"企管办"，如图 4.30 所示。然后单击"确认"按钮。

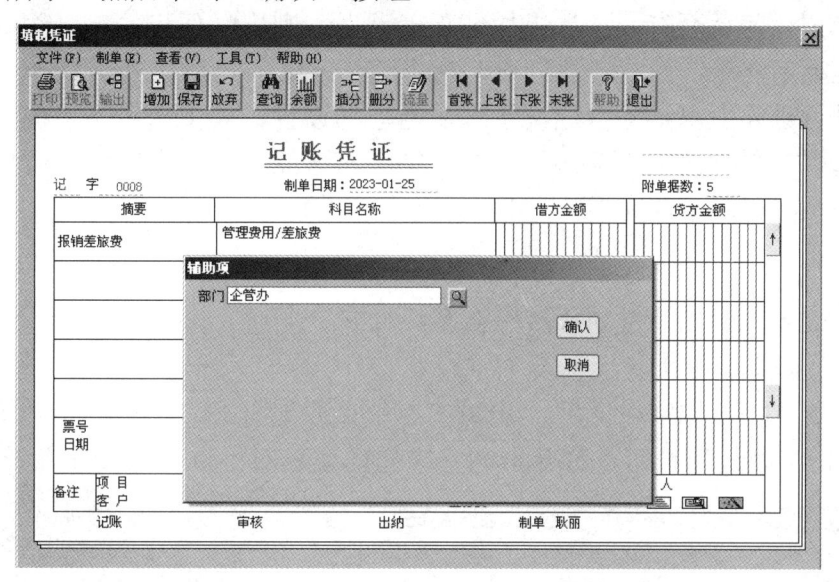

图 4.30　填制凭证——第 8 笔业务：会计科目设置了部门辅助核算

步骤 3　输入完个人往来科目"1221"，打开"辅助项"对话框。选择部门"企管办"、个人"何润东"、发生日期"2023-01-25"，如图 4.31 所示。然后单击"确认"按钮。

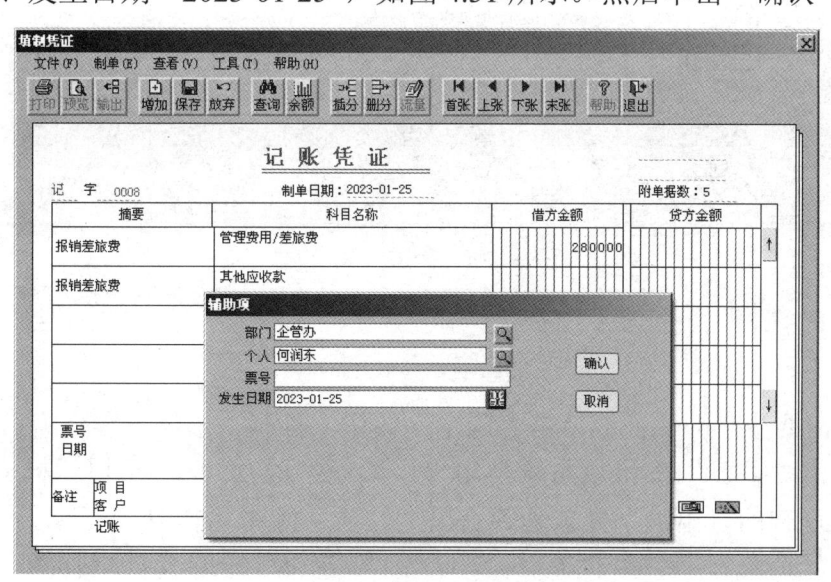

图 4.31　填制凭证——第 8 笔业务：会计科目设置了个人往来辅助核算

步骤 4　单击"保存"按钮，保存凭证。

任务4 出纳签字

任务下达

1月31日，由出纳（103冯洁）对出纳凭证进行审核并签字。

任务解析

为了保证会计事项处理正确和记账凭证填制正确，需要对记账凭证进行复核。凭证复核包括出纳签字和审核凭证。

出纳凭证是指凭证中包含现金科目和银行科目的凭证。由于出纳凭证涉及企业资金的收支，所以应加强对出纳凭证的管理。出纳签字功能使出纳可以对涉及现金、银行存款的凭证进行核对，以确定凭证是否有误。如果凭证正确无误，则出纳便可签字，否则必须交给制单人进行修改后再重新核对。

出纳凭证是否必须由出纳签字取决于总账选项的设置，如果选中了"出纳凭证必须经由出纳签字"复选框，那么出纳凭证必须经过出纳签字才能记账。出纳签字可以在审核凭证之前或之后，但必须在记账之前完成。

任务指引

步骤1 选择"文件"|"重新注册"命令，打开"注册〖控制台〗"对话框。

步骤2 以出纳的身份注册，进入T3信息门户。

步骤3 选择"总账"|"凭证"|"出纳签字"命令，打开"出纳签字查询"对话框。

步骤4 单击"确认"按钮，打开出纳签字凭证列表对话框，如图4.32所示。

制单日期	凭证编号	摘要	借方金额合计	贷方金额合计
2023-01-01	记-0001	报销业务招待费	1500	1500
2023-01-06	记-0002	提现金	10000	10000
2023-01-06	记-0003	收投资款	136000	136000
2023-01-18	记-0004	采购主板	135600	135600
2023-01-18	记-0006	收到前欠货款	113000	113000

图4.32 出纳签字凭证列表

步骤5 双击要签字的凭证或单击"确定"按钮，打开"出纳签字"窗口。

步骤6 单击"签字"按钮，系统弹出"出纳签字成功！"信息提示框。单击"确定"按钮返回。凭证底部的"出纳"处自动签上出纳姓名，如图4.33所示。

步骤7 如果需要对其他凭证签字，可以翻页找到对应的凭证进行签字。完成后单击"退出"按钮，返回"出纳签字"窗口。

步骤8 单击"退出"按钮退出。

项目 4　总账管理

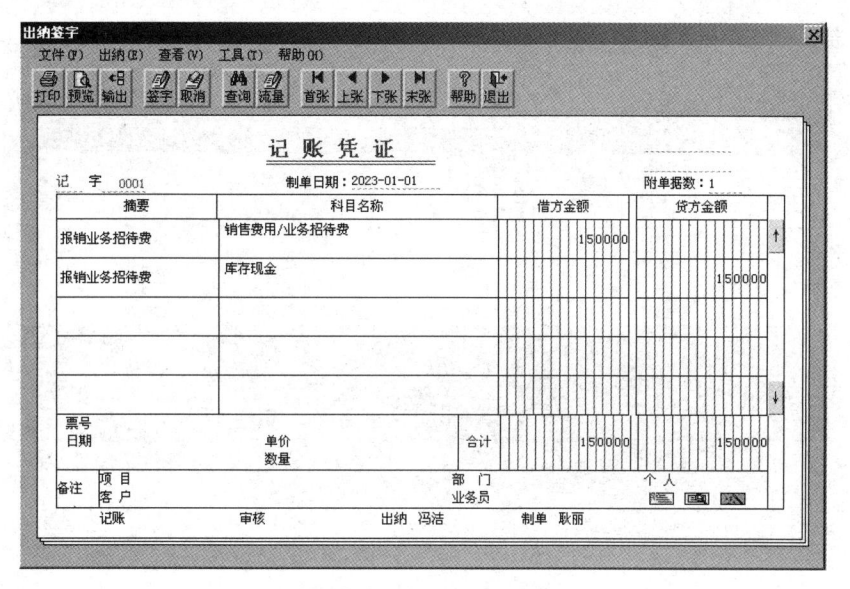

图 4.33　出纳签字

> **注意**
> ① 涉及指定为现金科目和银行科目的凭证才需要出纳签字。
> ② 凭证填制人和出纳签字人既可以为不同的人，也可以为同一人。
> ③ 凭证一经签字，就不能修改、删除，只有取消签字后才可以修改或删除。
> ④ 取消签字只能由出纳自己进行。
> ⑤ 凭证签字并非审核凭证的必要步骤。如果在设置总账选项时，不选中"出纳凭证必须经由出纳签字"复选框，则无须出纳签字。
> ⑥ 可以选择"出纳"|"成批出纳签字"命令对所有凭证进行出纳签字。

任务 5　审核凭证

任务下达

1 月 31 日，由账套主管对所有凭证进行审核并签字。

任务解析

审核凭证是审核人员按照相关规定，对制单员填制的记账凭证进行检查核对，如是否与原始凭证相符、会计分录是否正确等。凭证审核无误后，审核人便可签字，否则可以标识错误，返回制单人进行修改后再重新审核。

任务指引

步骤 1　以账套主管的身份重新登录，选择"总账"|"凭证"|"审核凭证"命令，打开"凭证审核查询"对话框。

步骤 2　单击"确认"按钮，打开审核凭证列表对话框，如图 4.34 所示。

步骤 3　双击要签字的凭证或单击"确定"按钮，打开"凭证审核"窗口。

步骤 4　检查要审核的凭证，无误后单击"审核"按钮，系统弹出"审核成功！"信息提示框。单击"确定"按钮返回。凭证底部的"审核"处自动签上审核人姓名，如图 4.35 所示。

步骤 5　如果需要对其他凭证审核，可以翻页找到对应的凭证。审核完成后单击"退出"按钮，返回"凭证审核"窗口。

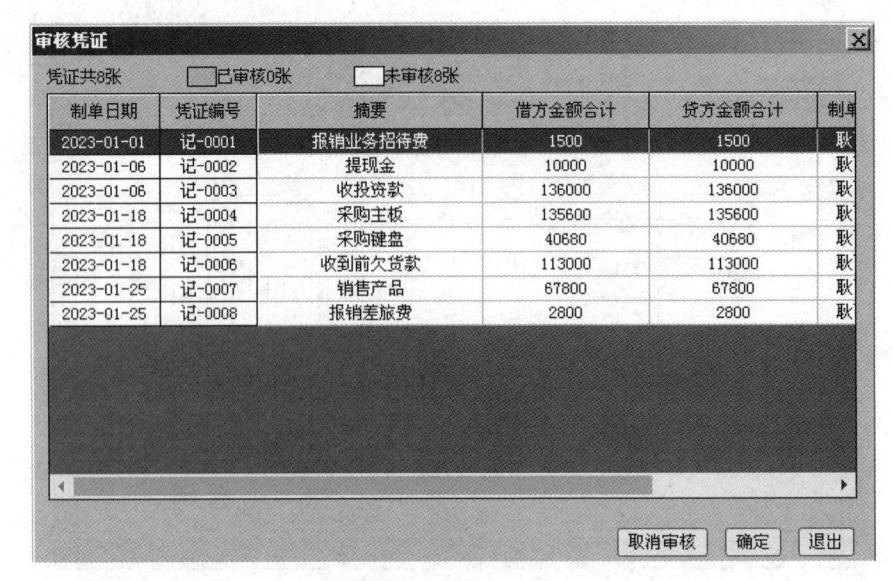

图 4.34　审核凭证列表

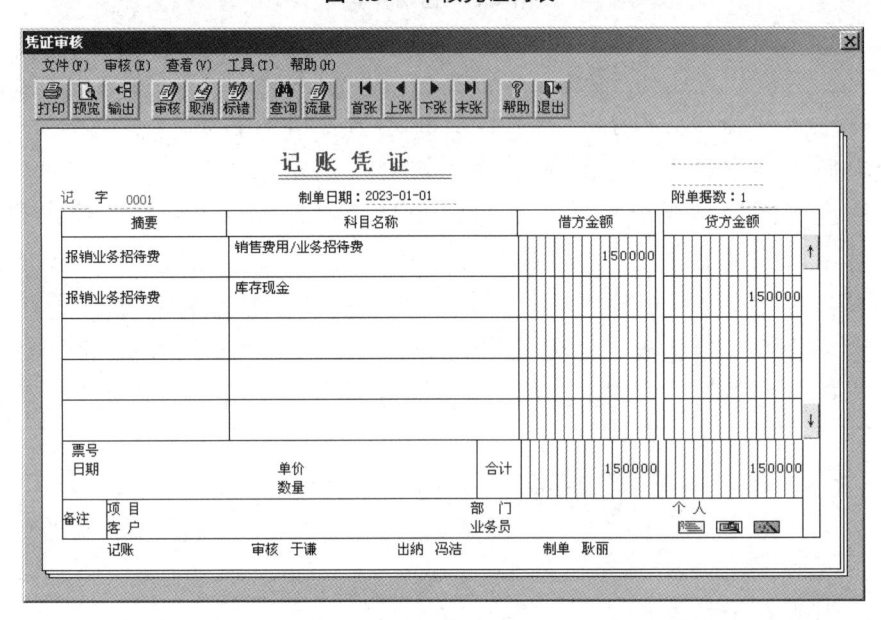

图 4.35　审核凭证

步骤6　单击"退出"按钮退出。

> **注意**
> ① 审核人必须具有审核权。
> ② 审核人和制单人不能是同一个人。
> ③ 凭证一经审核，就不能修改、删除，只有取消审核后才可修改或删除。
> ④ 审核凭证发现错误时，可单击"标错"按钮，使凭证左上角显示"有错"字样，以提醒制单人对有错凭证进行修改。
> ⑤ 选择"审核"|"成批审核凭证"命令，可对凭证进行批量审核。

任务6　记　账

任务下达

由账套主管对本月凭证进行记账处理。

任务解析

记账凭证经过审核签字后，便可以记账了。在计算机系统中，记账是由计算机自动进行的。

如果记账后发现输入的记账凭证有错误需要进行修改，则需要人工调用恢复记账前状态功能。

任务指引

1. 记账

步骤 1　以账套主管的身份，选择"总账"|"凭证"|"记账"命令，打开"记账"对话框。

步骤 2　单击"全选"按钮，选择所有的凭证作为记账的范围，如图 4.36 所示。

步骤 3　单击"下一步"按钮，显示记账报告。单击"下一步"按钮。

步骤 4　单击"记账"按钮，打开"期初试算平衡表"对话框。单击"确认"按钮，系统开始登记有关的总账和明细账、辅助账。登记完成后，弹出"记账完成！"信息提示框。

步骤 5　单击"确定"按钮，记账完毕。

> **注意**
> ① 第 1 次记账时，如果期初余额试算不平衡，则不能记账。
> ② 如果上月未记账，则本月不能记账。
> ③ 未审核凭证不能记账，记账范围应小于等于已审核范围。

2. 反记账

步骤 1　选择"凭证"|"恢复记账前状态"命令，打开"恢复记账前状态"对话框。

步骤 2　选中"2023 年 1 月初状态"单选按钮，如图 4.37 所示。

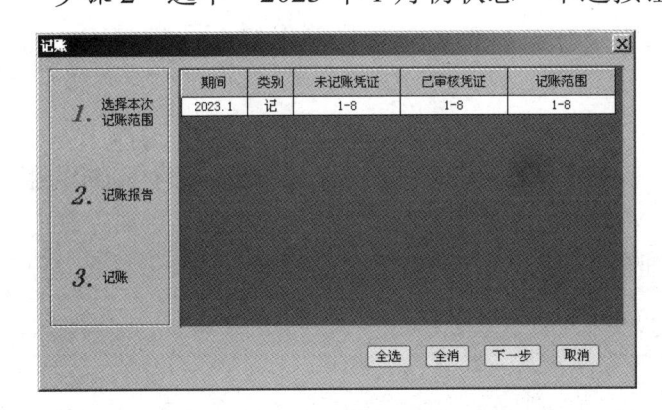

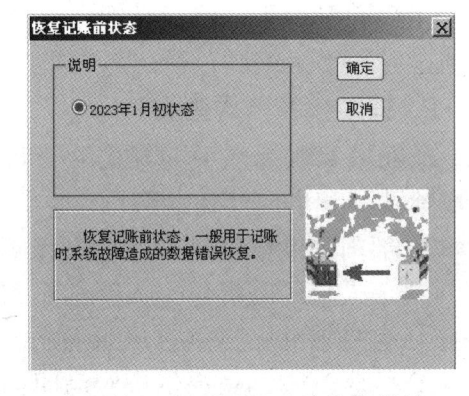

图 4.36　选择本次记账范围　　　　图 4.37　激活恢复记账前状态功能

步骤 3　单击"确定"按钮，系统提示"数据恢复成功"。单击"确定"按钮。

步骤 4　由账套主管重新进行记账。

完成后，备份为"总账日常业务"账套。

> **注意**
> ① 只有账套主管才有恢复记账的权限。
> ② 已结账月份的数据不能取消记账。

任务 7　账簿查询

任务下达

1月31日，以账套主管的身份进行账簿查询。

任务解析

企业发生的经济业务经过制单、复核、记账后，就可以查询、打印各种账簿了。计算机系统的账簿查询具有以下鲜明特点：首先，在查询各种账簿时，可以包括未记账凭证；其次，与手工方式不同，在信息化方式下，各种账簿都可以针对各级科目进行查询；最后，可以进行账表联查，如查询总账时可以联查明细账，而查明细账时可以联查凭证等。

以下对基本会计账簿查询和辅助账簿查询分别进行介绍。

1. 基本会计账簿查询

基本会计账簿就是手工方式下的总账、余额表、明细账和多栏账。

（1）总账

查询总账时，可单独显示某科目的年初余额、各月发生额合计、全年累计发生额和月末余额。

（2）余额表

余额表可以同时显示各科目的期初余额、本期发生额、累计发生额和期末余额。

（3）明细账

明细账以凭证为单位显示各账户的明细发生情况，包括日期、凭证号、摘要、借方发生额、贷方发生额和余额。

（4）多栏账

在查询多栏账之前，必须先设置多栏账的格式。设置多栏账格式可以有两种方式：自动编制栏目和手工编制栏目。

2. 辅助核算账簿查询

辅助核算账簿在手工方式下一般作为备查账存在，主要包括部门辅助账、个人辅助账、客户辅助账和供应商辅助账。

① 部门辅助账提供部门总账和部门明细账。
② 个人辅助账提供个人明细账和个人余额表。
③ 客户辅助账提供客户明细账。
④ 供应商辅助账提供供应商明细账和供应商余额表。

任务详情

① 查询2023年1月余额表。
② 查询2023年1月主板数量金额明细账。
③ 定义并查询2023年1月管理费用多栏账。
④ 查询何润东2023年1月个人明细账。
⑤ 查询供应商"亚捷"明细账。
⑥ 查询"华宇天骄"项目明细账。

任务指引

1. 查询2023年1月余额表

步骤1 以账套主管的身份登录T3，选择"总账"|"账簿查询"|"余额表"命令，打开"发生金额查询条件"对话框。

步骤2 单击"确认"按钮，打开"发生金额及余额表"对话框，如图4.38所示。

发生额及余额表

月份：2023.1-2023.1

科目编码	科目名称	期初余额 借方	期初余额 贷方	本期发生 借方	本期发生 贷方	期末余额 借方	期末余额 贷方
1001	库存现金	15654.00		10000.00	1500.00	24154.00	
1002	银行存款	531812.00		249000.00	145600.00	635212.00	
1122	应收账款	113000.00		67800.00	113000.00	67800.00	
1221	其他应收款	2800.00			2800.00		
1403	原材料	67500.00		156000.00		223500.00	
1405	库存商品	1571000.00				1571000.00	
1601	固定资产	381880.00				381880.00	
1602	累计折旧		44032.60				44032.60
资产小计		2683646.00	44032.60	482800.00	262900.00	2903546.00	44032.60
2001	短期借款		480000.00				480000.00
2202	应付账款		74125.00		40680.00		114805.00
2211	应付职工薪酬		236161.40				236161.40
2221	应交税费		78160.00	20280.00	7800.00		65680.00
负债小计			868446.40	20280.00	48480.00		896646.40
3001	实收资本		1000000.00		136000.00		1136000.00
3101	盈余公积		230000.00				230000.00
3104	利润分配		541167.00				541167.00
权益小计			1771167.00		136000.00		1907167.00
5001	主营业务收入				60000.00		60000.00
5601	销售费用			1500.00		1500.00	
5602	管理费用			2800.00		2800.00	
损益小计				4300.00	60000.00	4300.00	60000.00
合计		2683646.00	2683646.00	507380.00	507380.00	2907846.00	2907846.00

图4.38 发生额及余额表

步骤3 单击"退出"按钮返回。

2. 查询2023年1月主板数量金额明细账

步骤1 选择"总账"|"账簿查询"|"明细账"命令，打开"明细账查询条件"对话框。选择查询科目"140301—140301"，如图4.39所示。

图4.39 设置明细账查询条件

步骤2 单击"确认"按钮，打开"明细账内容"窗口。选择"数量金额式"选项，显示如图4.40所示。

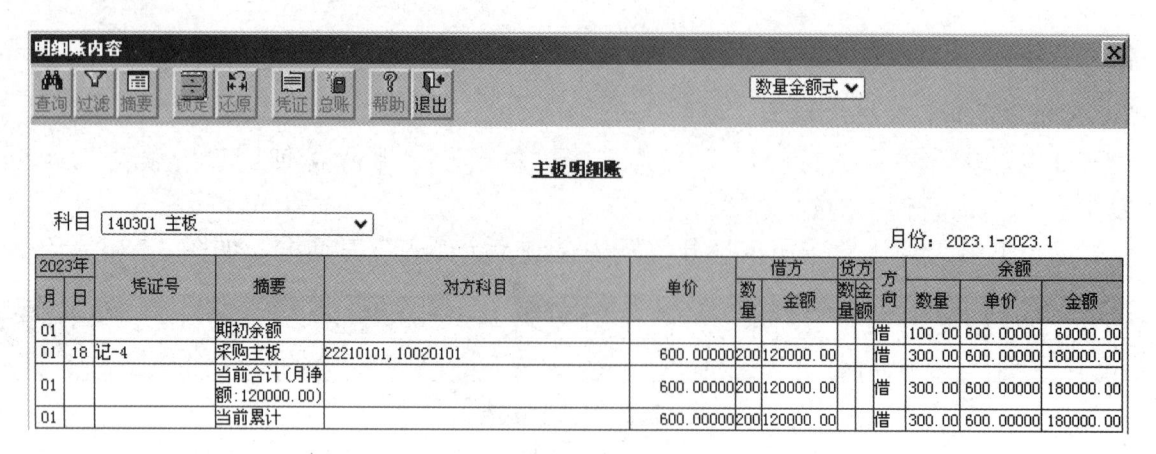

图 4.40 数量金额式明细账

3. 定义并查询 2023 年 1 月管理费用多栏账

（1）定义管理费用多栏账

步骤 1 选择"总账"|"账簿查询"|"多栏账"命令，打开"多栏账"窗口。

步骤 2 单击"增加"按钮，打开"多栏账定义"对话框。选择核算科目"5602 管理费用"，单击"自动编制"按钮，系统弹出"自动编制会覆盖原来的栏目设置，是否覆盖？"信息提示框。

步骤 3 单击"确定"按钮，系统自动将管理费用下的明细科目作为多栏账的栏目，如图 4.41 所示。

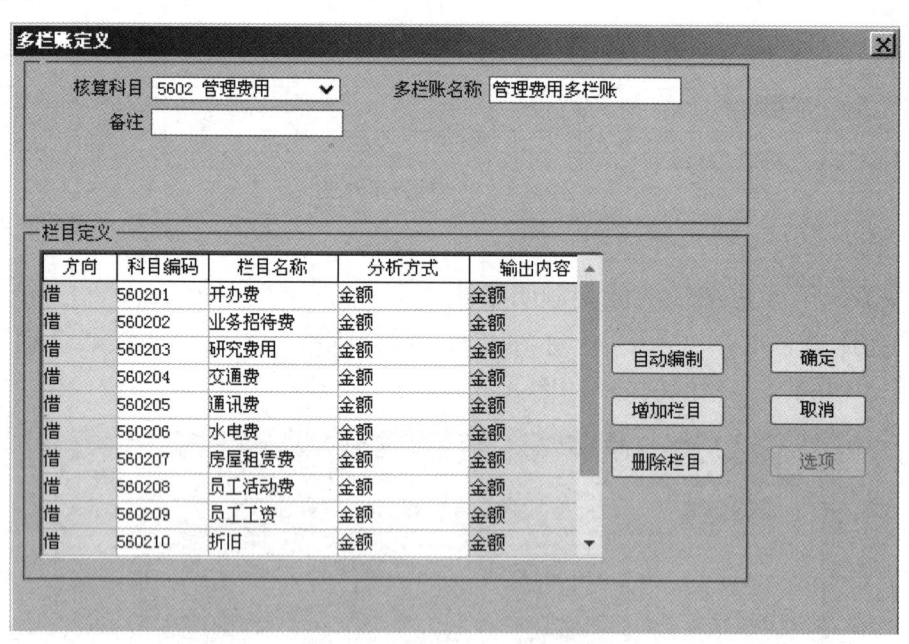

图 4.41 多栏账定义

步骤 4 单击"确定"按钮，系统提示"保存成功！"。单击"确定"按钮，返回"多栏账"窗口。

（2）查询管理费用多栏账

步骤 1 在"多栏账"窗口中，选择"管理费用多栏账"，单击"查询"按钮，打开"多栏账查询"对话框。

步骤 2 单击"确认"按钮，显示管理费用多栏账，如图 4.42 所示。

项目 4　总账管理

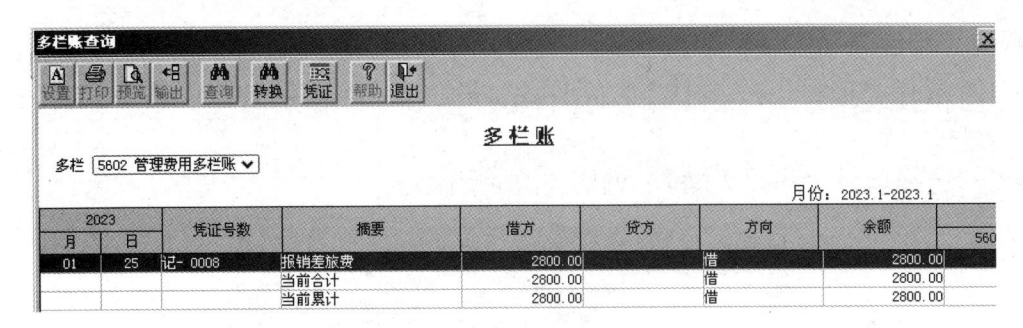

图 4.42　管理费用多栏账

4. 查询何润东 2023 年 1 月个人明细账

步骤 1　选择"总账"|"辅助查询"|"个人明细账"命令，打开"个人明细账"对话框。

步骤 2　选择部门"企管办"、个人"何润东"，如图 4.43 所示。

图 4.43　设置个人明细账查询条件

步骤 3　单击"确认"按钮，打开"个人明细账"窗口，如图 4.44 所示。

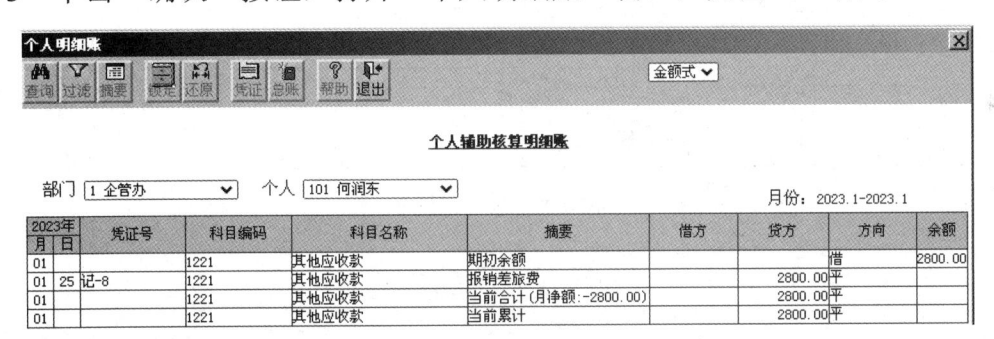

图 4.44　个人明细账

5. 查询供应商"亚捷"明细账

步骤 1　选择"总账"|"辅助查询"|"供应商明细账"命令，打开"供应商明细账"对话框。

步骤 2　选择供应商"亚捷"，单击"确认"按钮，显示供应商明细账，如图 4.45 所示。

图 4.45　供应商明细账

6. 查询"华宇天骄"项目明细账

步骤1　选择"项目"|"账簿"|"项目明细账"|"项目明细账"命令，打开"项目明细账"对话框。

步骤2　选择项目"华宇天骄"，如图4.46所示。

图4.46　设置项目明细账条件

步骤3　单击"确认"按钮，打开"项目明细账"窗口，如图4.47所示。

图4.47　项目明细账

任务8　现金管理

任务下达

由出纳进行银行对账、现金日记账和资金日报查询。

任务解析

现金管理是总账管理子系统为出纳人员提供的一套管理工具和工作平台，包括现金和银行存款日记账的查询打印、资金日报、支票登记簿和银行对账等功能。

1. 银行对账

银行对账是出纳人员在月末应进行的一项工作。企业为了了解未达账项的情况，通常都会定期与开户银行进行对账。在信息化方式下，银行对账的程序如下。

步骤1　输入银行对账期初数据。

在第1次利用总账管理子系统进行银行对账前，应该输入银行启用日期时的银行对账期初数据。

银行对账的启用日期是指使用银行对账功能前最后一次手工对账的截止日期。银行对账不一定与总账管理子系统同时启用，银行对账的启用日期可以晚于总账管理子系统的启用日期。

银行对账期初数据包括银行对账启用日的企业方银行日记账和银行方银行对账单的调整前余额，以及启用日期之前的单位日记账和银行对账单的未达账项。输入期初数据后，应保证银行日记账的调整后余额等于银行对账单的调整后余额，否则会影响以后的银行对账。

步骤2　输入银行对账单。

在开始对账前，必须将银行开出的银行对账单输入系统中，以便将其与企业银行日记账进行核对。有些系统还提供了银行对账单导入的功能，从而避免了烦琐的手工输入过程。

步骤3　银行对账。

银行对账可采用自动对账和手工对账相结合的方式，先进行自动对账，然后再进行手工对账。

自动对账是指系统根据设定的对账依据，将银行日记账（银行未达账项文件）与银行对账单进行自动核对和勾销。对于已核对无误的银行业务，系统将自动在银行日记账和银行对账单双方打上两清标志，视为已达账项，否则视为未达账项。对账依据可由用户自己设置，但"方向+金额"是必要条件，通常可设置为"结算方式+结算号+方向+金额"。

采用自动对账后，可能还有一些特殊的已达账项没有对上而被视为未达账项。为了保证对账的彻底性和正确性，在自动对账的基础上还要进行手工补对。例如，自动对账只能针对"一对一"的情况进行对账，而对于"一对多""多对一""多对多"的情况，只能由手工对账来实现。

步骤4　查询打印余额调节表。

在进行对账后，系统会根据对账结果自动生成银行存款余额调节表，以供用户查询打印或输出。

对账后，还可以查询银行日记账和银行对账单对账的详细情况，包括已达账项和未达账项。

步骤5　核销银行账。

为了避免文件过大，占用磁盘空间，可以利用核销银行账功能将已达账项删除。企业银行日记账已达账项的删除不会影响企业银行日记账的查询和打印。

2. 现金、银行日记账和资金日报表的查询打印

现金日记账和银行日记账不同于一般会计科目的日记账，是属于出纳管理的，因此将其查询和打印功能放置于出纳管理平台。现金、银行日记账一般可按月查询或按日查询，查询时也可以包含未记账凭证。

资金日报表可以反映现金和银行存款日发生额及余额情况。在手工方式下，资金日报表由出纳人员逐日填写，以反映当日营业终了时现金、银行存款的收支情况和余额；在信息化方式下，资金日报表可由总账管理子系统根据记账凭证自动生成，以便及时掌握当日借贷金额合计、余额和当日业务量等信息。资金日报表既可以根据已记账凭证生成，也可以根据未记账凭证生成。

任务详情

1. 银行对账

华宇电脑银行账的启用日期为2023年1月1日；中行人民币户企业日记账调整前余额为205 412.00元，银行对账单调整前余额为212 962.00元；未达账项一笔，系银行2022年12月31日已收转账支票企业未收7 550元。

2023年1月取得的银行对账单如表4.6所示。进行银行对账。

表 4.6 银行对账单 元

日　　期	结算方式	票　　号	借方金额	贷方金额
2023.01.06	201	55230116		10 000
2023.01.18	202	65820118		135 600
2023.01.18	202	54391242	113 000	

2. 查询现金日记账

任务指引

1. 银行对账

（1）输入银行对账期初

步骤 1　用出纳的身份登录 T3，选择"现金"|"设置"|"银行期初录入"命令，打开"银行科目选择"对话框。

步骤 2　选择科目"人民币户（10020101）"，单击"确定"按钮，打开"银行对账期初"窗口。

步骤 3　输入单位日记账的调整前余额"205412"，输入银行对账单的调整前余额"212962"。

步骤 4　单击"对账单期初未达项"按钮，打开"银行方期初"窗口。

步骤 5　单击"增加"按钮，输入日期"2022.12.31"、结算方式"202"、借方金额"7550"，如图 4.48 所示。单击"保存"按钮，系统提示"保存成功！"。单击"确定"按钮。

步骤 6　单击"退出"按钮，返回"银行对账期初"窗口，如图 4.49 所示。

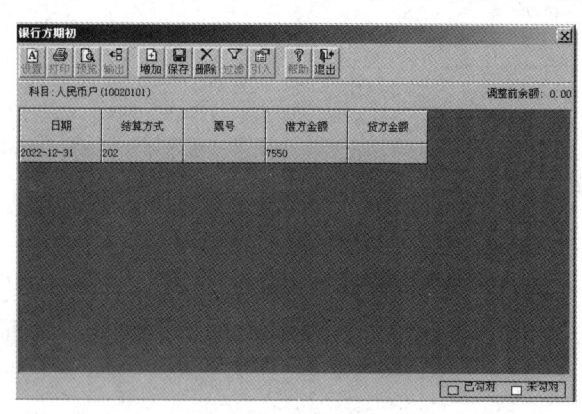

图 4.48　银行方期初增加

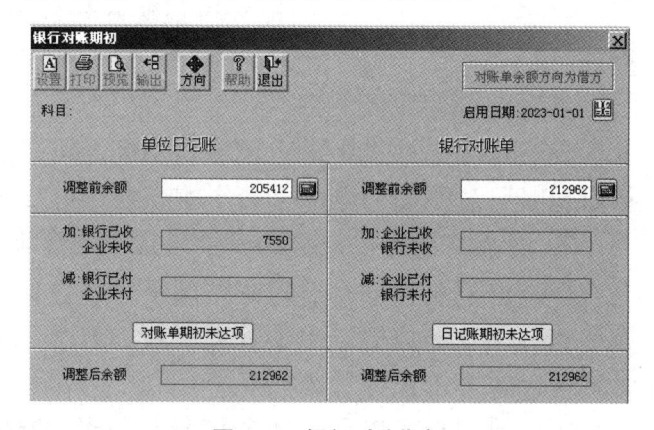

图 4.49　银行对账期初

> **注意**
>
> 第 1 次使用银行对账功能前，系统要求输入日记账和对账单未达账项，而在开始使用银行对账功能之后不再使用此功能。

（2）输入银行对账单

步骤 1　选择"现金"|"现金管理"|"银行账"|"银行对账单"命令，打开"银行科目选择"对话框。

步骤 2　选择科目"人民币户（10020101）"、月份"2023.01—2023.01"，单击"确定"按钮，打开"银行对账单"窗口。

步骤 3　单击"增加"按钮，按照表 4.6 输入银行对账单数据。

步骤 4　单击"保存"按钮，系统提示"保存成功！"。单击"确定"按钮。

步骤 5　单击"退出"按钮返回。

（3）进行 1 月份银行自动对账工作

步骤 1　选择"现金"|"现金管理"|"银行账"|"银行对账"命令，打开"银行科目选择"对话框。

步骤 2　选择科目"人民币户（10020101）"、月份"2023.01—2023.01"，单击"确定"按钮，打开"银行对账"窗口。

步骤 3　单击"对账"按钮，打开"自动对账"对话框。

步骤 4　输入截止日期"2023-01-31"，并默认系统提供的其他对账条件，如图 4.50 所示。

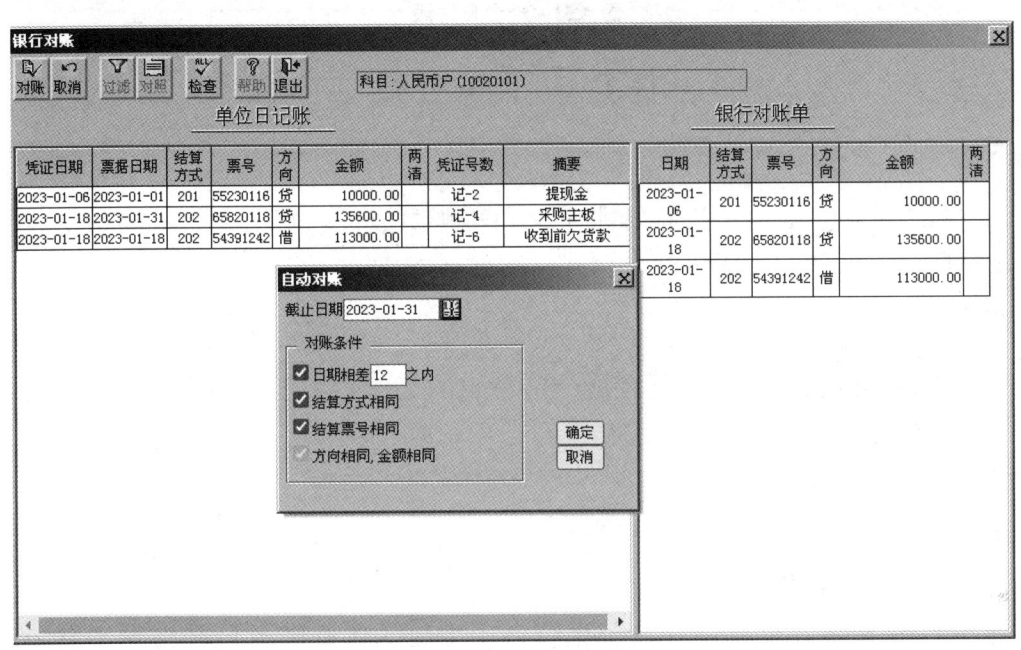

图 4.50　银行对账

步骤 5　单击"确定"按钮，显示自动对账结果。

> **注意**
> ① 对账条件中的方向、金额相同是必选条件，对账截止日期则既可输入，也可不输。
> ② 对于已达账项，系统自动在银行存款日记账和银行对账单双方的"两清"栏中打上圆圈标志。
> ③ 在自动对账不能完全对上的情况下，可采用手工对账。手工对账的标志为 Y，以区别于自动对账。

2. 查询现金日记账

步骤 1　选择"现金"|"现金管理"|"日记账"|"现金日记账"命令，打开"现金日记账查询"对话框。

步骤 2　选择科目"1001 库存现金"，默认月份"2023.01"，单击"确认"按钮，打开"明细账内容"窗口，如图 4.51 所示。

步骤 3　单击"退出"按钮。

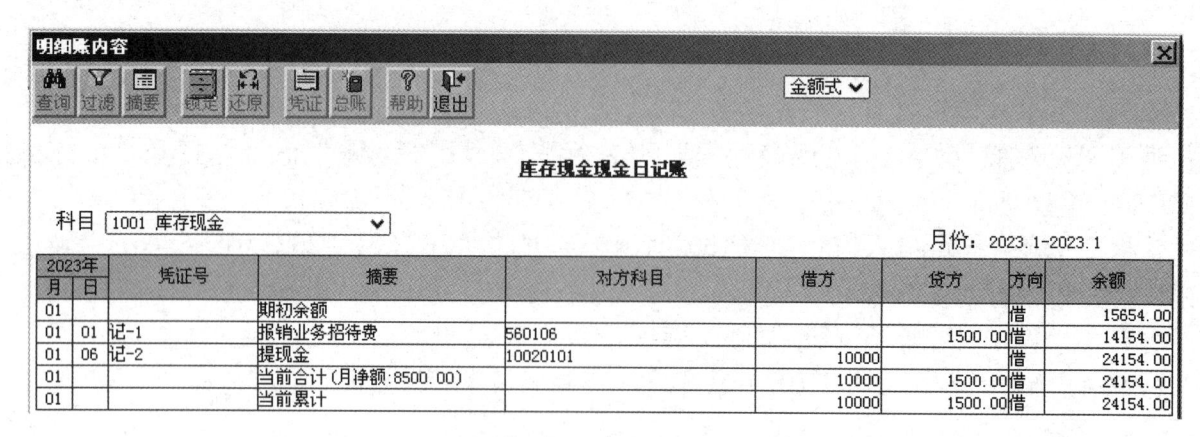

图 4.51 现金日记账

任务 9 月末处理

任务下达

以会计（102 耿丽）的身份进行转账定义和转账生成；以账套主管的身份进行凭证审核、记账和月末结账。

任务解析

在每个会计期间结束，企业都要完成一些特定的工作，主要包括期末转账业务、对账及试算平衡、月末结账。

1. 转账定义

（1）转账的分类

转账分为内部转账和外部转账。

① 外部转账是指将其他专项核算子系统自动生成的凭证转入总账管理子系统，如工资管理子系统有关工资费用分配的凭证、固定资产管理子系统有关固定资产增减变动及计提折旧的凭证、核算管理子系统生成的出入库凭证等。

② 内部转账就是本书所讲的自动转账，是指在总账管理子系统内部通过设置凭证模板而自动生成相应的记账凭证。这是因为一些期末业务具有较强的规律性，而且每个月都会重复发生，如费用的分配、费用的分摊、费用的计提、税金的计算、成本费用的结转、期间损益的结转等。这些业务的凭证分录是固定的，金额来源和计算方法也是固定的，因而可以利用自动转账功能将处理这些经济业务的凭证模板定义下来，期末通过调用这些模板来自动生成相关凭证。

（2）定义转账凭证

要想利用自动转账功能自动生成记账凭证，首先应该定义凭证模板。

定义凭证模板时，应设置凭证类别、摘要、借贷会计科目及其金额公式。其中，关键是金额公式的设置。因为各月金额不可能总是相同的，所以不能直接输入金额数，而必须利用总账管理子系统提供的账务函数来提取账户数据，如期初余额函数、期末余额函数、发生额函数、累计发生额函数、净发生额函数等。

定义转账凭证时，一定要注意凭证的生成顺序。

凭证模板只需要定义一次即可，各月不必重复定义。

2. 转账生成

凭证模板定义好以后，当每月发生相关经济业务时就可不必再通过手工输入凭证，而可以直接调用已定义好的凭证模板来自动生成相关的记账凭证。

利用凭证模板生成记账凭证需要各月重复进行。

一般而言，只有在凭证记账后，账务函数才能取出相关数据。因此，利用自动转账生成凭证时，一定要使相关凭证已经全部记账，这样才能保证取出的数据是完整的。例如，定义了一张根据本期利润计提所得税的凭证，那么要生成该张凭证，就必须保证有关利润的凭证已经全部记账；否则，要么不能取出相应的数据而导致金额为0不能生成凭证，要么取出的数据不完整而导致所得税计提错误。

利用自动转账生成的凭证属于机制凭证，仅仅代替了人工查账和填制凭证的环节，仍然需要审核记账。

3. 月末结账

每月工作结束后，在月末都要进行结账。结账前最好进行数据备份。结账后，当月不能再填制凭证，并终止各账户的记账工作。同时，系统会自动计算当月各账户发生额合计和余额，并将其转入下月月初。本月结账时，系统会进行下列工作。

① 检查本月业务是否已全部记账，有未记账凭证时不能结账。

② 检查上月是否已结账，上月未结账，则本月不能结账。实际上，上月未结账的话，本月也不能记账，只能填制、复核凭证。

③ 核对总账和明细账、总账和辅助账，账账不符不能结账。

④ 对科目余额进行试算平衡，试算结果不平衡将不能结账。

⑤ 检查损益类账户是否已结转至本年利润。

⑥ 当各子系统集成应用时，总账管理子系统必须在其他各子系统结账后才能最后结账。

任务详情

1. 转账定义

① 设置自定义转账凭证：按短期借款期初余额8%计提短期借款利息。

② 设置期间损益结转凭证。

2. 转账生成

1月31日，由102耿丽生成上述凭证。

3. 月末结账

任务指引

1. 自定义凭证

（1）设置自定义转账：按短期借款期初余额8%计提短期借款利息

其相关会计分录的编制方法如下。

借：财务费用/利息费用（560301）短期借款（2001）科目的期初余额×0.08÷12

　　贷：应付利息（2231）　　　　　　　　　用JG()取对方科目计算结果

步骤1 选择"总账"|"期末"|"转账定义"|"自定义转账"命令，打开"自动转账设置"窗口。

步骤2 单击"增加"按钮，打开"转账目录"对话框。

步骤3 输入转账序号"0001"，选择转账说明"计提短期借款利息"、凭证类别"记记账凭证"，如图4.52所示。

步骤4　单击"确定"按钮，继续定义转账凭证分录信息。

步骤5　确定分录的借方信息。选择科目编码"560301"、方向"借"，在"金额公式"栏单击"参照"按钮，打开"公式向导1"对话框。选择"期初余额""QC()"，如图4.53所示。

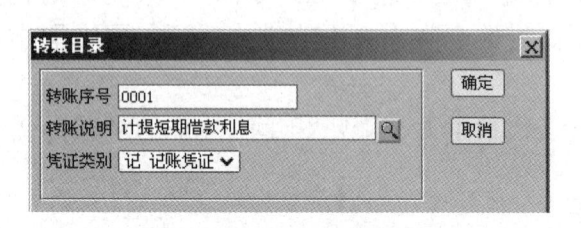

图4.52　定义转账目录

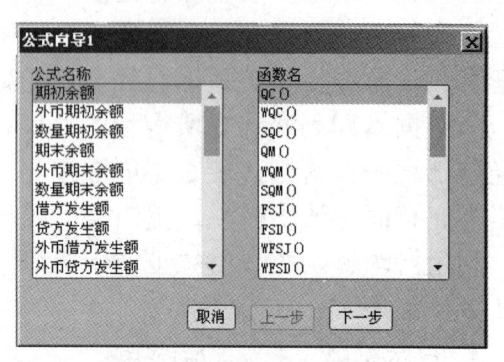

图4.53　选择期初余额函数

步骤6　单击"下一步"按钮，在"公式向导2"对话框中选择科目"2001"，方向"贷"。然后单击"完成"按钮，返回"金额公式"栏。继续输入"*0.08/12"。

步骤7　单击"增行"按钮，确定分录的贷方信息。选择科目编码"2231"、方向"贷"，输入或选择金额公式"JG()"。

步骤8　单击"保存"按钮。"自动转账设置"窗口如图4.54所示。

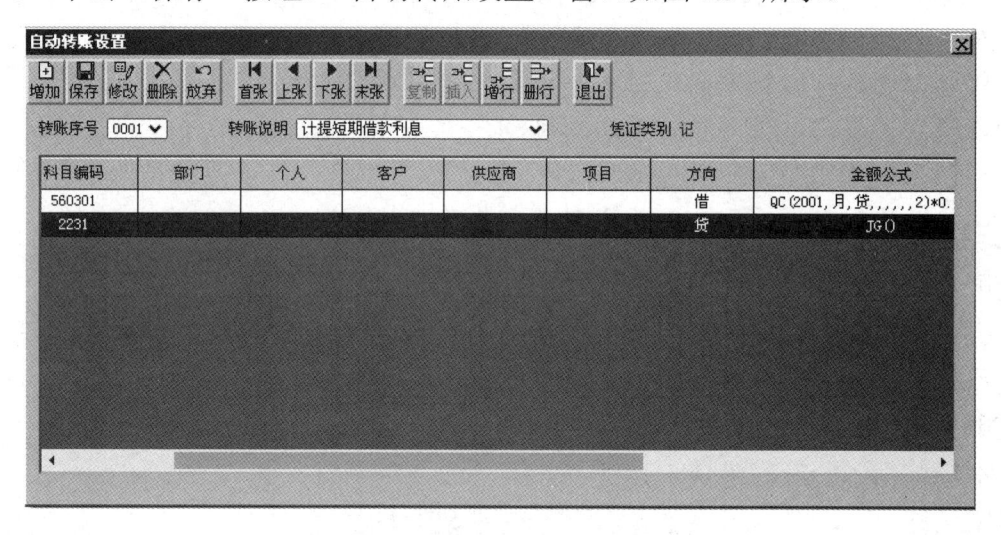

图4.54　计提短期借款利息自定义凭证

> **注意**
>
> ① 转账科目可以为非末级科目、部门可为空，以表示所有部门。
>
> ② 输入转账计算公式有两种方法：一是直接输入计算公式；二是用向导方式输入公式。
>
> ③ JG()的含义为取对方科目计算结果，其中的"()"必须为英文符号，否则系统会提示"金额公式不合法：未知函数名"。

（2）设置期间损益结转

步骤1　选择"总账"|"期末"|"转账定义"|"期间损益"命令，打开"期间损益结转设置"对话框。

步骤 2　选择本年利润科目"3103",如图 4.55 所示。
步骤 3　单击"确定"按钮,系统提示"保存成功!"。单击"确定"按钮返回。

图 4.55　定义期间损益结转凭证

2. 转账生成

(1) 生成计提短期借款利息凭证,并审核、记账

步骤 1　由 102 耿丽登录 T3,选择"总账"|"期末"|"转账生成"命令,打开"转账生成"对话框。

步骤 2　选中"自定义转账"单选按钮,再单击"全选"按钮,如图 4.56 所示。

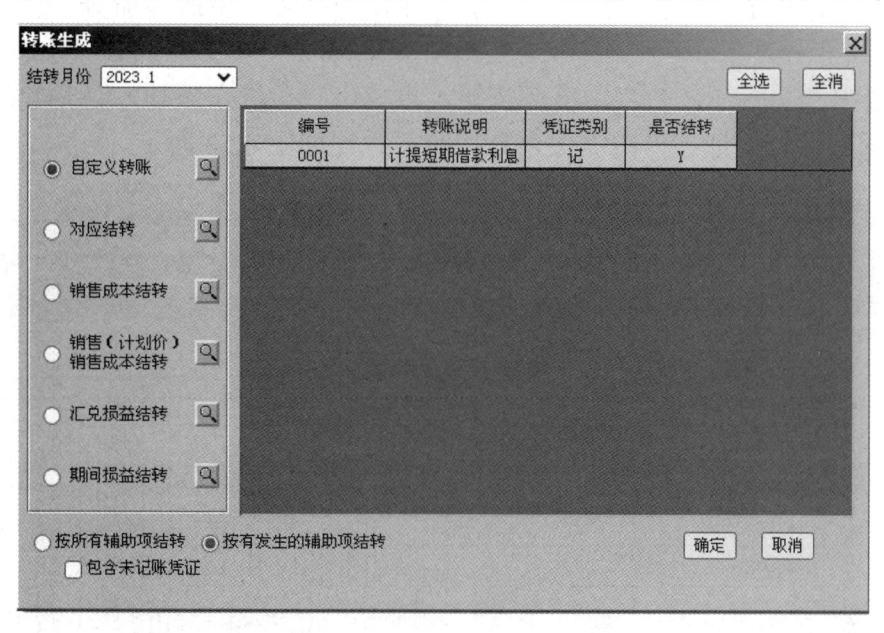

图 4.56　转账生成

步骤 3　单击"确定"按钮,系统生成转账凭证。
步骤 4　单击"保存"按钮,系统自动将当前凭证追加到未记账凭证中,凭证左上角出现"已生成"标志,如图 4.57 所示。单击"退出"按钮返回。
步骤 5　由 101 于谦对以上凭证进行审核、记账。

会计信息化应用（T3 财税云平台）

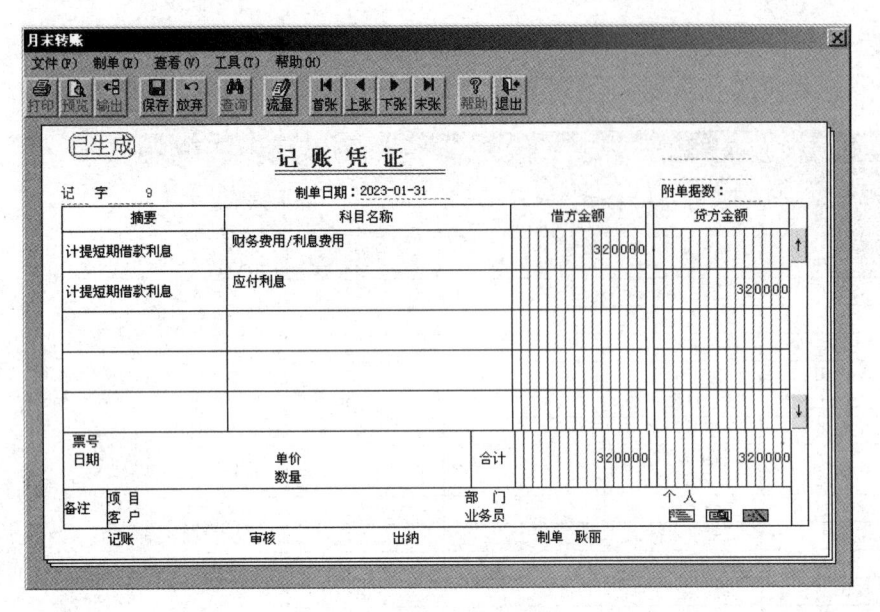

图 4.57　自动转账生成

> **注意**
> ① 进行转账生成之前，注意转账月份为当前会计月份。
> ② 进行转账生成之前，应先将相关经济业务的记账凭证登记入账。
> ③ 转账凭证每月只生成一次。
> ④ 生成的转账凭证仍需要审核，才能记账。

（2）生成期间损益结转凭证，并审核、记账

步骤 1　由会计登录 T3，选择"总账"|"期末"|"转账生成"命令，打开"转账生成"对话框。

步骤 2　选中"期间损益结转"单选按钮，再单击"全选"按钮，然后单击"确定"按钮，生成期间损益结转凭证。单击"保存"按钮，凭证如图 4.58 所示。

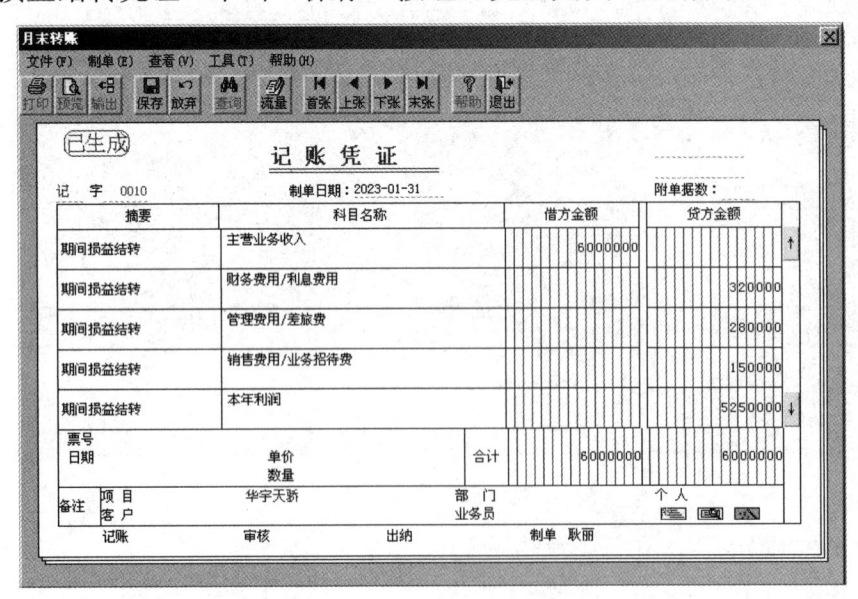

图 4.58　生成期间损益结转凭证

步骤 3　单击"退出"按钮返回。

步骤 4　由账套主管对该凭证进行审核、记账。

3. 结账

由账套主管进行 1 月份结账工作。

步骤 1　选择"总账"|"期末"|"结账"命令，打开"月末结账"对话框。

步骤 2　单击要结账月份"2023.01"，然后单击"下一步"按钮。

步骤 3　单击"对账"按钮，系统对要结账的月份进行账账核对，完成后提示"对账完毕"。

步骤 4　单击"确定"按钮，单击"下一步"按钮，系统显示"2023 年 01 月工作报告"。

步骤 5　单击"下一步"按钮。单击"结账"按钮，如果符合结账要求，则系统将进行结账，并提示"您选择的月份数据结账成功！"。单击"确定"按钮返回。

> **注意**
> ① 结账只能由有结账权限的人进行。
> ② 如果本月还有未记账凭证，则本月不能结账。
> ③ 结账必须按月连续进行，上月未结账，则本月不能结账。
> ④ 如果总账与明细账对账不符，则不能结账。
> ⑤ 如果与其他系统联合使用，而其他子系统未全部结账，则本月不能结账。
> ⑥ 结账前，要进行数据备份。

4. 备份账套

以上全部完成后，将账套备份至"总账期末业务"。

任务 10　反结账

任务下达

由账套主管取消 2023 年 1 月结账。

任务解析

结账表示本月业务处理终结，系统将账户余额自动结转到下月，本月不允许再处理任何业务。如果结账后发现尚有未处理的本月业务或其他情况，则需要取消本月结账。

任务指引

步骤 1　由账套主管登录总账管理子系统，选择"总账"|"期末"|"结账"命令，打开"月末结账"对话框。

步骤 2　将光标定位于"2023.01"所在行，如图 4.59 所示。

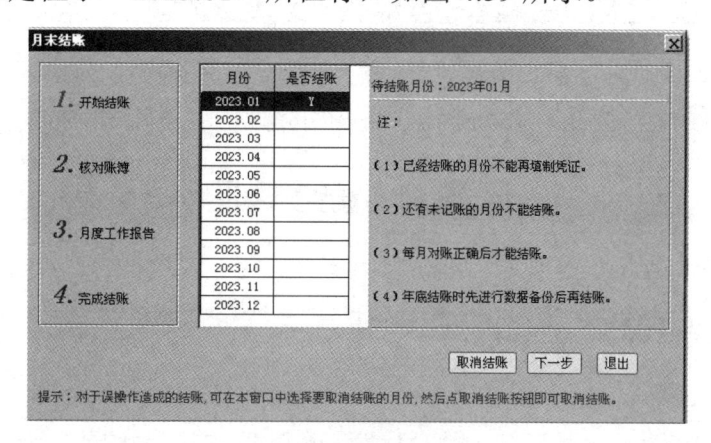

图 4.59　取消结账

步骤 3　单击"取消结账"按钮，结账标志取消。

任务 11　红字冲销

任务下达

由会计冲销记-0010 号结转期间损益凭证。

任务解析

冲销凭证是针对已记账凭证而言的。红字冲销既可以采用手工方式，也可以由系统自动进行。如果采用自动冲销，则只要告知系统要被冲销的凭证类型和凭证号，系统便会自动生成一张与该凭证相同，只是金额为红字（负数）的凭证。

任务指引

图 4.60　冲销凭证

步骤 1　由会计登录总账管理子系统，选择"总账"|"凭证"|"填制凭证"命令，打开"填制凭证"窗口。

步骤 2　选择"制单"|"冲销凭证"命令，打开"冲销凭证"对话框。输入凭证号"0010"，如图 4.60 所示。

步骤 3　单击"确定"按钮，系统自动生成红字冲销凭证，如图 4.61 所示。

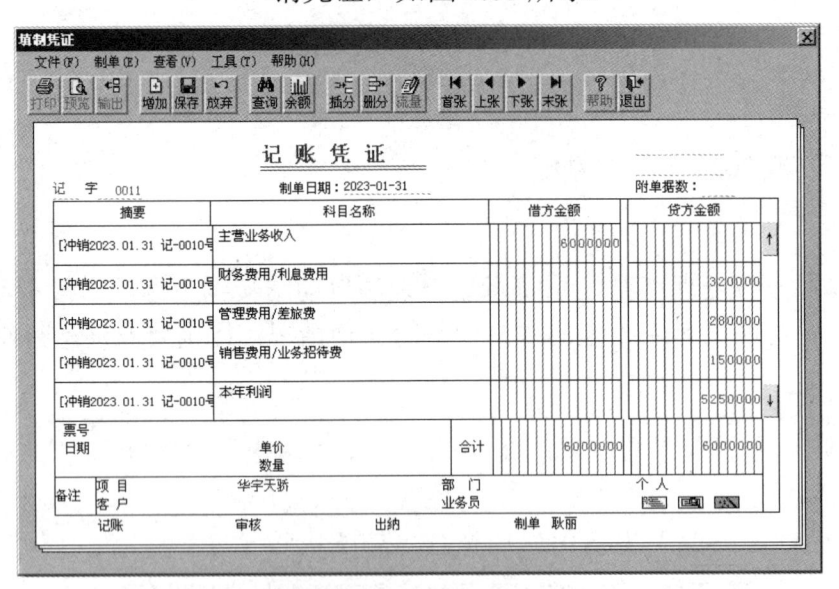

图 4.61　红字冲销凭证

步骤 4　单击"保存"按钮，系统提示"保存成功！"。单击"确定"按钮返回。

任务 12　删除凭证

任务下达

由会计删除记-0011 号红字冲销凭证。

任务解析

对于尚未审核和出纳签字的凭证，如果填写重复或有其他原因，可以删除。删除凭证分两步进行：第一步先将凭证作废，作废凭证左上角显示"作废"字样，系统视其为一张空凭证；第二步对作废凭证进行整理，将其删除。

任务指引

步骤1　选择"总账"|"凭证"|"填制凭证"命令，打开"填制凭证"窗口。
步骤2　单击"上张""下张"按钮，找到"记-0011"号凭证。
步骤3　选择"制单"|"作废/恢复"命令，凭证左上角显示"作废"字样。
步骤4　选择"制单"|"整理凭证"命令，打开"选择凭证期间"对话框。单击"确定"按钮，打开"作废凭证表"对话框。
步骤5　选中要删除的凭证，如图4.62所示。单击"确定"按钮，系统提示"凭证整理完毕！"。单击"确定"按钮返回。

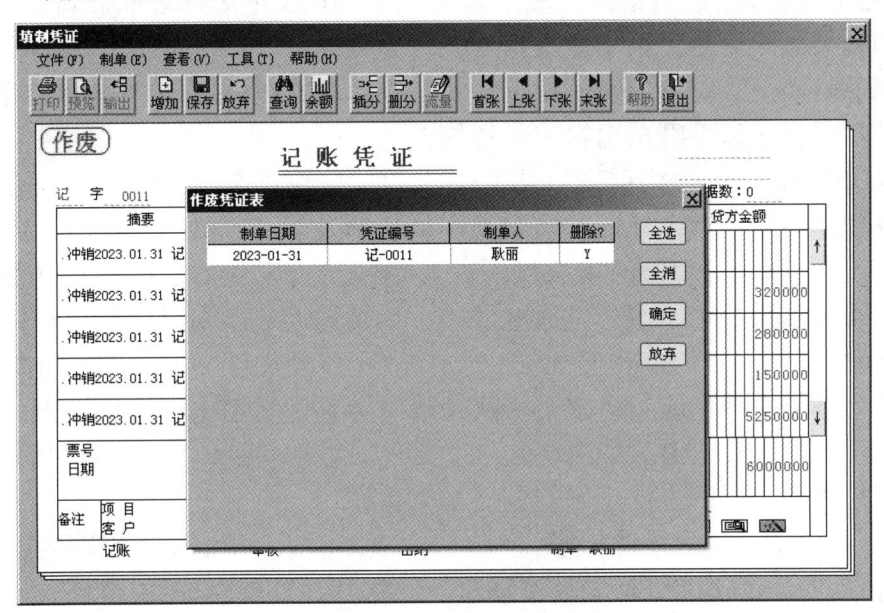

图4.62　删除凭证

通关测试

一、判断题

1. 制单序时控制是指凭证的填制日期必须大于等于系统日期。（　　）
2. 记账凭证是登记账簿的依据，是总账管理子系统的唯一数据来源。（　　）
3. 在总账管理子系统中，期初余额试算不平衡时，可以填制凭证，但不能选择记账功能。（　　）
4. 凭证上的摘要是对本凭证所反映的经济业务内容的说明，凭证上的每个分录行都必须有摘要，且同一张凭证上的摘要应相同。（　　）
5. 在填制记账凭证时所使用的会计科目必须是末级会计科目，金额可以为0，红字用"−"号表示。（　　）
6. 在总账管理子系统中，取消出纳凭证的签字既可由出纳人员自己进行，也可由账套主管进行。（　　）
7. 通过总账管理子系统账簿查询功能，既可以实现对已记账经济业务的账簿信息查询，也可以实现对未记账凭证的模拟记账信息查询。（　　）

8. 每个月月末，均需要先进行转账定义，再进行转账生成。（   ）
9. 在总账管理子系统中，上月未结账，本月可以先记账，但本月不能结账。（   ）

二、选择题

1. 以下（   ）不是总账管理子系统提供的选项。
   A. 凭证编号方式采用自动编号　　　　B. 外币核算采用固定汇率
   C. 出纳凭证必须经由出纳签字　　　　D. 结账前一定要进行对账
2. 以下科目中，（   ）可能是其他系统的受控科目。
   A. 库存现金　　　B. 应收账款　　　C. 预付账款　　　D. 管理费用
3. 如果企业2023年5月1日启用总账，那么需要在T3中输入（   ）科目期初数据。
   A. 2023年年初余额　　　　　　　　B. 2023年1—4月借贷方累计发生额
   C. 2023年1—4月各月借贷方发生额　　D. 2023年4月月末余额
4. 总账期初余额不平衡，则不能进行（   ）操作。
   A. 填制凭证　　　B. 修改凭证　　　C. 审核凭证　　　D. 记账
5. 凭证一旦保存，以下哪项内容就不能修改？（   ）
   A. 凭证类别　　　B. 凭证日期　　　C. 附单据数　　　D. 凭证摘要
6. 总账管理子系统中取消凭证审核的操作员必须是（   ）。
   A. 该凭证制单人　B. 有审核权限的人　C. 会计主管　　　D. 该凭证审核人
7. 在总账管理子系统中，用户可通过（   ）功能彻底删除已作废记账凭证。
   A. 冲销凭证　　　B. 作废凭证　　　C. 整理凭证　　　D. 删除分录
8. 在总账管理子系统中设置自定义转账分录时无须定义以下哪一项内容？（   ）
   A. 凭证号　　　　B. 凭证类别　　　C. 会计科目　　　D. 借贷方向
9. 关于审核凭证，以下说法正确的是（   ）。
   A. 凭证必须审核之后才能记账　　　　B. 审核人和记账人不能为同一人
   C. 审核后的凭证不能进行无痕迹修改　　D. 取消审核只能由审核人自己进行
10. 关于记账，以下哪些说法是正确的？（   ）
    A. 可以选择记账范围
    B. 记账只能由账套主管进行
    C. 可以选择要记账的账簿，如总账、明细账、日记账、辅助账和多栏账
    D. 一个月可以多次记账

三、思考题

1. 如果未选择"出纳凭证必须经由出纳签字"，那么华宇电脑的账务处理流程是怎样的？
2. 如果华宇电脑2023年4月建账，则需要准备哪些期初数据？
3. 凭证上主要有哪些项目？为保证输入正确，系统提供了哪些控制手段？
4. 相比手工处理，T3的几大优势是什么？
5. 凭证修改的方法有哪些？
6. 什么是转账定义？系统提供了哪些转账定义类型？
7. 生成自定义转账凭证时需要注意哪些问题？
8. 如果结账不成功，则可能的原因是什么？

项目 5

编制财务报表

知识目标
1. 了解财务报表子系统的主要功能。
2. 认知报表格式设计的主要工作事项。
3. 认知报表数据处理的主要工作内容。
4. 掌握自定义报表的基本工作流程。

技能目标
1. 掌握自定义报表的基本操作。
2. 学会利用报表模板生成资产负债表、利润表。

素质目标
通过财务报表的编制,提高学生为决策提供信息的服务意识。

> 思政小课堂
>
> 财务报表的认识和填列

项目背景

企业通过在总账管理子系统中完成账务处理,把本会计期发生的各项经济业务分类登记到会计账簿中。会计账簿记录的会计信息,虽然比会计凭证反映的信息更条理化、系统化,但就某一会计期间的经济活动的整体情况而言,其所能提供的信息仍然是分散的、部分的,不能集中反映和揭示该会计期间经营活动及财务收支的全貌。为了更全面地体现华宇电脑各项经济业务的全貌,项目实施小组需要调研各部门的需求,编制企业内部管理报表和对外财务报表,以便企业做出更合理、准确、有效的决策。

基本知识

5.1 认识财务报表子系统

财务报表子系统是 T3 中一个独立的子系统,为企业内部各管理部门及外部相关机构提供综合反映企业一定时期财务状况、经营成果和现金流量的会计信息。

财务报表子系统既可编制对外报表,也可编制各种内部报表。它的主要任务是设计报表的格式和编制公式,从总账管理子系统或其他业务子系统中取得相关会计信息,自动编制各种会计报表,对报表进行审核、汇总,生成各种分析图,并按预定格式输出各种会计报表。

财务报表子系统具有文件管理功能、格式管理功能、数据处理功能和图表管理功能,如图 5.1 所示。

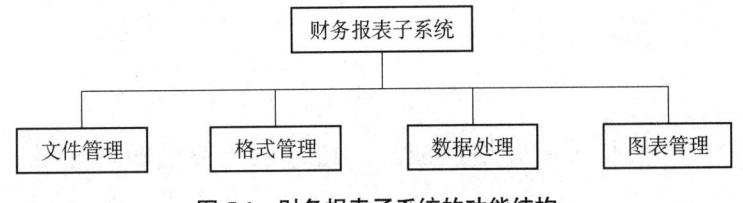

图 5.1 财务报表子系统的功能结构

5.2 基本概念

5.2.1 格式设计和数据处理

我们可以把报表拆分为相对固定的内容和相对变化的内容两部分：相对固定的内容包括报表的结构、报表中的数据来源等；相对变化的内容主要是指报表中的数据。与此相适应，编制报表主要分为报表格式设计和报表数据处理。

① 报表格式设计是在 T3 中建立一张报表中相对固定的部分，主要包括设置表尺寸、行高和列宽、单元格属性、组合单元格、关键字、可变区、报表各类公式等。在格式状态下所做的操作对本报表所有的表页都发生作用。在格式状态下不能进行报表数据的输入、计算等操作。

② 报表数据处理是根据预先设定的公式进行数据的采集、计算、汇总等，以便生成会计报表。此外，还可以进行表页管理、审核、舍位平衡、图形制作、汇总和合并报表等操作。在数据状态下，看到的是报表的全部内容，包括格式和数据。

> **注意**
> 财务中报表的格式和数据是分开管理的，它们的输入由不同的功能完成，建立报表格式时不能对数据进行操作，进行数据处理时不能编辑报表格式。格式和数据状态的转换可通过单击财务报表左下角的"格式/数据"按钮实现。

5.2.2 单元格

单元格是组成报表的最小单位，单元格名称由所在行、列标识。单元格的行号用数字 1 至 9 999 表示，列标用字母 A 至 IU 表示。

例如，A4 表示第 1 列第 4 行所在的单元格。

5.2.3 单元格属性

单元格属性包括单元格类型、对齐方式、字体颜色等。其中，单元格类型分为数值型、字符型和表样型。

① 数值型单元格中存放报表的数据，在数据状态下（"格式/数据"按钮显示为"数据"时）可进行输入和修改。数值型单元格的内容可以是 $1.7 \times 10^{-308} \sim 1.7 \times 10^{308}$ 的任何数（15 位有效数字），数字可以直接输入或由单元格中存放的单元格公式运算生成。建立一个新表时，所有单元格的类型默认为数值型。数值型单元格中可以有逗号、百分号、货币符号和小数位数等。

② 字符型单元格需要先在格式设计状态下定义，然后在数据状态下输入和修改。字符型单元格的内容可以是汉字、字母、数字和各种键盘可输入的符号组成的一串字符，一个单元格中最多可输入 63 个字符或 31 个汉字。字符型单元格的内容也可由单元格公式生成。

③ 表样型单元格是报表的格式，是定义一个没有数据的空表所需的所有文字、符号或数字。一旦单元格被定义为表样型，那么在其中输入的内容对所有表页都有效。表样型单元格在格式状态下（"格式/数据"按钮显示为"格式"时）输入和修改。

5.2.4 区域

区域是由一张表页上的相邻单元格组成的，自起点至终点的单元格区域是一个完整的长方形矩阵。

在财务报表中，区域是二维的，最大的区域是一个二维表的所有单元格（整个表页），最小的区域是一个单元格。

区域的表示方法是"开始区域:结束区域"，如 A4:B36 表示第 4 行第 1 列至第 36 行第 2 列的一个区域。

5.2.5 组合单元格

组合单元格是由相邻的两个或更多的单元格组合而成的单元格。这些单元格必须是同一种单元格类型（表样型、数值型、字符型），财务报表子系统在处理报表时将组合单元格视为一个单元格。

既可以组合同一行相邻的几个单元格，也可以组合同一列相邻的几个单元格，还可以把一个多行多列的平面区域设为一个组合单元格。

组合单元格的名称可以用区域的名称或区域中单元格的名称来表示。

5.2.6 关键字

关键字是游离于单元格之外的特殊对象，可以唯一地标识一个表页，用于在大量表页中快速选择表页。在格式状态下，可以对关键字进行设置、取消。在格式和数据状态下，均可以对关键字的位置进行设置。

财务报表共提供了以下 6 种关键字。关键字的显示位置在格式状态下设置，关键字的值则在数据状态下输入。每个报表可以定义多个关键字。

① 单位名称。单位名称为字符型（最大 28 个字符），是该报表表页编制单位的名称。
② 单位编号。单位编号为字符型（最大 10 个字符），是该报表表页编制单位的编号。
③ 年。年为数值型（1980～2099），是该报表表页反映的年度。
④ 季。季为数值型（1～4），是该报表表页反映的季度。
⑤ 月。月为数值型（1～12），是该报表表页反映的月份。
⑥ 日。日为数值型（1～31），是该报表表页反映的日期。

除此之外，财务报表有自定义关键字的功能，可以用于业务函数。

5.2.7 公式

财务报表中的公式共有 3 种，即单元格公式、审核公式、舍位公式。
① 单元格公式。单元格公式可定义报表数据间的运算关系。
② 审核公式。审核公式用于审核报表内或报表间的钩稽关系是否正确。
③ 舍位公式。舍位公式用于报表数据进位或小数取整后重新调整平衡关系。

5.3 编制报表的工作流程

在财务报表子系统中，编制报表主要有两种方法：对于各企业标准的对外财务报告，一般调用系统预置的报表模板，微调后快速生成；对于企业内部用的各种管理报表，需要自行完成报表定义。结合以上两种情况，编制报表的工作流程如图 5.2 所示。

会计信息化应用（T3 财税云平台）

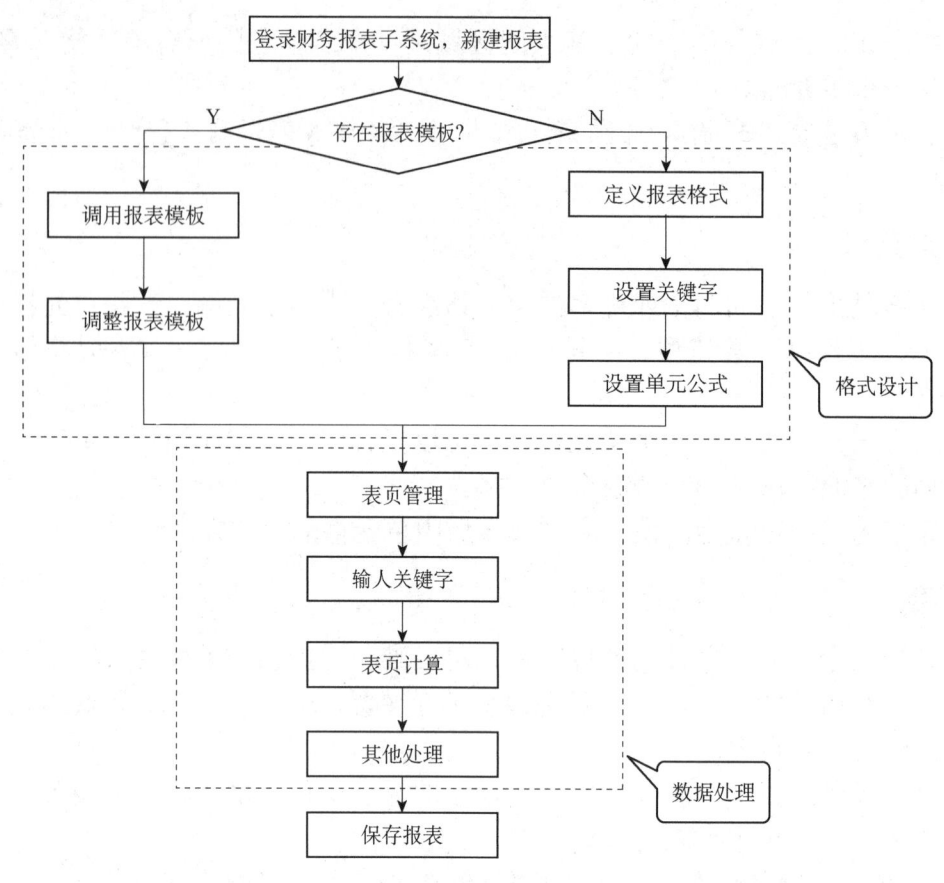

```
        登录财务报表子系统，新建报表
                    ↓
         Y    存在报表模板?    N
        ↙                      ↘
    调用报表模板            定义报表格式
        ↓                      ↓
    调整报表模板            设置关键字
                               ↓
                          设置单元公式      ← 格式设计
        ↓
    表页管理
        ↓
    输入关键字
        ↓
    表页计算
        ↓
    其他处理              ← 数据处理
        ↓
    保存报表
```

图 5.2　编制报表的工作流程

实训任务

任务 1　新建报表

任务下达

以系统管理员的身份恢复"总账期末业务"账套，再以账套主管的身份进入 T3，启用财务报表子系统，并新建一张空报表。

任务解析

在财务报表子系统中新建报表时，系统自动建立一张空表，默认表名为 report1，并自动进入格式状态。新报表中默认所有单元格均为数值型，在保存文件时按照文件命名的基本规定为此报表命名。

任务指引

步骤 1　以系统管理员的身份进入系统管理，恢复"总账期末业务"账套。

步骤 2　以账套主管的身份进入 T3，单击左侧的"财务报表"，自动打开"新建报表"对话框。单击"取消"按钮进入"新报表"窗口。

任务 2　设计报表格式

任务下达

以账套主管的身份设计"货币资金表"报表格式。

任务解析

不同的报表格式定义的内容也会有所不同，但一般情况下报表格式应该包括报表表样、单元格类型、单元格风格等内容。

① 报表表样包括格式线、标题、表头、表体、表尾等内容。通过设置报表的表样可以确定整张报表的大小和外观。

报表表样设置的具体内容一般包括设置表尺寸、定义行高和列宽、画表格线、定义组合单元格、输入表头表体表尾等内容、定义显示风格。

在定义报表的表样的时候，注意状态栏应为格式状态。定义报表表样之后，在格式状态下可以查看和修改，在数据状态下则只能查看，不能修改。

② 单元格类型在财务报表子系统里一般可以分为数值型单元格、字符型单元格和表样型单元格。

③ 单元格风格是指报表表样和数据的显示风格，如字体、颜色图案、对齐方式等。

④ 设置关键字是报表格式设计中非常关键的一项内容——在格式状态下设置关键字，在数据状态下输入关键字值。

⑤ 定义各类公式。公式定义了报表中的数据来源，因为涉及内容较多，所以单独在任务 3 中介绍。

任务详情

货币资金表的格式如表 5.1 所示。

表 5.1　货币资金表格式

货币资金表

编制单位：　　　　　　　　　　　　　　　　　年　月　日

项　目	行　次	期初数	期末数
库存现金	1		
银行存款	2		
合计	3		

制表人：

具体要求如下。

① 在 B2 单元格设定关键字"年"，在 C2 单元格设定关键字"月"。

② 将 A1 至 D1 的单元格组合在一起。

③ 设置标题字体为黑体、14 号；水平居中对齐。

④ 在 A3 至 D6 区域画表格线。

任务指引

1. 设置表尺寸

步骤 1　单击空白报表底部左下角的"格式/数据"按钮，使当前为格式状态。

步骤 2　选择"格式"|"表尺寸"命令，打开"表尺寸"对话框。

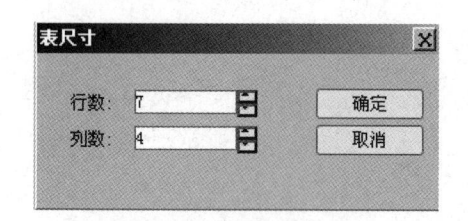

图 5.3　设置表尺寸

步骤 3　输入行数"7"、列数"4",如图 5.3 所示。单击"确定"按钮。

2. 输入表内文字

步骤 1　在 A1 单元格中输入"货币资金表",然后按回车键。

步骤 2　按表 5.1 在相应单元格中输入内容,完成后如图 5.4 所示。

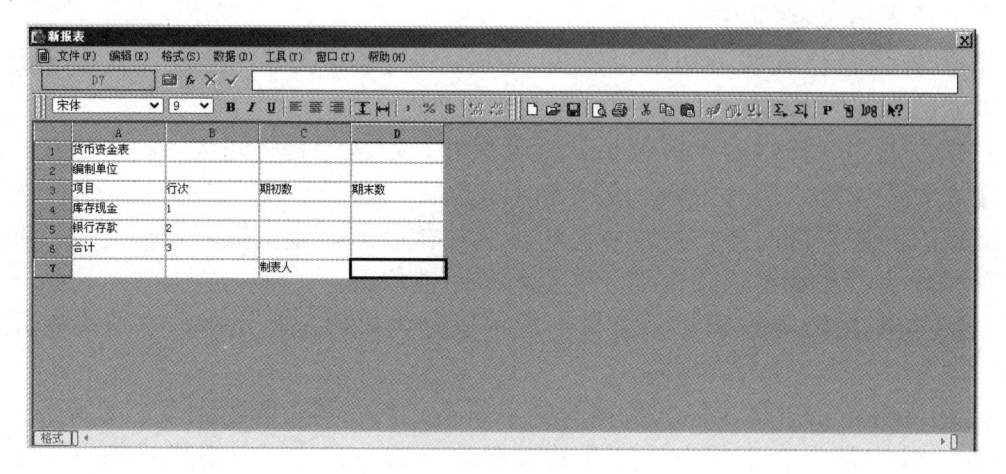

图 5.4　输入表内文字

> **注意**
> ① 报表项目是指报表的文字内容,主要包括表头内容、表体项目、表尾项目等,不包括关键字。
> ② 日期一般不作为文字内容输入,而是需要设置为关键字。

3. 设置关键字

步骤 1　选中需要设置关键字的单元格 B2。

步骤 2　选择"数据"|"关键字"|"设置"命令,打开"设置关键字"对话框。

步骤 3　选中"年"单选按钮,如图 5.5 所示。单击"确定"按钮。

步骤 4　同理,在 C2 单元格中设置"月"关键字。

> **注意**
> ① 每张报表可以定义多个关键字。
> ② 如果要取消关键字,则选择"数据"|"关键字"|"取消"命令。

4. 定义组合单元格

步骤 1　选择需要合并的区域 A1:D1。

步骤 2　选择"格式"|"组合单元"命令,区域 A1:D1 即合并成一个单元格。

5. 设置单元格属性

步骤 1　选中标题所在的组合单元格 A1。

步骤 2　选择"格式"|"单元属性"命令,打开"单元格属性"对话框。

步骤 3　切换到"字体图案"选项卡,设置字体"黑体"、字号"14",前景色选择"黑色",如图 5.6 所示。单击"确定"按钮。

步骤 4　单击格式工具栏中的"居中"按钮,设置水平居中。

项目 5　编制财务报表

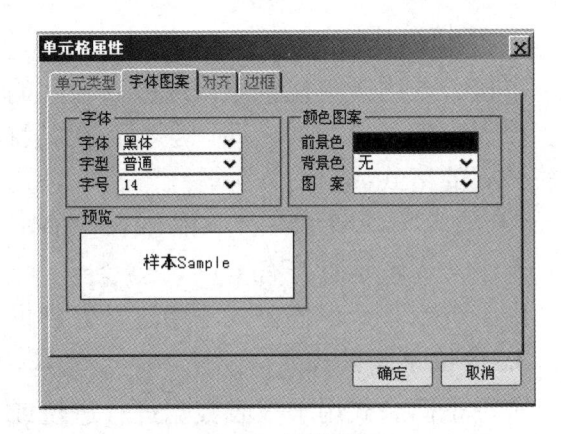

图 5.5　设置关键字　　　　　　　　　　　图 5.6　设置字体

6. 画表格线

步骤 1　选中报表需要画线的区域 A3:D6。

步骤 2　选择"格式"|"区域画线"命令，画上网格线。

任务 3　定义报表公式

任务下达

以账套主管的身份定义货币资金表各单元格的计算公式。

任务解析

报表公式定义也属于报表格式定义的范畴，本书将其独立列作一个任务是为了强调报表公式定义的重要性。财务报表子系统提供了丰富的计算公式，可以完成几乎所有的计算要求。

1. 单元格公式

单元格公式的定义在格式状态下进行，在报表单元格中输入"="就可直接定义计算公式。计算公式既可以取本表页中的数据，也可以取其他表页中的数据，还可以取其他报表的数据。

单元格公式中最常用的是账务函数，账务函数的作用是从总账管理子系统中获取数据。其基本格式为：

函数名（〈科目编码〉，〈会计期间〉，〈方向〉，[〈账套号〉]，[〈会计年度〉]，[〈编码1〉]，[〈编码2〉]，[〈是否包含未记账〉]）

其中，科目编码可以是科目名称，但必须加双引号；会计期间既可以是"年""季""月"等变量，也可以是用具体数字表示的年、季、月；方向即"借"或"贷"，可以省略；账套号为数字，默认为第 1 套账；会计年度即数据取数的年度，可以省略；编码 1 和编码 2 与科目编码的核算账类有关，可以取科目的辅助账，如职员编码、项目编码等，如果无辅助核算，则省略。

账务函数主要包括以下几种。

总账函数	金额式	数量式	外币式
期初余额函数	QC( )	SQC( )	WQC( )
期末余额函数	QM( )	SQM( )	WQM( )
发生额函数	FS( )	SFS( )	WFS( )
累计发生额函数	LFS( )	SLFS( )	WLFS( )
条件发生额函数	TFS( )	STFS( )	WTFS( )
对方科目发生额函数	DFS( )	SDFS( )	WDFS( )
净额函数	JE( )	SJE( )	WJE( )
汇率函数	HL( )		

85

2. 审核公式

审核公式用于审核报表内或报表之间的钩稽关系是否正确。

报表中的各个数据之间一般都存在某种核算关系，利用这种核算关系可以定义审核公式。审核公式的格式为：

<表达式><逻辑运算符><表达式>［MESS"说明信息"］

其中，逻辑运算符有=、>、<、>=、<=、< >；"说明信息"为一字符串，最大长度为64字，用于表示某一审核公式不通过时警告框中的提示信息。

3. 舍位平衡公式

舍位平衡公式用于报表数据进行进位或小数取整时调整数据，以避免破坏原数据平衡。

在报表汇总或合并时，如以"元"为单位的报表上报，可能会转换为以"千元"或"万元"为单位的报表，原来的数据平衡关系可能会被破坏，因此需要调整，使之符合指定的平衡公式。报表经舍位后，重新调整平衡关系的公式称为舍位平衡公式。

任务详情

① C6单元格的合计数用算术求和公式定义。
② 库存现金和银行存款的数据利用账务函数获得。
③ 保存报表名称为"货币资金表"。

任务指引

1. 定义C6单元格公式

C6单元格的公式为C6=C4+C5。

步骤1　选定需要定义公式的单元格C6，即期初数的合计单元格。
步骤2　选择"数据"|"编辑公式"|"单元公式"命令，打开"定义公式"对话框。
步骤3　在"定义公式"对话框内直接输入"C4+C5"，如图5.7所示。单击"确认"按钮返回，C6单元格中显示"公式单元"字样，在编辑栏中可查看C6单元格中的公式。

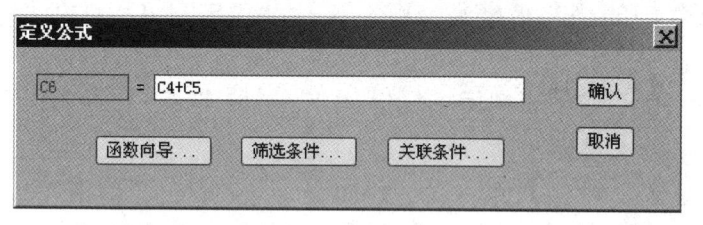

图5.7　定义公式

注意

① 单元格公式中涉及的符号均为英文半角字符。
② 单击 fx 按钮，可打开"定义公式"对话框。

2. 定义D5单元格公式

D5单元格公式就是银行存款期末数从总账中获取。同理，定义C4、C5和D4单元格的公式。

步骤1　选定被定义单元格D5，即银行存款期末数。
步骤2　单击 fx 按钮，打开"定义公式"对话框。
步骤3　单击"函数向导"按钮，打开"函数向导"对话框。
步骤4　在"函数分类"列表框中选择"账务函数"，在右边的"函数名"列表框中选择

"期末（QM）"，如图 5.8 所示。单击"下一步"按钮，打开"用友账务函数"对话框。

步骤 5 单击"参照"按钮，打开"账务函数"对话框。

步骤 6 选择科目编码"1002"，其余各项均采用系统默认值，如图 5.9 所示。单击"确定"按钮，返回"用友账务函数"对话框。

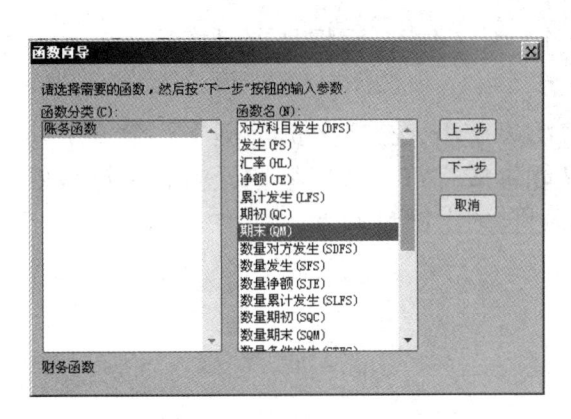

图 5.8 "函数向导"对话框

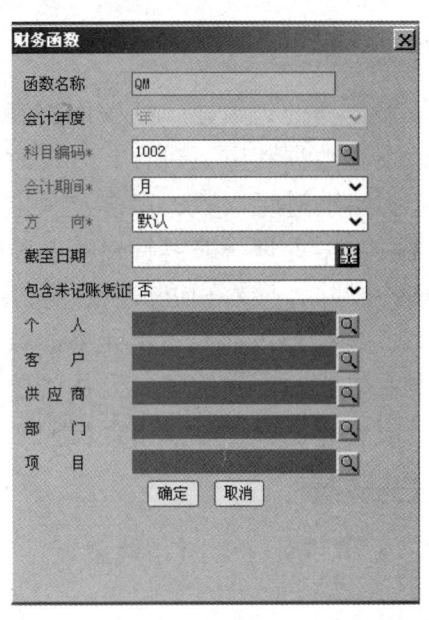

图 5.9 定义账务函数

步骤 7 单击"确定"按钮返回。

步骤 8 输入其他单元格公式。完成后如图 5.10 所示。

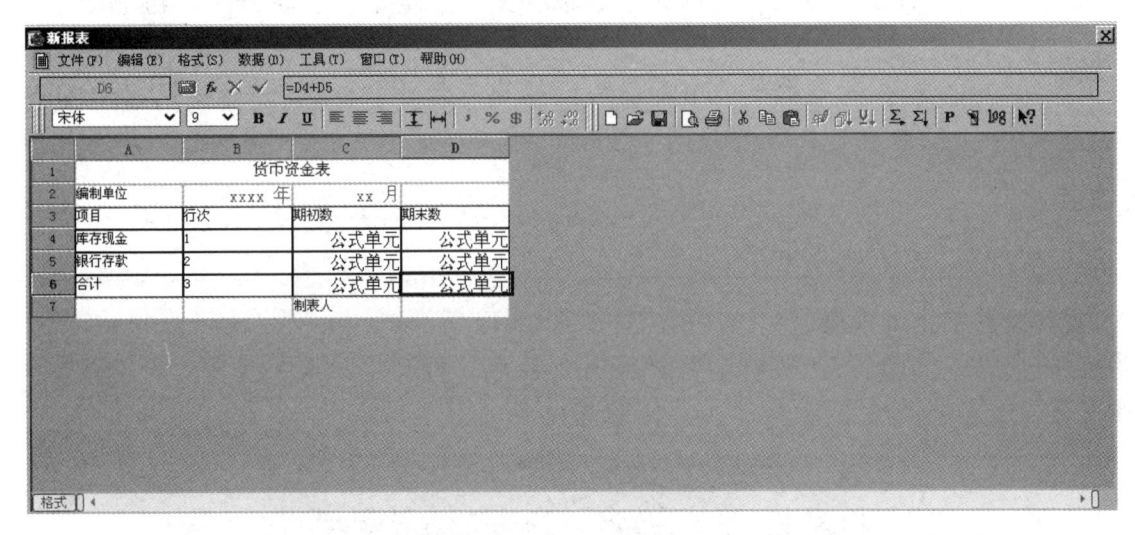

图 5.10 格式设计完成

3. 保存报表名称为"货币资金表"

步骤 1 选择"文件"|"保存"命令。

步骤 2 选择保存文件的"考生文件夹"文件夹，输入报表文件名"货币资金表"，选择保存类型"*.rep"，单击"保存"按钮，系统提示"保存成功！"。单击"确定"按钮。

> **注意**
> ① .rep 为报表文件专用扩展名。
> ② 报表文件不包含在备份账套内。

任务4 报表数据处理

任务下达

以账套主管的身份进行报表数据处理。

任务解析

报表数据处理主要包括生成报表数据、审核报表数据和舍位平衡操作等工作。数据处理工作必须在数据状态下进行。处理时，计算机会根据已定义的单元格公式、审核公式和舍位平衡公式自动进行取数、审核及舍位平衡等操作。

报表数据处理一般是针对某一特定的表页进行的，因此在数据处理时还涉及表页的操作，如增加、删除、插入和追加表页等。

报表的数据包括报表单元格的数值和字符及游离于单元格之外的关键字。数值型单元格只能生成数字，而字符型单元格既能生成数字又能生成字符。数值型单元格和字符型单元格既可以由公式生成也可以由键盘输入，而关键字则必须由键盘输入。

任务详情

生成2023年1月货币资金表。

任务指引

1. 打开货币资金表，切换报表由格式状态为数据状态

步骤1　进入财务报表子系统，选择"文件"|"打开"命令。

步骤2　选择存放报表格式的文件夹中的报表文件"货币资金表.rep"，再单击"打开"按钮。

步骤3　保证空白报表底部左下角的"格式/数据"按钮当前状态为数据状态。如果需要切换状态，则单击左下角的"格式/数据"按钮即可。

> **注意**
> 报表数据处理必须在数据状态下进行。

2. 输入关键字生成报表

步骤1　选择"数据"|"关键字"|"录入"命令，打开"录入关键字"对话框。

步骤2　输入年"2023"、月"1"，如图5.11所示。

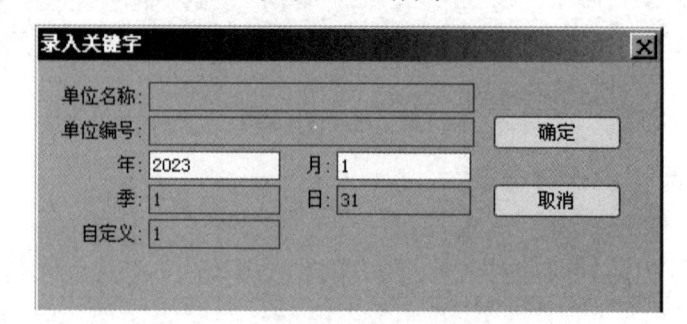

图5.11　输入关键字

步骤3　单击"确定"按钮，计算完成。

步骤4　单击"保存"按钮。

> **注意**
> 日期关键字可以确认报表数据取数的时间范围，即确定数据生成的具体日期。

任务 5　利用报表模板制作报表

任务下达

以账套主管的身份利用报表模板生成资产负债表和利润表。

任务解析

T3 财务报表子系统提供了常用的报表模板，主要包括以下几种类型。

1. 常用报表模板

常用报表模板提供了工业、商品流通、农业等行业的企业报表模板，包括资产负债表、利润分配表、损益表等报表的模板，用户可以根据实际情况选择。当然，也可以在报表模板的基础上进行修改，使之能够适合企业财务报告的要求。

2. 对应不同会计制度的报表模板

系统提供了一般企业（2007年新会计准则）、2013小企业会计准则和2017新会计准则等报表模板。企业需要按照本企业建账时选择的行业性质来调用对应的报表模板。

任务指引

步骤 1　选择"文件"|"新建"命令，打开"新建报表"对话框。

步骤 2　选择模板分类"2013小企业会计准则"、财务报表"资产负债表"，如图 5.12 所示。

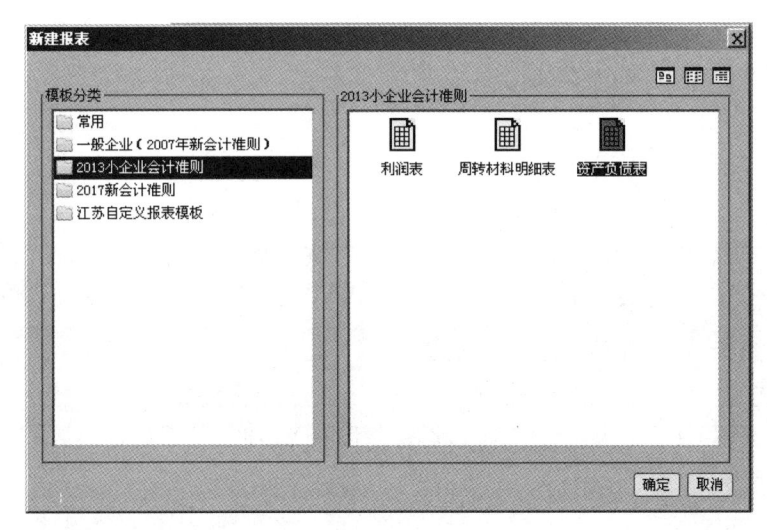

图 5.12　选择报表模板

步骤 3　单击"确定"按钮，打开"资产负债表"模板，如图 5.13 所示。

步骤 4　单击左下角"格式"按钮，系统弹出"是否需要重算全表？"信息提示框。

步骤 5　单击"取消"按钮，切换到数据状态。

步骤 6　选择"数据"|"关键字"|"录入"命令，打开"录入关键字"对话框。

步骤 7　输入关键字年"2023"、月"01"、日"31"。

步骤 8　单击"确定"按钮，系统自动根据单元格公式计算 2023 年 1 月数据。如果数据没有生成，则可选择"数据"|"整表重算"命令，重新计算生成报表。

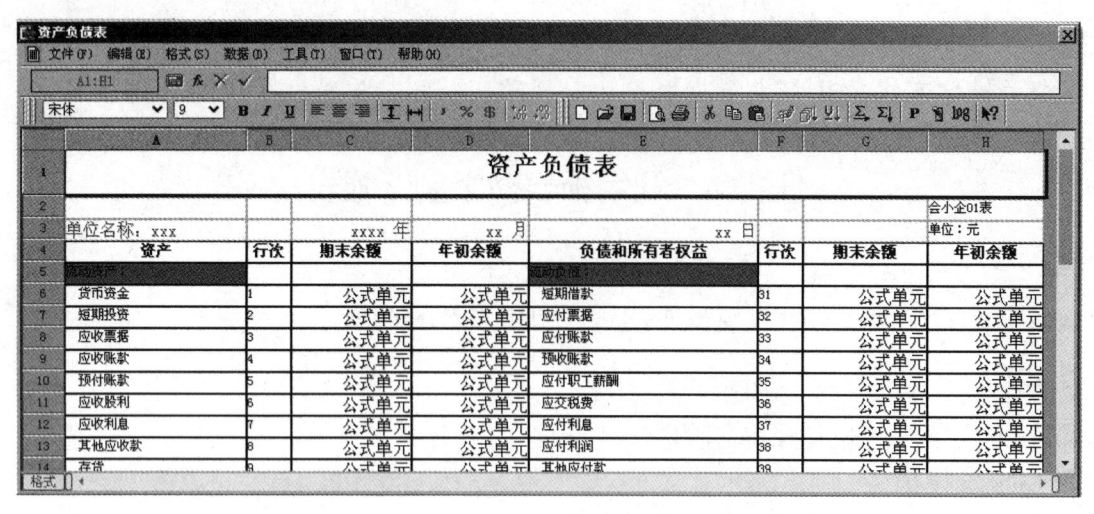

图 5.13 资产负债表模板

步骤 9 选择"文件"|"保存"命令，将生成的报表保存为"资产负债表"。

步骤 10 用同样方法，生成 2023 年 1 月利润表。

通关测试

一、判断题

1. T3 中提供了企业所要编制的所有报表的报表模板。（   ）
2. 根据公式生成的数据不得修改。（   ）
3. 财务报表只能从总账管理子系统中提取期末余额数据。（   ）
4. 在数据状态下可以进行设置单元公式及关键字、表页计算等操作。（   ）
5. 财务报表文件默认的扩展名是.xls。（   ）

二、选择题

1. 在财务报表子系统的数据处理中能够完成以下哪些任务？（   ）
   A. 格式排版   B. 整表重算   C. 编辑公式   D. 设置关键字
2. 财务报表子系统提供的关键字中不包括以下哪一项？（   ）
   A. 单位名称   B. 年   C. 月   D. 制表人
3. 账务报表子系统中能编辑的公式包括（   ）。
   A. 单元公式   B. 审核公式   C. 舍位公式   D. 逻辑公式
4. 财务报表子系统中一般提供以下哪些报表模板？（   ）
   A. 资产负债表   B. 利润表
   C. 管理费用明细表   D. 产品销售毛利分析表
5. 关于关键字的设置，以下哪些说法是正确的？（   ）
   A. 在数据状态下设置并输入关键字
   B. 一个关键字在一张报表中只能定义一次
   C. 每张报表只能定义一个关键字
   D. 可以随时取消关键字的设置

三、思考题

1. 总结自定义报表的流程。
2. 总结利用模板生成报表的流程。

项目 6 工资管理

知识目标
1. 了解工资管理子系统的主要功能。
2. 熟悉工资管理子系统的操作流程。
3. 熟悉工资管理子系统初始化的工作内容。
4. 掌握工资日常业务处理的工作内容。
5. 了解针对不同企业需求的工资解决方案。

技能目标
1. 掌握建立工资账套、增加工资类别的操作。
2. 掌握设置工资项目、工资计算公式的操作。
3. 掌握工资变动、计算个人所得税的操作。
4. 学会月末工资分摊设置及处理的操作。

素质目标
让学生了解社保和税收政策，提高爱国情怀。

项目背景

职工工资是产品成本的重要组成部分，是企业进行各种费用计提的基础。工资核算是每个单位财务部门较基本的业务之一，是一项重要的经常性工作，关系到每个职工的切身利益。

为了保证对华宇电脑职工工资进行准确、有效的管理，项目实施小组需要启用工资管理子系统。同时，要准备企业工资核算的各项基本信息和期初数据等，将它们准确地输入工资管理子系统，然后对企业的职工工资进行正确的核算和管理。

基本知识

6.1 认识工资管理子系统

工资核算的任务是以职工的工资原始数据为基础，计算应发工资、扣款和实发工资等，编制工资结算单；按部门和人员类别进行汇总，进行个人所得税计算；提供对工资相关数据的多种方式的查询和分析，进行工资费用的分配和计提。

工资管理子系统的主要功能包括工资类别管理、人员档案管理、工资数据管理和工资报表管理等。

6.1.1 工资类别管理

工资管理子系统提供处理多个工资类别的功能。

① 如果单位中所有人员的工资统一管理，而人员的工资项目、工资计算公式全部相同，则只需要建立单个工资类别，即可提高系统的运行效率。

② 如果单位按周发放工资或一个月内多次发放工资，或者单位中有多个不同类别（部

门）的人员，工资发放项目不同，计算公式也不同，但需要统一进行工资核算管理，则应选择建立多个工资类别。

6.1.2 人员档案管理

人员档案管理可以设置人员的基础信息并对人员变动进行调整。另外，系统也提供了设置人员附加信息的功能。

6.1.3 工资数据管理

工资数据管理可以根据不同企业的需要设计工资项目和计算公式；管理所有人员的工资数据，并对平时发生的工资变动进行调整；自动计算个人所得税，结合工资发放形式进行扣零处理或向代发工资的银行传输工资数据；自动计算、汇总工资数据；自动完成工资分摊、计提和转账业务。

6.1.4 工资报表管理

工资报表管理提供多层次、多角度的工资数据查询。

6.2 工资管理子系统的操作流程

采用多工资类别核算的企业第 1 次启用工资管理子系统应按图 6.1 所示的步骤进行操作。

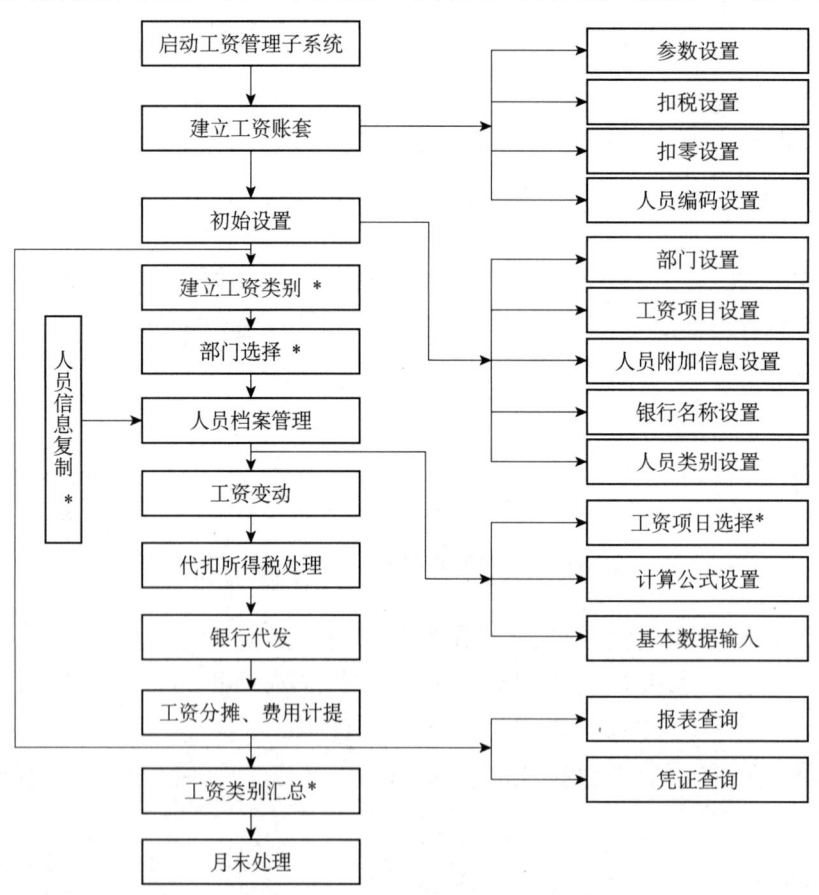

图 6.1 多工资类别核算管理企业的工资管理操作流程

> **注意**
>
> 去掉标注"*"的步骤即为单工资类别核算的基本操作流程。

项目6 工资管理

实训任务

任务1 启用工资管理子系统

任务下达

以系统管理员的身份恢复"总账初始化"账套。以账套主管的身份重新登录系统管理,启用工资管理子系统,启用日期为2023年1月1日。

任务解析

使用工资管理子系统的前提是必须启用工资管理子系统,在T3中只有设置了启用的系统才能登录。

如果总账管理子系统先启用,则工资管理子系统的启用月必须晚于或与总账管理子系统的未结账月相同。

任务指引

步骤1 以系统管理员的身份进入系统管理,选择"账套"|"恢复"命令,恢复"总账初始化"账套。

步骤2 选择"系统"|"注销"命令,注销系统管理员登录。

步骤3 选择"系统"|"注册"命令,以账套主管的身份进入系统管理。选择"账套"|"启用"命令,打开"系统启用"对话框。

步骤4 选中"WA工资管理"复选框,选择启用日期"2023""一月""1",如图6.2所示。

步骤5 单击"确定"按钮,完成系统启用。

步骤6 单击"退出"按钮,返回系统管理。

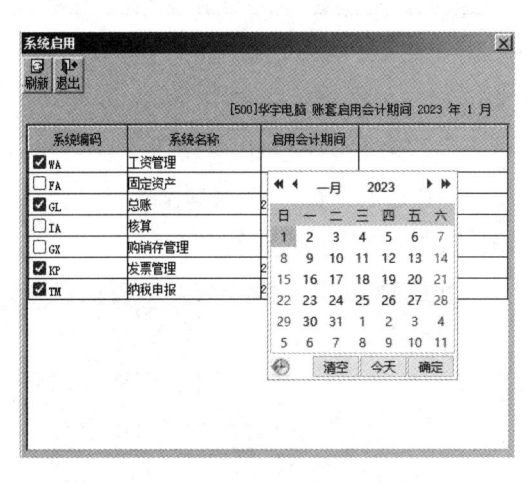

图6.2 启用工资管理子系统

任务2 建立工资账套

任务下达

以账套主管的身份建立工资账套。

任务解析

在T3中,每个子系统的应用大致都分为两个部分:系统初始设置和日常业务处理。系统初始设置是为日常业务处理做好基础准备的,而且一旦设置完成就相对稳定,日后不需要经常变动和更改;工资管理子系统的初始设置包括建立工资账套和基础信息设置两个部分。

工资账套与系统管理中的账套是不同的概念,系统管理中的账套是针对企业整体业务的,而工资账套只是针对工资管理子系统。要建立工资账套,前提是在系统管理中首先建立本单位的核算账套。建立工资账套时可以根据建账向导分4步进行,即参数设置、扣税设置、扣零设置和人员编码设置。

会计信息化应用（T3财税云平台）

任务详情

华宇电脑工资账套的相关信息如下。

①工资类别个数为"多个"，核算币种为"人民币RMB"。
②从工资中代扣个人所得税。
③不进行扣零处理。
④人员编码长度为3位；启用日期为2023年1月1日。

任务指引

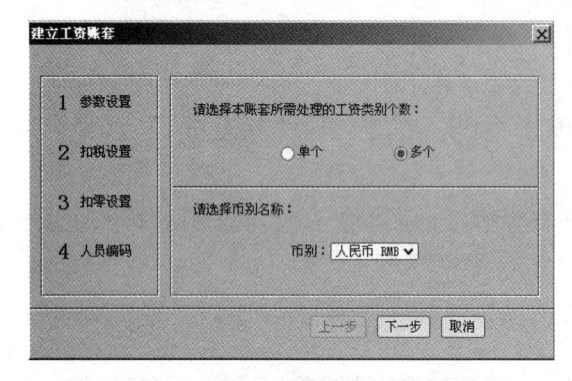

图6.3 建立工资账套——参数设置

步骤1 以账套主管的身份进入T3，登录日期为"2023-01-01"。单击"工资管理"，打开"建立工资账套"对话框。

步骤2 在建立工资账套的"参数设置"中，选择本账套所需处理的工资类别个数"多个"，默认币别名称"人民币RMB"，如图6.3所示。然后单击"下一步"按钮。

步骤3 在"扣税设置"中，选中"是否从工资中代扣个人所得税"复选框，选择"免征额5000，2019年所得税税率表按月扣除"，如图6.4所示。然后单击"下一步"按钮。

步骤4 在"扣零设置"中不做选择，直接单击"下一步"按钮。

步骤5 在"人员编码"中，设置人员编码长度为3位，确认本账套启用日期为"2023-01-01"，如图6.5所示。

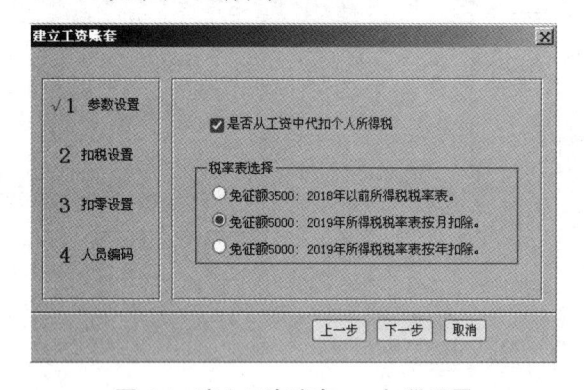

图6.4 建立工资账套——扣税设置

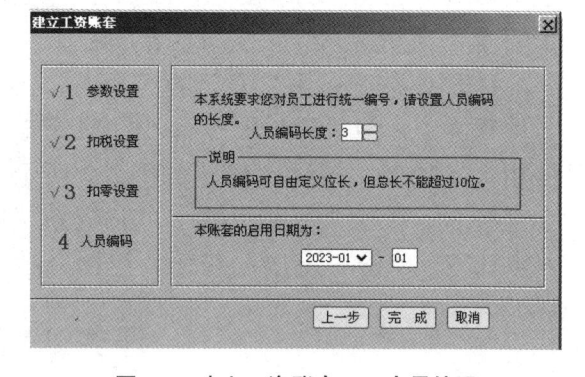

图6.5 建立工资账套——人员编码

步骤6 单击"完成"按钮，打开"新建工资类别"对话框。单击"取消"按钮返回，完成工资账套的建立。

> **注意**
>
> ①如果企业根据不同类别的员工分别进行核算，则工资类别应选择"多个"。
> ②扣零处理是指每次发放工资时将零头扣下，积累取整，于下次发放工资时补上。系统在计算工资时将依据扣零类型（扣零至元、扣零至角、扣零至分）进行扣零计算。
> ③用户一旦选中"扣零"复选框，系统会自动在固定工资项目中增加"本月扣零"和"上月扣零"两个项目。扣零的计算公式将由系统自动定义，无须设置。
> ④选择代扣个人所得税后，系统将自动生成工资项目"代扣税"，并自动进行代扣税金的计算。
> ⑤建账完毕后，部分建账参数可以在"设置"|"选项"命令中进行修改。

任务 3　工资账套基础信息设置

任务下达

以账套主管的身份进行工资账套基础信息设置。

任务解析

建立工资账套以后，还需要对工资管理子系统日常业务处理所需的一些基础信息进行设置。这些信息为工资管理子系统中所有的工资类别所共用，主要包括以下几项。

1. 部门设置

员工工资一般是按部门进行管理的。部门档案已经在"基础档案设置"项目中的"机构设置"任务中建立完成，在工资管理子系统中共享基础档案设置中的各项档案。

2. 人员类别设置

人员类别设置与工资费用的分配、分摊有关，便于按人员类别进行工资汇总计算。

3. 人员附加信息设置

人员附加信息设置可增加人员的某项属性，丰富人员档案的内容，便于对人员进行更加有效的管理。例如，增加设置人员的性别、技术职称、婚否等。

4. 工资项目设置

工资项目设置即定义工资项目的名称、类型、宽度、小数、增减项。系统中有一些固定项目，是工资账套中必不可少的，包括"应发合计""扣款合计""实发合计"，这些项目不能删除和重命名；其他项目可根据实际情况定义或参照增加，如"基本工资""奖励工资""请假天数"等。在此设置的工资项目是针对所有工资类别的全部工资项目的。

5. 银行名称设置

代发工资的银行可按需要设置多个。这里的银行名称设置针对所有工资类别。例如，同一工资类别中的人员由于在不同的工作地点需要在不同的银行代发工资，或者不同的工资类别由不同的银行代发工资，均需要设置相应的银行名称。

任务详情

1. 设置人员类别

本企业人员类别分为企业管理人员、车间管理人员、销售人员和生产工人。

2. 设置工资项目

本企业的工资项目如表 6.1 所示。

表 6.1　工资项目

项目名称	类　型	长　度	小数位数	增减项
基本工资	数字	10	2	增项
岗位工资	数字	10	2	增项
奖金	数字	10	2	增项
应发合计	数字	10	2	增项
养老保险	数字	10	2	减项
医疗保险	数字	10	2	减项
失业保险	数字	10	2	减项
公积金	数字	10	2	减项

(续表)

项目名称	类型	长度	小数位数	增减项
请假扣款	数字	10	2	减项
代扣税	数字	10	2	减项
扣款合计	数字	10	2	减项
实发合计	数字	10	2	增项
请假天数	数字	10	2	其他
日工资	数字	10	2	其他
应税工资	数字	10	2	其他

3. 银行名称设置

本企业发放工资的银行为中行中关村分理处，账号定长，账号长度为11位。

任务指引

1. 设置人员类别

步骤1　选择"工资"|"设置"|"人员类别设置"命令，打开"人员类别设置"对话框。

步骤2　单击"增加"按钮，增加人员类别，最后删除"无类别"人员分类，完成后如图6.6所示。单击"返回"按钮。

2. 设置工资项目

步骤1　选择"工资"|"设置"|"工资项目设置"命令，打开"工资项目设置"对话框。系统已预置"应发合计""扣款合计""实发合计""代扣税"几个工资项目。

步骤2　单击"增加"按钮，在工资项目列表中增加一个空行。

步骤3　单击"名称参照"下拉列表框右侧的下拉按钮，在下拉列表中选择"基本工资"选项。修改增减项为"增项"。

步骤4　单击"增加"按钮，增加其他工资项目。可以用▲（上移）、▼（下移）按钮调整工资项目顺序，完成后如图6.7所示。

步骤5　单击"确认"按钮返回。

图6.6　设置人员类别

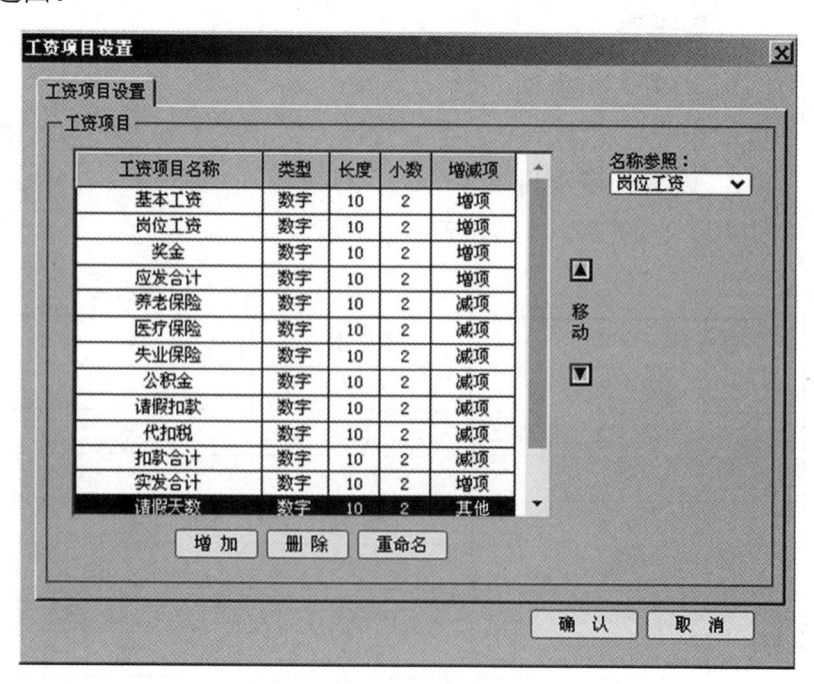

图6.7　工资项目设置

> **注意**
> 系统提供若干常用工资项目供参考，可选择输入。对于参照中未提供的工资项目，可以双击"工资项目名称"一栏直接输入，或者先从"名称参照"下拉列表框中选择一个项目，然后单击"重命名"按钮修改为需要的项目。

3. 银行名称设置

步骤1 选择"工资"|"设置"|"银行名称设置"命令，打开"银行名称设置"对话框。

步骤2 单击"增加"按钮，输入银行名称"中行中关村分理处"，默认选中"账号定长"复选框，设置账号长度为11，并删除其他未用到的银行名称，如图6.8所示。

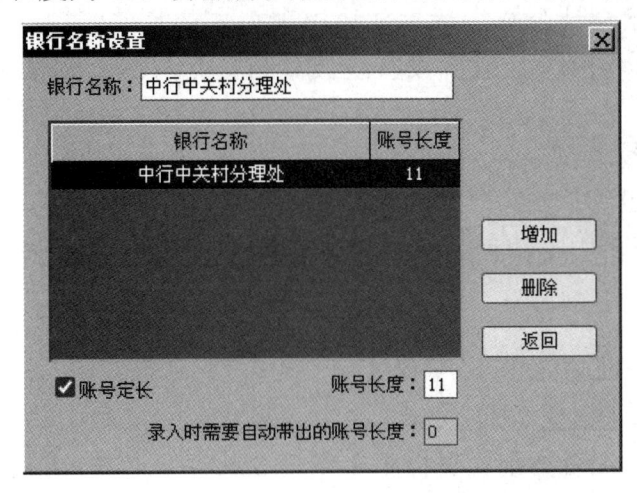

图 6.8 银行名称设置

步骤3 单击"返回"按钮。

任务4 工资类别基础信息设置

任务下达

以账套主管的身份设置正式工工资类别基础信息。

任务解析

1. 工资类别设置

工资管理子系统是按工资类别来进行工资计算和管理的，每个工资类别中包含不同的工资项目、人员档案，需要按设定的工资计算公式进行工资计算、扣缴所得税处理、工资费用分摊处理等。对工资类别的维护包括建立工资类别、打开工资类别、删除工资类别、关闭工资类别和汇总工资类别。

2. 人员档案设置

人员档案的设置用于登记工资发放人员的姓名、职工编号、所在部门、人员类别等信息。此外，员工的增减变动也必须在本功能中处理。人员档案的操作是针对某个工资类别的，即应先打开相应的工资类别。

人员档案管理包括增加、修改、删除人员档案，人员调离与停发处理，查找人员等。

3. 工资项目和公式设置

系统初始设置的工资项目包括本单位各种工资类别所需要的全部工资项目。由于不同的工资类别、工资发放项目不同，公式也不同，因此应对某个指定工资类别所需的工资项目进行设置，并定义此工资类别的工资项目公式。

① 选择建立本工资类别的工资项目。这里只能选择系统初始设置中的工资项目，不可自行输入。工资项目的类型、长度、小数位数、增减项等不可更改。

② 设置公式。设置公式就是定义某些工资项目的计算公式。例如，缺勤扣款=基本工资÷月工作日×缺勤天数。运用公式可以直观地表达工资项目的实际运算过程，灵活地进行工资项目计算处理。定义公式可通过选择工资项目、运算符、关系符、函数等完成。

定义工资项目计算公式要符合逻辑，系统将对公式进行合法性检查，对于不符合逻辑的公式系统将给出错误提示。定义公式时要注意先后顺序，先得到的数据应先设置公式。应发合计、扣款合计、实发合计和应税工资公式应是最后4个公式，并且实发合计的公式要放在应发合计和扣款合计公式之后。如果出现公式超长的情况，那么可将所用到的工资项目名称缩短（减少字符数），或者设置过渡项目。定义公式时可使用函数公式向导参照输入。

4. 个人所得税设置

鉴于许多企事业单位计算职工工资的所得税工作量较大，本系统特提供个人所得税自动计算功能，用户只需要自定义扣税基数和各级所得税税率，系统就会自动计算个人所得税。

任务详情

1. 新建工资类别"正式工"

企业所有部门均有正式工。

2. 设置"正式工"工资类别人员档案（见表6.2）

表6.2　人员档案

编　号	姓　名	部门名称	人员类别	账　号	中方人员	是否计税
101	何润东	企管办	企业管理人员	20190010001	是	是
201	于谦	财务部	企业管理人员	20190010002	是	是
202	耿丽	财务部	企业管理人员	20190010003	是	是
203	冯洁	财务部	企业管理人员	20190010004	是	是
301	杨帅	采购部	企业管理人员	20190010005	是	是
401	任志刚	国内销售部	销售人员	20190010006	是	是
402	黄海波	国际销售部	销售人员	20190010007	是	是
501	陈小春	生产部	车间管理人员	20190010008	是	是
502	张晓楠	生产部	生产工人	20190010009	是	是

3. 选择"正式工"工资类别工资项目

"正式工"工资类别工资项目和排列顺序是：基本工资、岗位工资、奖金、应发合计、养老保险、医疗保险、失业保险、公积金、请假扣款、代扣税、扣款合计、实发合计、日工资、请假天数、应税工资。

4. 设置工资项目公式

工资项目公式和正确排列顺序如表6.3所示。

思政小课堂

养老金缴纳问题

表6.3　工资项目公式

工资项目	公　式
岗位工资	如果人员类别是企业管理人员或车间管理人员，岗位工资为400，其他人员为200 iff（人员类别="企业管理人员" or 人员类别="车间管理人员",400,200）
日工资	（基本工资+岗位工资）/22
请假扣款	请假天数×日工资
养老保险	基本工资×8%
医疗保险	基本工资×2%
失业保险	基本工资×1%
公积金	基本工资×12%
应发合计	基本工资+岗位工资+奖金
扣款合计	养老保险+医疗保险+失业保险+公积金+请假扣款+代扣税
实发合计	应发合计−扣款合计
应税工资	实发合计+代扣税

5. 设置个人所得税税率

个人所得税免征额为5 000元，税率如表6.4所示。

表6.4　2019年开始实行的7级超额累进个人所得税税率表

级　数	全年应纳税所得额/元	按月换算/元	税率/%	速算扣除数/元
1	不超过36 000	不超过3 000	3	0
2	36 000～144 000	3 000<X≤12 000	10	210
3	144 000～300 000	12 000<X≤25 000	20	1 410
4	300 000～420 000	25 000<X≤35 000	25	2 660
5	420 000～660 000	35 000<X≤55 000	30	4 410
6	660 000～960 000	55 000<X≤80 000	35	7 160
7	超过960 000	超过80 000	45	15 160

任务指引

1. 新建工资类别

步骤1　选择"工资"|"工资类别"|"新建工资类别"命令，打开"新建工资类别"对话框。

步骤2　输入工资类别名称"正式工"，然后单击"下一步"按钮。

步骤3　选择正式工所在部门。此处选择所有部门，如图6.9所示。

步骤4　单击"完成"按钮，系统弹出"是否以2023-01-01为当前工资类别的启用日期？"信息提示框。单击"确定"按钮，完成工资类别的创建。

图6.9　选择所有部门

2. 设置正式工人员档案

步骤1　选择"工资类别"|"打开工资类别"命令，打开"打开工资类别"对话框。选择"001正式工"工资类别，然后单击"确认"按钮，进入"正式工"人员类别。

步骤2　选择"工资"|"设置"|"人员档案"命令，打开"人员档案"窗口。单击"批

增"按钮，打开"人员批量增加"对话框。

步骤 3　选择需要批量导入的人员档案，如图 6.10 所示。单击"确定"按钮，将前期职员档案设置中已经输入的职员信息带到人员档案。

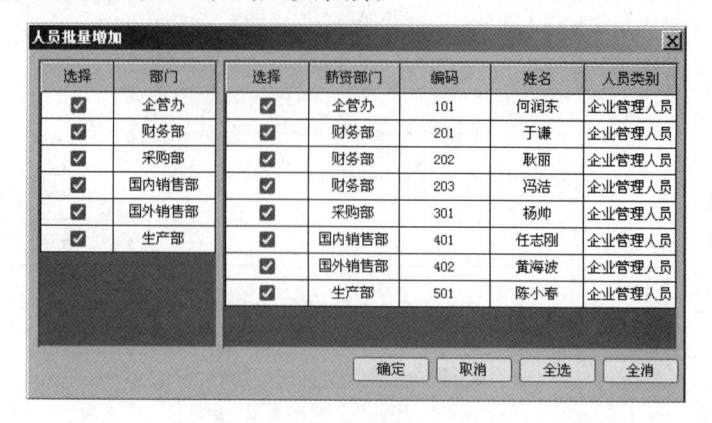

图 6.10　批量导入职员档案

步骤 4　按表 6.2 修改相关人员档案，补充输入银行账号等信息，如图 6.11 所示。

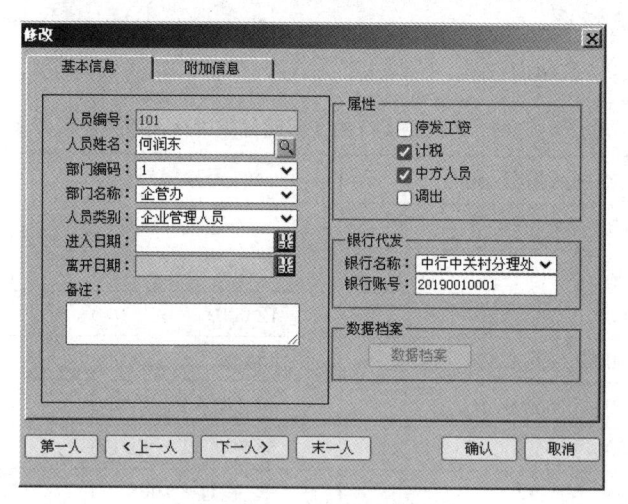

图 6.11　修改人员档案

步骤 5　单击"确认"按钮。单击"下一人"按钮，继续修改人员档案。修改完成后，单击"取消"按钮返回。

步骤 6　单击"增加"按钮，输入"502 张晓楠"相关信息，然后单击"确认"按钮。

步骤 7　单击"取消"按钮返回，如图 6.12 所示。

图 6.12　完成人员档案设置

项目6 工资管理

步骤8 单击"退出"按钮,退出"人员档案"窗口。

> **注意**
> 人员档案既可以从已建立的职员档案中导入,也可以在"人员档案"窗口中直接增加。

3. 选择正式工工资类别工资项目

步骤1 选择"工资"|"设置"|"工资项目设置"命令,打开"工资项目设置"对话框。

步骤2 单击"增加"按钮,增加一空白行,从"名称参照"下拉列表框中选择"基本工资"工资项目。同理,增加其他工资项目。

步骤3 所有工资项目增加完成后,利用▲(上移)、▼(下移)按钮调整工资项目顺序。

> **注意**
> "名称参照"下拉列表框中的工资项目是前期在工资账套基础设置中增加的工资项目。在设置工资类别时,只能从中选择,不能修改和自行增加。

4. 定义正式工工资项目公式

以下举例说明不同类型公式的定义方法。

(1)定义"日工资"项目的公式

步骤1 选择"工资"|"设置"|"工资项目设置"命令,打开"工资项目设置"对话框。选择"公式设置"选项卡。

♪ 定义工资项目公式

步骤2 单击左上角"工资项目"列表框中的"增加"按钮,在"工资项目"列表框中增加一空行,在其下拉列表中选择"日工资"选项。

步骤3 在"日工资公式定义"文本框中进行公式定义。在"运算符"选项组中选择"(",选择"工资项目"列表框中的"基本工资",在"运算符"选项组中选择"+",选择"工资项目"列表框中的"岗位工资",在"运算符"选项组中选择")""/",在"/"后输入"22"。

步骤4 日工资公式定义结果如图6.13所示。单击"公式确认"按钮。

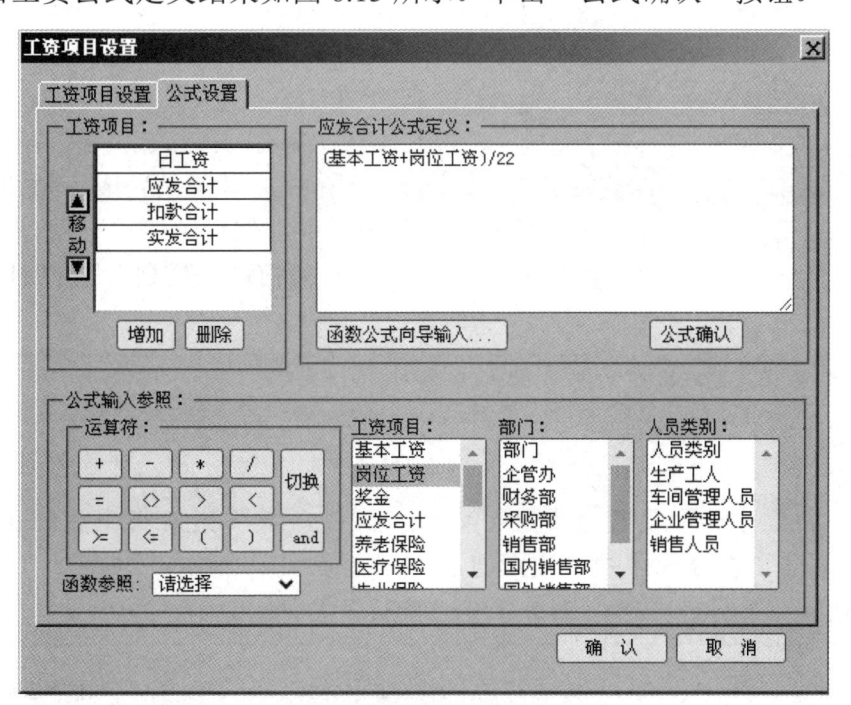

图6.13 设置日工资计算公式

101

（2）定义"岗位工资"项目的公式

步骤1 在"工资项目设置"对话框中，选择"公式设置"选项卡。

步骤2 单击"增加"按钮，在"工资项目"列表框中增加一空行，在其下拉列表中选择"岗位工资"选项。

步骤3 单击"函数公式向导输入"按钮，打开"函数向导"对话框。从"函数名"列表框中选择"iff"，如图6.14所示。单击"下一步"按钮。

步骤4 单击"逻辑表达式"参照按钮，打开"参照"对话框。在"参照列表"下拉列表中选择"人员类别"选项，在下面的列表框中选择"企业管理人员"选项，如图6.15所示。单击"确认"按钮。

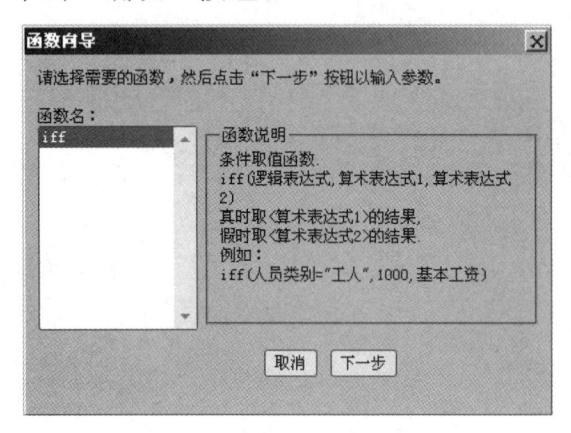

图6.14 选择函数

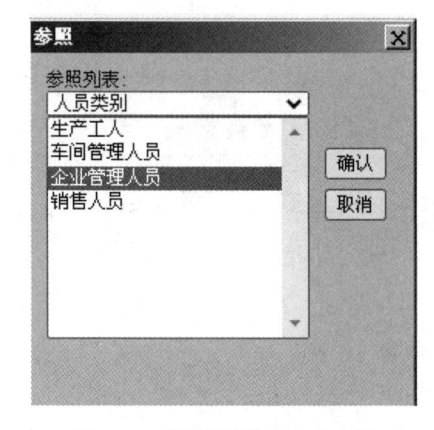

图6.15 设置逻辑表达式参照

步骤5 在"逻辑表达式"文本框中的公式后输入"or"，再次单击"逻辑表达式"参照按钮，打开"参照"对话框。在"参照列表"下拉列表中选择"人员类别"选项，在下面的列表框中选择"车间管理人员"选项。单击"确认"按钮，返回"函数向导"对话框。

步骤6 在"算术表达式1"文本框中输入"400"，在"算术表达式2"文本框中输入"200"，如图6.16所示。单击"完成"按钮，返回"公式设置"选项卡，然后单击"公式确认"按钮。

步骤7 自行定义其他工资项目的公式。

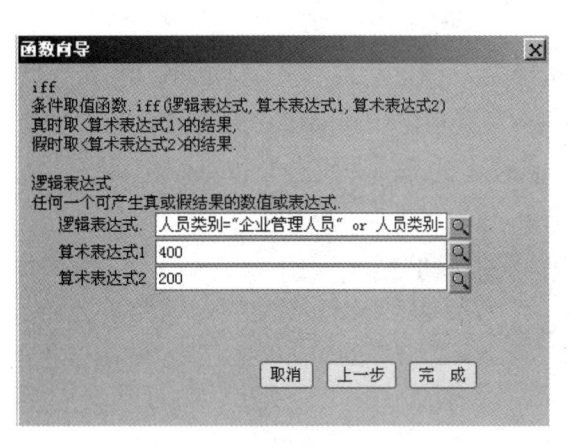

图6.16 设置iff条件取值函数

注意

① 在or前后须有空格。

② 百分号（%）不能直接输入，如8%需要输入为0.08，否则单击"公式确认"按钮时系统会弹出提示"非法的公式定义"。

③ 定义"扣款合计"项目公式时，由于"工资项目"列表框中无"代扣税"工资项目，所以需要人工在公式中输入该项目。

② 每设置完一个公式，必须单击"公式确认"按钮。

步骤8 全部公式定义完后，根据公式间的逻辑关系，利用▲、▼按钮调整公式顺序，排列在前面的公式先计算。完成后如图6.17所示。

步骤9 单击"确认"按钮返回。

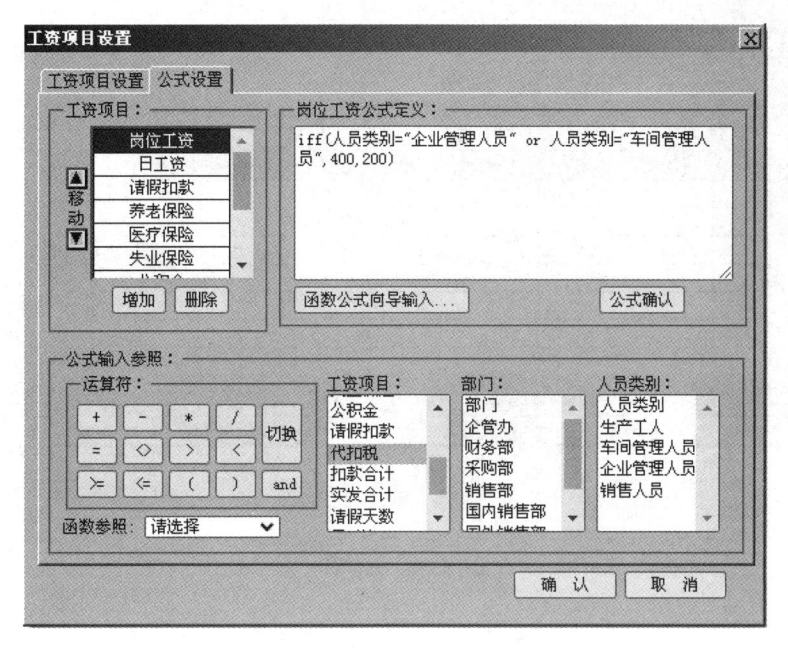

图 6.17　完成全部公式定义

5. 设置个人所得税税率

步骤 1　选择"业务处理"|"扣缴所得税"命令，系统弹出信息提示。单击"确定"按钮，打开"栏目选择"对话框。

步骤 2　系统默认所得项目为"工资"，对应工资项目为"实发合计"。重新选择对应工资项目"应税工资"，如图 6.18 所示。

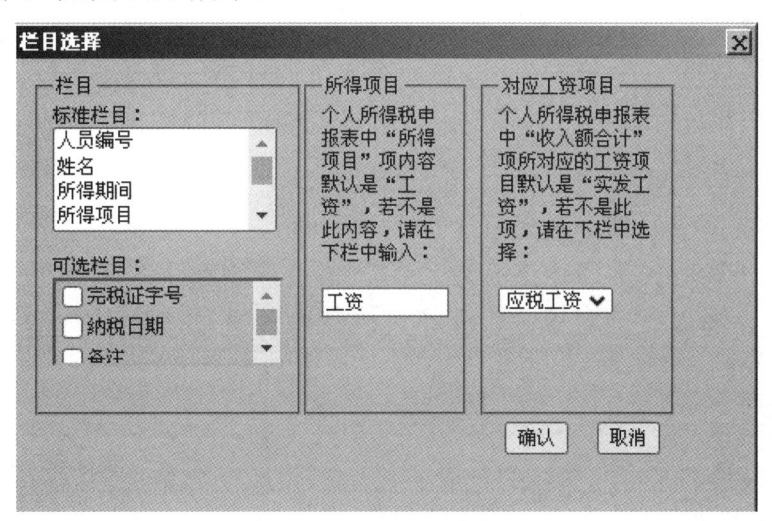

图 6.18　选择对应工资项目

步骤 3　单击"确认"按钮，系统弹出"是否重算数据？"信息提示框。单击"取消"按钮，打开"个人所得税扣缴申报表"对话框。

步骤 4　单击"税率"按钮，打开"个人所得税申报表——税率表"对话框。查看"基数"是否为 5 000、附加费用是否为 0，按照表 6.3 修改各级次应纳税所得额上限和速算扣除数，如图 6.19 所示。

步骤 5　单击"确认"按钮。然后单击"退出"按钮。

全部完成后，将账套备份至"工资初始化"文件夹中。

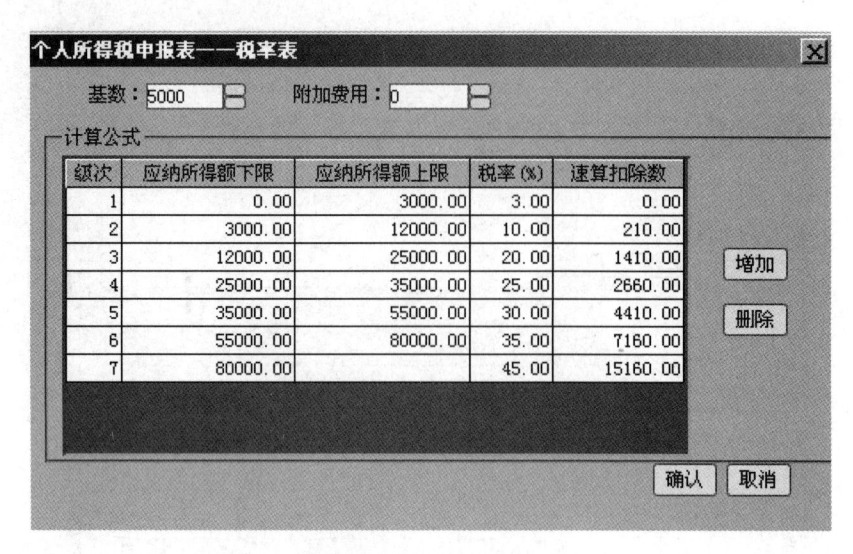

图 6.19 税率表

任务 5　日常工资管理

任务下达

以账套主管的身份进行正式工日常工资计算和工资费用分摊。

任务解析

日常工资管理主要包括两项工作：工资计算和工资费用分摊。

1. 工资计算

第 1 次使用工资管理子系统时，必须将所有人员的基本工资数据输入计算机，平时发生的工资数据变动也在此进行调整。为了快速、准确地输入工资数据，系统提供了以下功能。

（1）过滤器

如果只对工资项目中的某一个或几个项目进行修改，可将要修改的项目过滤出来。例如，只对事假天数、病假天数两个工资项目的数据进行修改。对于常用的过滤项目，可以在过滤项目选择后，输入一个名称进行保存，以后可通过过滤项目名称调用；不用时也可以删除。

（2）替换

将符合条件的人员的某个工资项目的数据统一替换成某个数据。

2. 工资费用分摊

工资费用是成本的重要组成部分。职工工资计算完成后，还需要对工资费用进行计提计算、分配及计提各种相关费用，并编制财务核算凭证，供登账处理使用。

与职工工资相关的费用一般包括养老保险、医疗保险、失业保险、公积金、工会经费、职工教育经费等。

任务详情

① 输入正式工职工基本工资数据，以及请假天数，如表 6.5 所示。

② 因去年国内销售部销售业绩大幅提升，本月给国内销售部人员发放奖金 2 000 元。

表 6.5　正式工职工基本工资数据　　　　　　　　　　　　　　　　　　　　　　　　元

姓　名	基本工资	请假天数
何润东	12 000	
于谦	8 000	
耿丽	5 800	3
冯洁	5 500	
杨帅	5 800	
任志刚	5 800	1
黄海波	5 500	
陈小春	5 200	
张晓楠	4 800	

③ 按表 6.6 进行 2023 年 1 月份工资费用分摊。其中，应付工资总额等于应发合计，企业应负担的公积金按职工基本工资总额的 12%计提。

表 6.6　工资费用分摊

部　门	人员类别	工资分摊				
^	^	应付工资（计提比例100%）		公积金（计提比例12%）	
^	^	借方科目	贷方科目	借方科目	贷方科目
企管办、财务部、采购部	企业管理人员	560209	221101	560219	221105
国内销售部、国际销售部	销售人员	560107	221101	560112	221105
生产部	车间管理人员	410101	221101	410104	221105
^	生产工人	400102	221101	400104	221105

任务指引

1. 输入正式工工资数据

步骤 1　打开"正式工"工资类别。选择"工资"|"业务处理"|"工资变动"命令，打开"工资变动"窗口。

步骤 2　在"过滤器"下拉列表中选择"过滤设置"选项，打开"项目过滤"对话框。

步骤 3　选择"工资项目"列表框中的"基本工资""请假天数"，单击">"按钮，选入"已选项目"列表框中，如图 6.20 所示。

步骤 4　单击"确认"按钮，返回"工资变动"窗口，此时每个人的工资项目只显示两项。

步骤 5　按表 6.5 输入工资，如图 6.21 所示。

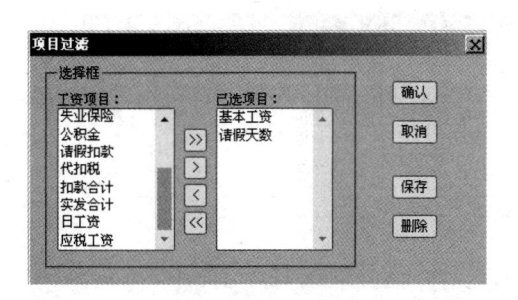

图 6.20　设置项目过滤　　　　　　　　　　　图 6.21　输入工资数据

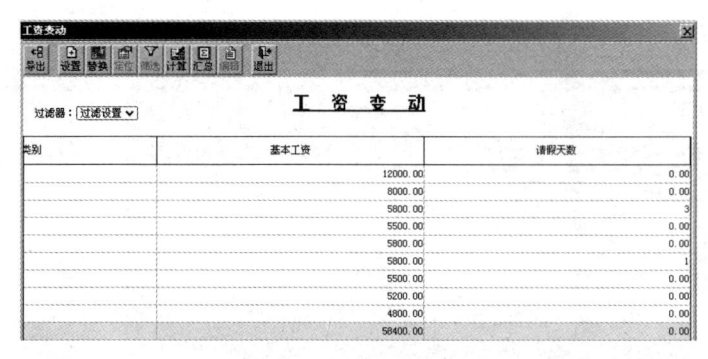

步骤6 在"过滤器"下拉列表中选择"所有项目"选项，屏幕上显示所有工资项目。
步骤7 单击"退出"按钮。

> **注意**
> 这里只需要输入没有设置公式的项目，如基本工资和请假天数，其余各项由系统根据计算公式自动计算生成。

2. 用数据替换功能为国内销售部人员发放奖金

步骤1 在"工资变动"窗口中，单击"替换"按钮，打开"数据替换"对话框。在"将项目"下拉列表中选择"奖金"选项，在"替换成"文本框中输入"奖金+2000"，在"条件"选项组中分别选择"部门""=""国内销售部"，如图6.22所示。

步骤2 单击"确认"按钮，系统提示"替换成功，共替换1条记录，是否刷新工资变动数据"。单击"确定"按钮，系统自动完成工资计算。

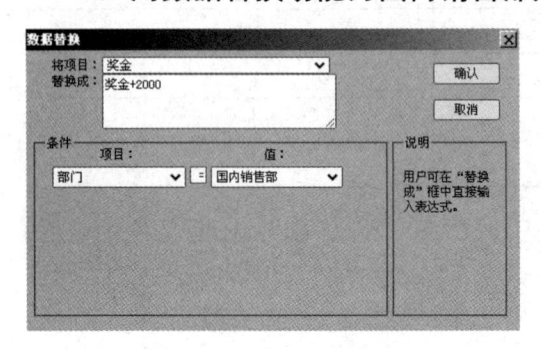

图6.22 工资项数据替换

3. 工资分摊设置

步骤1 选择"工资"|"业务处理"|"工资分摊"命令，打开"工资分摊"对话框，如图6.23所示。

步骤2 单击"工资分摊设置"按钮，打开"分摊类型设置"对话框。

步骤3 单击"增加"按钮，打开"分摊构成设置"对话框。

步骤4 输入计提类型名称"应付工资"，如图6.24所示。单击"下一步"按钮，打开"分摊构成设置"对话框。

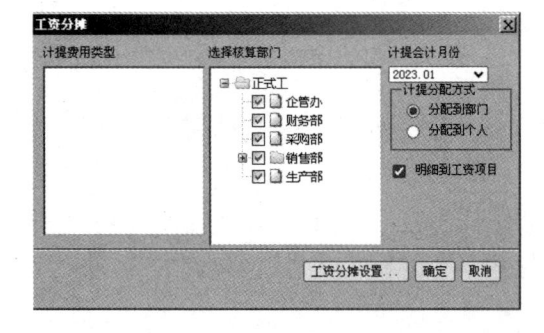

图6.23 "工资分摊"对话框

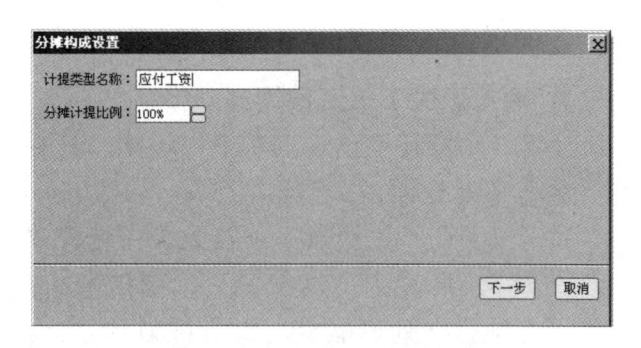

图6.24 应付工资计提类型设置

步骤5 按表6.6进行设置，设置完成后如图6.25所示。单击"完成"按钮返回"分摊类型设置"对话框，继续设置公积金分摊类型，完成后如图6.26所示。

图6.25 应付工资分摊设置

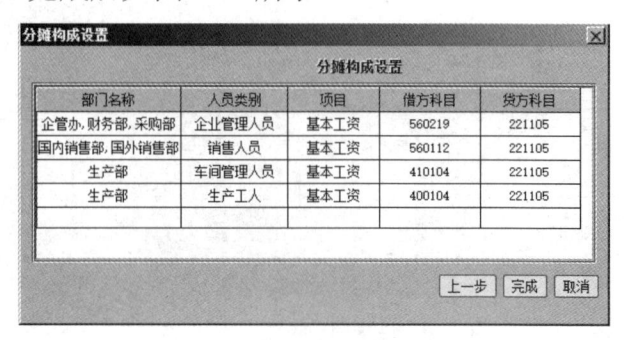

图6.26 公积金分摊设置

4. 工资费用分摊处理

步骤1 在"工资分摊"对话框中，选中需要分摊的计提费用类型"应付工资""公积金"，确定分摊计提的月份"2023.01"，选择核算部门"企管办""财务部""采购部""销售部""生产部"，并选中"明细到工资项目"复选框，如图6.27所示。

步骤2 单击"确定"按钮，打开"工资分摊明细"窗口。选中"合并科目相同、辅助项相同的分录"复选框，如图6.28所示。

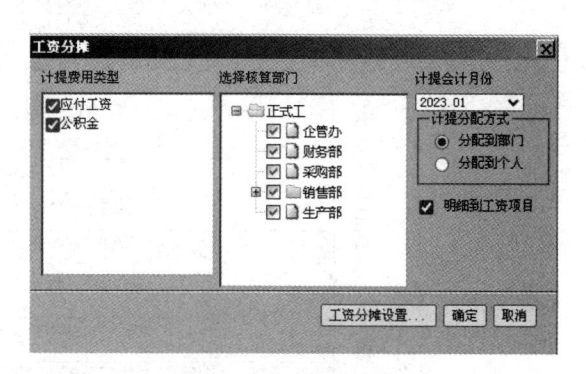

图 6.27 选择计提费用类型

图 6.28 应付工资一览表

步骤3 单击"制单"按钮，生成应付工资凭证。单击"保存"按钮，凭证左上角显示"已生成"，如图6.29所示。

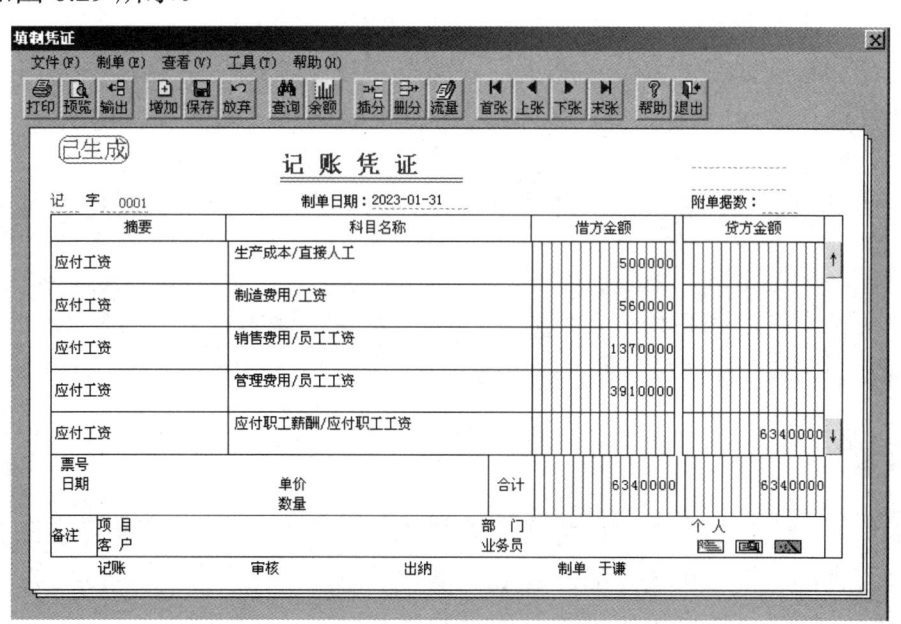

图 6.29 应付工资分摊凭证

步骤4 单击"退出"按钮，返回"工资分摊明细"窗口。

步骤5 从"类型"下拉列表中选择"公积金"选项，选中"合并科目相同、辅助项相同的分录"复选框。单击"制单"按钮，生成公积金分摊凭证，如图6.30所示。

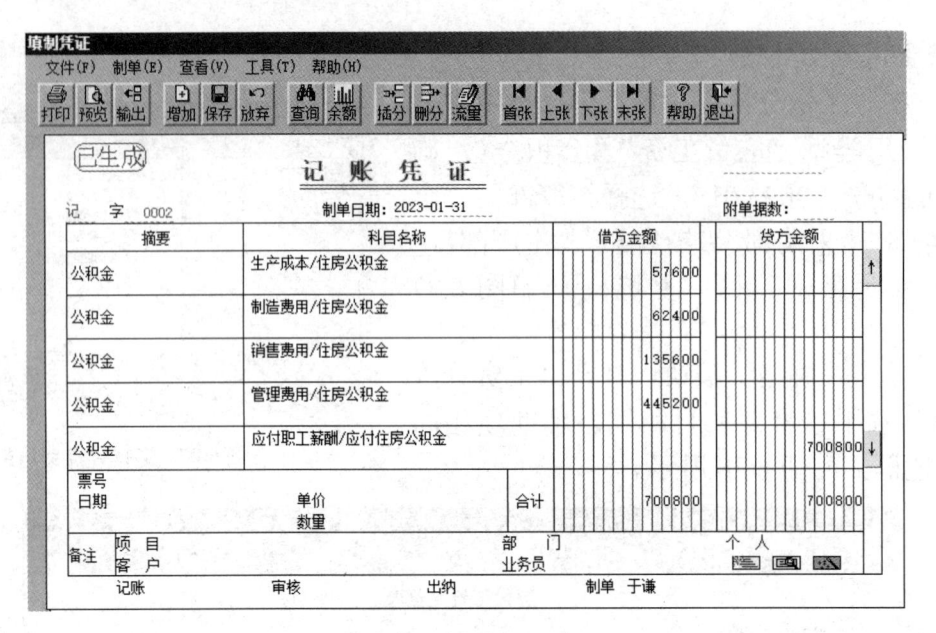

图 6.30 公积金分摊凭证

任务 6 月末处理

任务下达

以账套主管的身份进行正式工工资类别月末处理。

任务解析

月末处理是将当月数据经过处理后结转至下月。每月工资数据处理完毕后均可进行月末处理。由于在工资项目中有的项目是变动的，即每月的数据均不相同，因此在每月进行工资处理时，均须将其数据清为 0，而后输入当月的数据。此类项目即为清零项目。

因月末处理功能只有主管人员才能执行，所以应以主管的身份登录系统。

月末处理只能在会计年度的 1 月至 11 月进行，且只能在当月工资数据处理完毕后才可进行。如果是处理多个工资类别，则应打开工资类别，分别进行月末处理；如果本月工资数据未汇总，则系统将不允许进行月末处理。进行月末处理后，当月数据将不允许变动。

任务详情

进行月末处理，将"请假扣款""请假天数""奖金"清零，并备份账套。

任务指引

步骤 1 选择"工资"|"业务处理"|"月末处理"命令，打开"月末处理"对话框，如图 6.31 所示。

步骤 2 单击"确认"按钮，系统弹出"月末处理之后，本月工资将不许变动，继续月末处理吗？"信息提示框。单击"是"按钮，系统弹出"是否选择清零项？"信息提示框。单击"是"按钮，打开"选择清零项目"对话框。

步骤 3 在"请选择清零项目"列表框中选择"奖金""请假扣款""请假天数"后单击">"按钮，将所选项目移动到右侧的列表框中，如图 6.32 所示。

步骤 4 单击"确认"按钮，系统弹出"工资类别[001]月末处理成功！"信息提示框。单击"确定"按钮返回。

全部完成后，将账套备份至"工资日常业务"文件夹中。

项目 6　工资管理

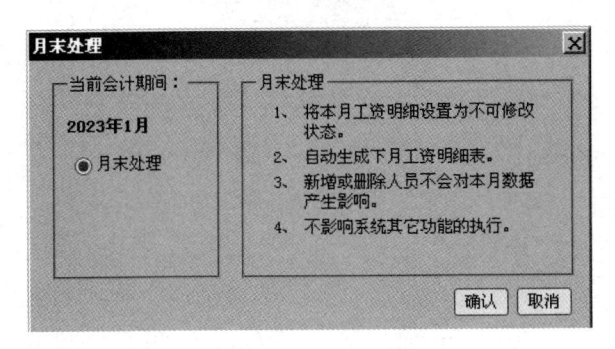

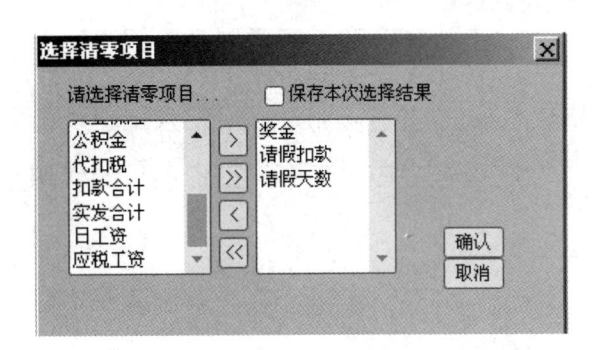

图 6.31　月末处理　　　　　　　　　图 6.32　选择清零项目

通关测试

一、判断题

1. 工资管理子系统仅提供人民币作为发放工资的唯一货币。（　　）
2. 某单位实行多工资类别核算，工资项目公式设置只能在打开某工资类别的情况下进行增加。（　　）
3. 在工资管理子系统中，定义公式时可不考虑计算的先后顺序，系统可以自动识别。（　　）
4. 个人所得税税率表已经按国家规定预置，不得修改。（　　）
5. 工资业务处理完毕后，需要经过记账处理才能生成各种工资报表。（　　）

二、选择题

1. 关于建立工资账套，以下说法不正确的是（　　）。
　A. 可以选择本工资账套处理单个工资类别或处理多个工资类别
　B. 可以选择是否代扣个人所得税
　C. 可以选择发放工资的货币币种
　D. 可以选择是否要对职工进行编码

2. 假设奖金的计算公式为"奖金＝iff(人员类别＝"企业管理人员" and 部门＝"总经理办公室",800,iff(人员类别＝"车间管理人员",500,450))"，如果某职工属于一般职工，则他的奖金为（　　）元。
　A. 800　　　　　B. 500　　　　　C. 450　　　　　D. 0

3. 如果设置某工资项目为数值型，长度为 8，小数位为 2，则该工资项目中最多可以输入（　　）整数。
　A. 5 位　　　　　B. 6 位　　　　　C. 7 位　　　　　D. 任意位

4. 如果只想输入"奖金"和"缺勤天数"两个工资项目的数据，则最佳方法是利用系统提供的（　　）功能。
　A. 页编辑　　　　B. 筛选　　　　C. 替换　　　　D. 过滤器

5. 在工资管理子系统中进行数据替换时，如果未输入替换条件，则系统默认为（　　）。
　A. 本工资类别的全部人员　　　　B. 本工资账套的全部人员
　C. 不做任何替换　　　　　　　　D. 提示输入替换条件

三、思考题

1. 哪些情况需要使用多工资类别？

2. 工资账套和工资类别是一回事吗？
3. 公式计算有顺序吗？
4. 企业里哪些业务与工资分摊相关？
5. 设置"应税工资"工资项目的作用是什么？

项目 7

固定资产管理

知识目标

1. 了解固定资产管理子系统的主要功能。
2. 熟悉固定资产管理子系统的操作流程。
3. 熟悉固定资产管理子系统初始化的工作内容。
4. 掌握利用固定资产管理子系统进行企业固定资产日常管理的方法。
5. 了解针对不同企业需求的固定资产解决方案。

技能目标

1. 掌握建立固定资产账套的操作。
2. 掌握设置固定资产类别、部门对应折旧科目、增减方式的操作。
3. 掌握固定资产卡片输入的基本操作。
4. 掌握资产增减、变动处理、折旧计算等基本操作。

素质目标

通过实训操作,培养学生认真细致的工作作风,提高资产管理意识。

项目背景

固定资产是企业资产的重要组成部分,固定资产管理是否完善、核算是否正确,不仅关系到企业资产的安全性,也影响到成本费用乃至利润计算的正确性。

为了对华宇电脑的固定资产进行有效的管理,项目实施小组需要启用固定资产管理子系统,并准备企业各固定资产的基本资料、期初余额等信息,将各种信息准确地输入系统,然后对企业的固定资产日常业务进行核算管理。

基本知识

7.1 认识固定资产管理子系统

固定资产管理子系统的主要任务是完成企业固定资产日常业务的核算和管理,生成固定资产卡片,按月反映固定资产的增减变动、原值变化和其他变化;按月计提折旧,生成折旧分配凭证,协助企业进行成本核算,同时输出一些与设备管理相关的报表和账簿。

固定资产管理子系统的主要功能包括初始设置、日常业务处理、凭证处理、信息查询、期末处理等。

7.1.1 初始设置

在固定资产管理子系统的初始化过程中,需要完成对固定资产日常核算和管理所必需的各种系统参数与基本信息的设置,并输入固定资产管理子系统的原始业务数据。初始设置主要包括核算单位的建立，固定资产卡片项目、卡片样式、折旧方法、使用部门、使用状况、增减方式、资产类别等信息的设置，以及固定资产原始卡片信息的输入。

7.1.2 日常业务处理

固定资产管理子系统的日常业务处理主要是当固定资产发生资产增加、资产减少、原值变动、使用部门转移等变动情况时，更新固定资产卡片信息，并根据用户设定的折旧计算方法自动计算折旧，生成折旧清单和折旧分配表。

7.1.3 凭证处理

固定资产管理子系统根据使用状况和部门对应折旧科目的设置来进行转账凭证的定义。转账凭证可以根据固定资产的业务处理自动生成。转账凭证经过确认后会自动传递到总账管理子系统等待进一步处理。

7.1.4 信息查询

固定资产管理子系统提供固定资产卡片、固定资产账簿、固定资产分析表、固定资产统计表、固定资产相关凭证查询。

7.1.5 期末处理

固定资产管理子系统的期末处理主要包括对账和月末结账两部分。

7.2 固定资产管理子系统的业务处理流程

固定资产管理子系统的业务处理流程如图 7.1 所示。

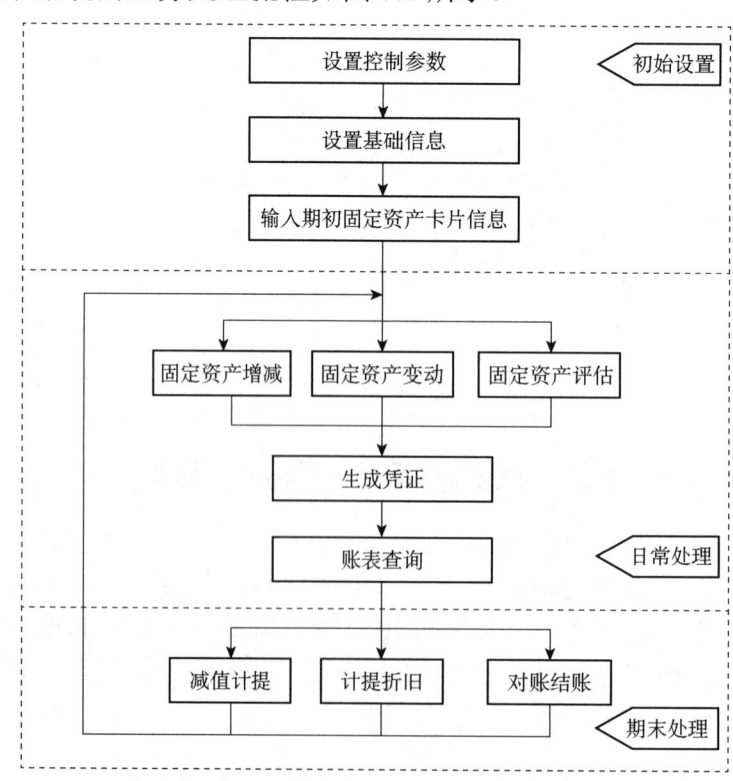

图 7.1 固定资产管理子系统的业务处理流程

项目 7　固定资产管理

实训任务

任务 1　固定资产管理子系统的启用

任务下达

以系统管理员的身份恢复"总账初始化"账套；以账套主管的身份重新登录系统管理，启用固定资产管理子系统。

任务解析

使用固定资产管理子系统的前提是必须启用固定资产管理子系统。在 T3 中，只有设置了启用的系统才能登录。

任务指引

步骤 1　以系统管理员的身份进入系统管理，恢复"总账初始化"账套。

步骤 2　以账套主管的身份登录系统管理。选择"账套"|"启用"命令，打开"系统启用"对话框。

步骤 3　选中"FA 固定资产"复选框，选择启用日期"2023-01-01"，单击"确定"按钮，返回系统管理。

任务 2　建立固定资产账套

任务下达

以账套主管的身份进行固定资产建账。

任务解析

固定资产管理子系统初始化的主要内容包括建立固定资产账套、设置基础信息和输入期初数据（输入原始卡片信息）。

建立固定资产账套是根据企业的具体情况，在已经建立的企业会计核算账套的基础上设置企业进行固定资产核算的必要参数，包括关于固定资产折旧计算的一些约定及说明、启用月份、折旧信息、编码方式、财务接口等。

建账完成后，当需要对账套中的某些参数进行修改时，可以通过"设置"中的"选项"命令修改。但也有些参数无法通过"选项"命令修改但又必须改正，这就只能通过重新初始化功能实现。重新初始化将清空对该固定资产账套所做的一切操作。

任务详情

1. **固定资产建账**

以账套主管的身份进入 T3，进行固定资产建账。固定资产参数设置如表 7.1 所示。

表 7.1　参数设置

控制参数	参数设置
约定与说明	我同意
启用月份	2023.01

(续表)

控制参数	参数设置
折旧信息	本账套计提折旧 折旧方法：平均年限法（一） 折旧汇总分配周期：1个月 当月初已计提月份=可使用月份-1时，将剩余折旧全部提足
编码方式	资产类别编码方式：2112 固定资产编码方式：按"类别编码+部门编码+序号"自动编码；卡片序号长度为3
财务接口	与账务系统进行对账 对账科目如下。 ① 固定资产对账科目：1601,固定资产 ② 累计折旧对账科目：1602,累计折旧 在对账不平衡的情况下允许固定资产月末结账

2. 选项设置

以账套主管的身份进行固定资产选项设置，如表7.2所示。

表7.2 选项设置

控制参数	参数设置
补充参数	月末结账前一定要完成制单登账业务 可纳税调整的增加方式：直接购入、投资者投入、捐赠、在建工程转入 固定资产缺省入账科目：1601,固定资产 累计折旧缺省入账科目：1602,累计折旧 可抵扣税额入账科目：22210101,应交税费/应交增值税/进项税额

任务指引

1. 建立固定资产账套

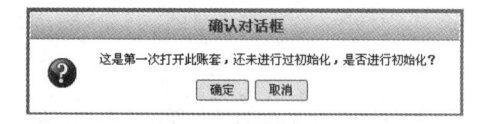

图7.2 固定资产——初始化提示

步骤1 以账套主管的身份进入T3，单击"固定资产"，系统弹出"……是否进行初始化？"信息提示框，如图7.2所示。

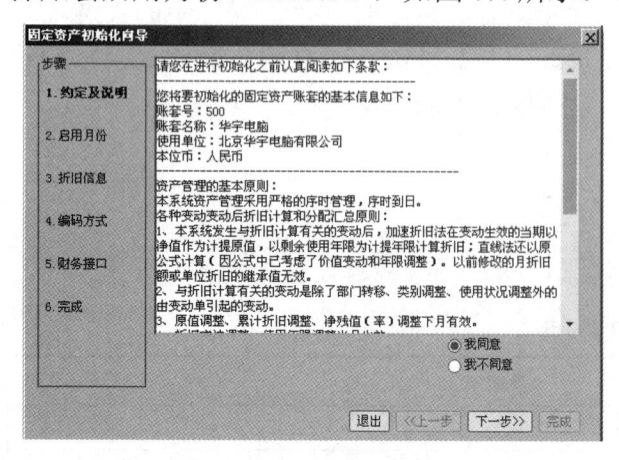

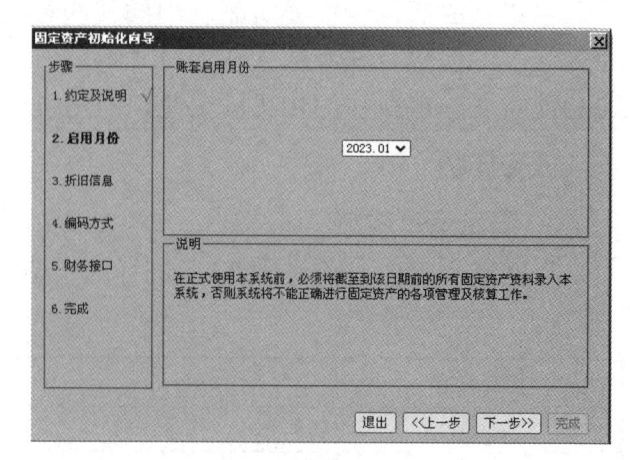

步骤2 单击"确定"按钮确认，打开固定资产初始化向导。在"固定资产初始化向导——约定及说明"对话框中，仔细阅读相关条款，选中"我同意"单选按钮，如图7.3所示。

步骤3 单击"下一步"按钮，打开"固定资产初始化向导——启用月份"对话框。选择账套启用月份"2023.01"，如图7.4所示。

图7.3 固定资产初始化向导——约定及说明

图7.4 固定资产初始化向导——启用月份

项目 7　固定资产管理

步骤 4　单击"下一步"按钮,打开"固定资产初始化向导——折旧信息"对话框。选中"本账套计提折旧"复选框;选择主要折旧方法"平均年限法(一)",折旧汇总分配周期"1 个月";选中"当(月初已计提月份=可使用月份-1)时将剩余折旧全部提足(工作量法除外)"复选框,如图 7.5 所示。

> **注意**
>
> 　　如果是行政事业单位,不选中"本账套计提折旧"复选框,则账套内所有与折旧有关的功能被屏蔽。该选项在初始化完成后不能修改。
> 　　虽然这里选择了某种折旧方法,但在设置资产类别或定义具体固定资产时可以更改。

步骤 5　单击"下一步"按钮,打开"固定资产初始化向导——编码方式"对话框。确定资产类别编码长度为 2112;选中"自动编号"单选按钮,选择固定资产编码方式"类别编号+部门编号+序号",选择序号长度"3",如图 7.6 所示。

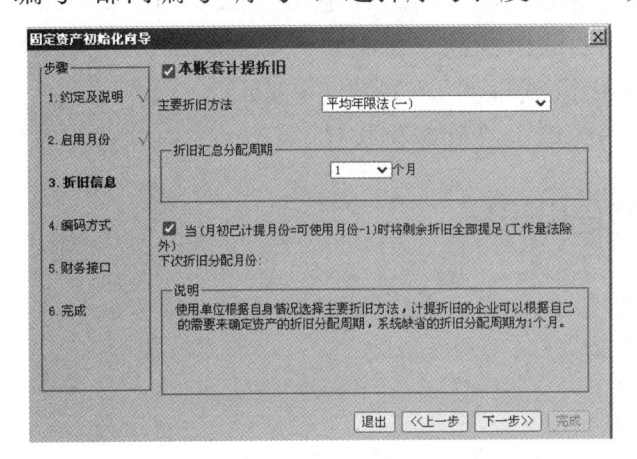

图 7.5　固定资产初始化向导——折旧信息 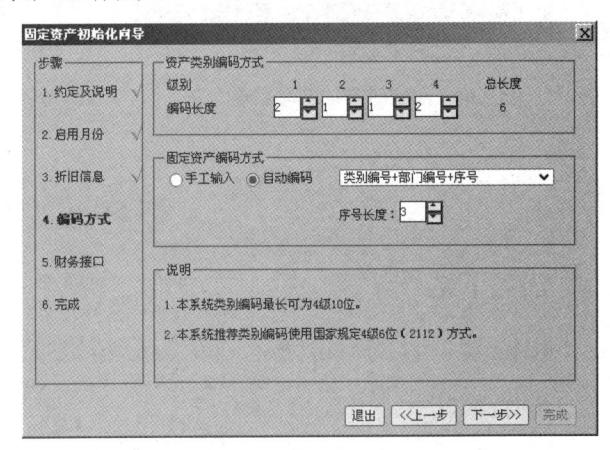　　　　图 7.6　固定资产初始化向导——编码方式

步骤 6　单击"下一步"按钮,打开"固定资产初始化向导——财务接口"对话框。选中"与账务系统进行对账"复选框;选择固定资产对账科目"1601,固定资产"、累计折旧对账科目"1602,累计折旧",选中"在对账不平衡的情况下允许固定资产月末结账"复选框,如图 7.7 所示。

步骤 7　单击"下一步"按钮,打开"固定资产初始化向导——完成"对话框,如图 7.8 所示。

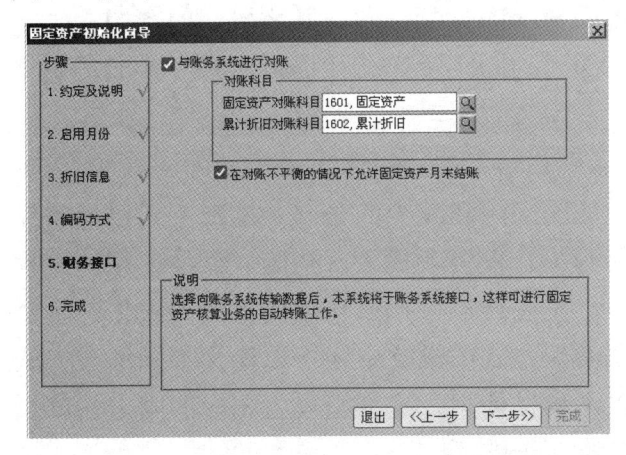

图 7.7　固定资产初始化向导——财务接口 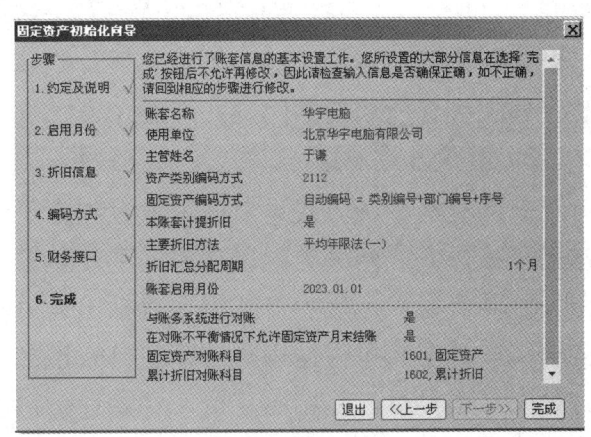　　　　图 7.8　固定资产初始化向导——完成

115

步骤8 单击"完成"按钮，完成本账套的初始化。

> **注意**
> 初始化完成后，有些参数不能修改，因此要慎重。

2. 选项设置

步骤1 选择"固定资产"|"设置"|"选项"命令，打开"固定资产选项"对话框。

步骤2 在"与账务系统接口"选项卡中选中"月末结账前一定要完成制单登账业务"复选框；选择可纳税调整的增加方式包括直接购入、投资者投入、捐赠和在建工程转入，选择固定资产缺省入账科目"1601,固定资产"、累计折旧缺省入账科目"1602,累计折旧"、可抵扣税额入账科目"22210101,应交税费/应交增值税/进项税额"，如图7.9所示。

步骤3 单击"确定"按钮。

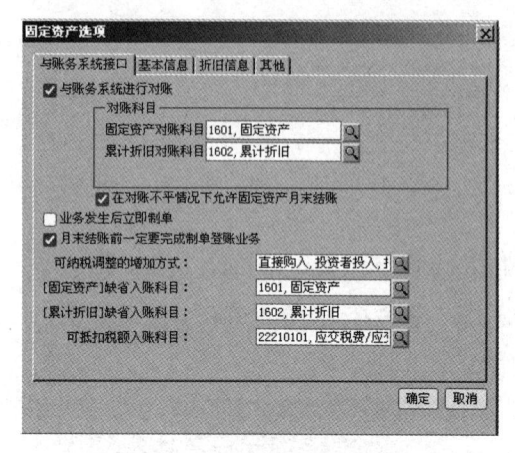

图7.9 固定资产的选项设置

任务3 基础信息设置

任务下达

以账套主管的身份进行固定资产基础信息设置。

任务解析

固定资产管理子系统的基础信息设置包括以下各项。

1. 资产类别设置

固定资产种类繁多，规格不一，为强化固定资产管理，及时准确地进行固定资产核算，需要建立科学的资产分类核算体系，为固定资产的核算和管理提供依据。企业可以参照相应的国家标准，根据自身的特点和要求设定较为合理的资产类别分类。

2. 部门对应折旧科目设置

在固定资产计提折旧后，需要将折旧费用分配到相应的成本或费用中，根据不同企业的情况可以按照部门或类别进行汇总。固定资产折旧费用的分配去向与其所属部门密切相关，如果给每个部门设定对应的折旧科目，则属于该部门的固定资产在计提折旧时，折旧费用将对应分配到其所属的部门。

3. 增减方式设置

固定资产增减方式设置就是设置固定资产增加的来源和减少的去向。增减方式包括增加方式和减少方式两大类：增加方式主要包括直接购买、投资者投入、捐赠、盘盈、在建工程转入、融资租入；减少方式主要包括出售、盘亏、投资转出、捐赠转出、报废、毁损、融资租出。增减方式可根据用户的需要自行增加。在增减方式的设置中还可以定义不同增减方式的对应入账科目，配合固定资产和累计折旧的入账科目使用，这样当发生相应的固定资产增减变动时可以快速生成转账凭证，减少手工输入的工作量。

任务详情

1. 设置固定资产类别

华宇电脑固定资产的类别如表 7.3 所示。

表 7.3　固定资产类别

编　码	类别名称	净残值率	单　位	计提属性	卡片样式
01	交通运输设备	4%	辆	正常计提	通用样式
02	电子设备	4%	台	正常计提	通用样式
03	其他设备	4%		正常计提	通用样式

2. 设置部门对应折旧科目

华宇电脑各部门对应的折旧科目如表 7.4 所示。

表 7.4　部门对应折旧科目

部　门	对应折旧科目编码及名称
企管办、财务部、采购部	560210,管理费用/折旧
国内销售部、国际销售部	560108,销售费用/折旧费
生产部	410102,制造费用/折旧费

3. 设置增减方式和对应入账科目

华宇电脑常用固定资产增减方式和对应的入账科目如表 7.5 所示。

表 7.5　常用固定资产增减方式和对应入账科目

增减方式	对应入账科目
增加方式	
直接购入	10020101,银行存款/中行存款/人民币户
减少方式	
毁损	1606,固定资产清理

任务指引

1. 设置固定资产类别

步骤1　选择"固定资产"|"设置"|"资产类别"命令，打开"资产类别"对话框。

步骤2　单击"添加"按钮。输入类别名称"交通运输设备"、净残值率"4%"，计量单位"辆"，选择计提属性"正常计提"、卡片样式"通用样式"，如图 7.10 所示。

步骤3　单击"保存"按钮。同理，完成其他资产类别的设置。

> **注意**
> ① 资产类别编码不能重复，同一级的类别名称不能相同。
> ② 类别编码、类别名称、计提属性、卡片样式不能为空。
> ③ 已使用过的类别不能设置新下级。

2. 设置部门对应折旧科目

步骤1　选择"固定资产"|"设置"|"部门对应折旧科目"命令，打开"部门编码表"对话框。

步骤2　选择部门"企管办"，单击"操作"按钮。

步骤3 选择折旧科目"560210,管理费用/折旧",如图7.11所示。
步骤4 单击"保存"按钮。同理,完成其他部门折旧科目的设置。

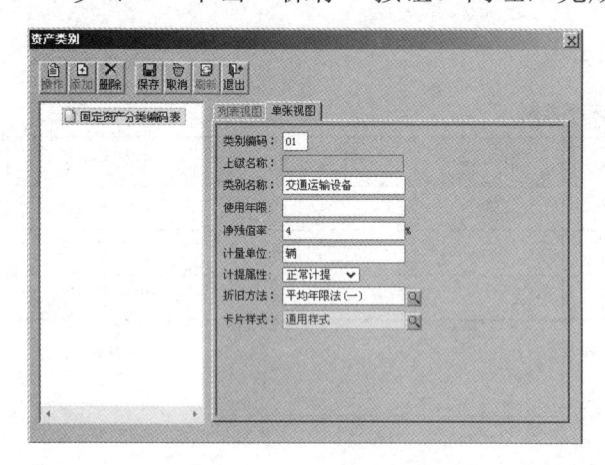

图7.10 设置资产类别

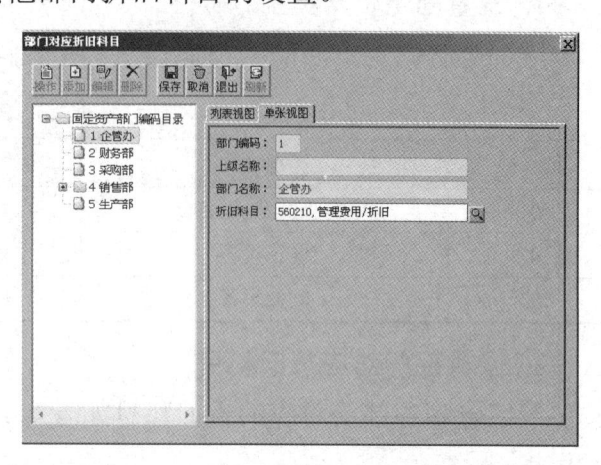

图7.11 设置部门对应折旧科目

> **注意**
> 如果国内销售部和国际销售部对应的折旧科目相同,则可以将折旧科目设置在销售部,保存后单击"刷新"按钮,其下属部门自动继承折旧科目。

3. 设置企业固定资产增减方式和对应入账科目

步骤1 选择"固定资产"|"设置"|"增减方式"命令,打开"增减方式"对话框。

步骤2 在左侧增减方式目录表中,选择增加方式"直接购入",然后单击"操作"按钮。

步骤3 输入对应入账科目"10020101,人民币户",如图7.12所示。单击"保存"按钮。

步骤4 同理,输入减少方式为"毁损"的对应入账科目为"1606,固定资产清理"。

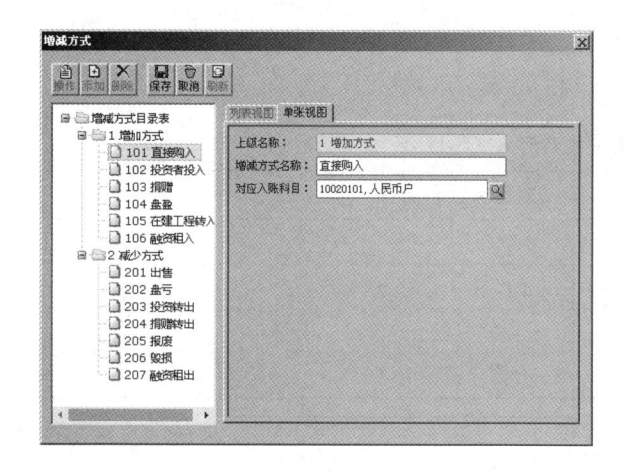

图7.12 设置增加方式对应入账科目

> **注意**
> 当固定资产发生增减变动时,系统在生成凭证时会默认采用这些科目。

任务4 输入固定资产原始卡片信息

任务下达

以账套主管的身份输入固定资产原始卡片信息。

任务解析

固定资产管理子系统的期初数据是指系统投入使用前企业现存固定资产的全部有关数据,主要是固定资产原始卡片的有关数据。固定资产原始卡片是固定资产管理子系统处理的起点,因此准确输入固定资产原始卡片信息是保证历史资料的连续性、正确进行固定资产核算的基本要求。为了保证所输入固定资产原始卡片信息的准确无误,应该在开始输入前对固定资产进行全面的清查盘点，做到账实相符。

任务详情

华宇电脑固定资产原始卡片的信息如表 7.6 所示。

表 7.6 固定资产原始卡片信息　　　　　　　　　　　　　　　　　　　　　　　　元

名　　称	类别编号	所在部门	增加方式	使用年限	开始使用日期	原　值	累计折旧
奥迪轿车	01	企管办	直接购入	8	2022.01.01	346 580	38 123.8
笔记本电脑	02	企管办	直接购入	5	2022.01.01	12 800	2 252.8
多功能一体机	02	企管办	直接购入	5	2022.01.01	3 500	616
台式机	02	生产部	直接购入	5	2022.02.01	5 000	800
打印机	02	生产部	直接购入	5	2022.02.01	14 000	2 240
合　计						381 880	44 032.6

说明：净残值率均为 4%，使用状况均为"在用"，折旧方法均采用平均年限法（一）。

任务指引

步骤 1　选择"固定资产"|"卡片"|"录入原始卡片"命令，打开"资产类别参照"对话框。

步骤 2　选择固定资产类别"01 交通运输设备"，如图 7.13 所示。单击"确认"按钮，打开"录入原始卡片"窗口。

步骤 3　输入固定资产名称"奥迪轿车"；双击"部门名称"，选择"企管办"；双击"增加方式"，选择"直接购入"；双击"使用状况"，选择"在用"；输入使用年限"8 年 0 月"、开始使用日期"2022-01-01"、原值"346580"、累计折旧"38123.8"；其他信息自动算出。输入完成后如图 7.14 所示。

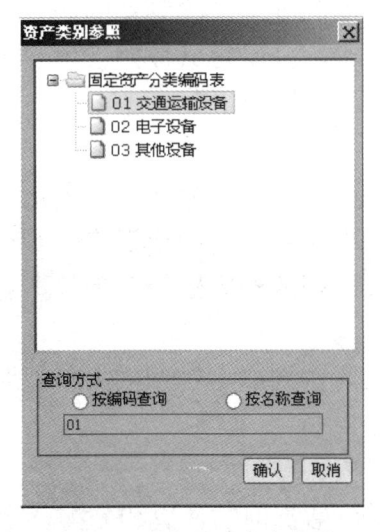

图 7.13　选择固定资产类别　　　　　　图 7.14　原始卡片信息输入

步骤 4　单击"保存"按钮，系统弹出"原始卡片录入成功！"信息提示框。单击"确定"按钮。

步骤 5　同理，完成其他固定资产卡片的输入。

步骤 6　全部原始卡片输入完成后退出。选择"固定资产"|"处理"|"对账"命令，将目前固定资产管理子系统明细与总账管理子系统进行对账，以确保固定资产明细账与总账相符，如图 7.15 所示。

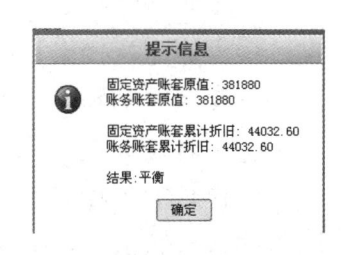

图 7.15　对账

以上全部完成后，将账套备份至"固定资产初始化"文件夹中。

> **注意**
> ① 卡片编号。卡片编号由系统根据初始化时定义的编码方案自动设定，不能修改。如果删除了一张卡片，又不是最后一张，那么系统将保留空号。
> ② 已计提月份。对于已计提月份，系统将根据开始使用日期自动算出，但可以修改。应将使用期间停用等不计提折旧的月份扣除。
> ③ 月折旧率、月折旧额。与计算折旧有关的项目输入后，系统会按照输入的内容自动算出月折旧率和月折旧额并显示在相应项目内。可与手工计算的值比较，核对是否有错误。
> ④ 固定资产卡片中的原值变动、大修理记录等信息无须填写，日后该固定资产相关变动情况用变动单记录后会自动写入固定资产卡片。

任务 5 日常业务处理（一）

任务下达

以账套主管的身份进行固定资产日常业务处理。

任务解析

固定资产管理子系统的日常业务处理主要完成固定资产的核算和管理工作，包括固定资产卡片管理、固定资产增减变动处理、变动单处理、折旧处理、凭证处理、账簿查询和月末处理等内容。本任务先介绍固定资产增减、计提折旧、制单处理、对账和月末结账。

1. 固定资产增加

企业通过购买或其他方式取得固定资产时要进行固定资产增加的处理，填制新的固定资产卡片。一方面，要求对新增固定资产按经济用途或其他标准分类，并确定其原始价值；另一方面，要求办理交接手续，填制和审核有关凭证，作为固定资产核算的依据。

2. 固定资产减少

固定资产的减少是指资产在使用过程中，由于毁损、出售、盘亏等各种原因而被淘汰。此时，需要进行固定资产减少的处理，输入固定资产减少记录，说明减少的固定资产、减少方式、减少原因等。固定资产减少的信息经过确认后，系统搜索出相应的固定资产卡片，更新卡片文件数据，以反映固定资产减少的相关情况。

只有当账套开始计提折旧后，才可以使用固定资产减少功能，否则固定资产减少只能通过删除卡片来完成。

3. 计提折旧

折旧处理是固定资产管理子系统的基本处理功能之一，主要包括折旧的计提和分配。

（1）折旧计提

根据固定资产卡片中的基本资料，系统自动计算折旧，自动生成折旧分配表。然后根据折旧分配表编制转账凭证，将本期折旧费用登记入账。

（2）折旧分配

计提折旧工作完成后进行折旧分配，形成折旧费用，生成折旧清单。固定资产的使用部门不同，其折旧费用分配的去向也不同。折旧费用和资产使用部门之间的对应关系主要是通过部门对应折旧科目来实现的。系统根据折旧清单和部门对应折旧科目生成折旧分配表，而折旧分配表是将累计折旧分配到成本和费用中，以及编制转账凭证将折旧数据传递到总账管理子系统的重要依据。

（3）进行折旧处理需要注意的问题

在固定资产管理子系统中进行折旧处理时一般应注意以下几点。

① 如果一个期间多次计提折旧，则每次计提折旧后，只是将计提的折旧累加到月初的累计折旧上，不会重复累计；在计提折旧后又对账套进行了影响折旧计算或分配的操作时，必须重新计提折旧，以保证折旧计算的正确性。

② 如果上一次计提的折旧已经制单但尚未记账，则必须删除该凭证；如果已经记账，则必须冲销该凭证，重新计提折旧；如果自定义的折旧方法月折旧率或月折旧额出现负数，则系统会自动中止计提。

③ 折旧分配表包括部门折旧分配表和类别折旧分配表两种类型：部门折旧分配表中的部门可以不等同于使用部门，使用部门必须是明细部门；部门折旧分配表中的部门是指汇总时使用的部门，因此要在计提折旧后分配折旧费用时做出选择。

④ 当企业中有固定资产按工作量法计提折旧时，在计提折旧之前必须输入该固定资产当期的工作量，为系统提供计算累计折旧所需要的信息。

4. 制单处理

固定资产管理子系统的制单处理功能主要是根据固定资产各项业务数据自动生成转账凭证，传递到总账管理子系统进行后续处理。一般来说，当固定资产发生资产增加、资产减少、原值变动、累计折旧调整、资产评估（涉及原值和累计折旧时）、计提折旧等涉及价值变动的业务时，就要编制记账凭证。

编制凭证可以采用立即制单和批量制单两种方法。如果选中了"业务发生后立即制单"复选框，则业务发生时系统就会根据固定资产和累计折旧入账科目设置、增减方式设置、部门对应折旧科目设置和业务数据来自动生成记账凭证；如果没有选中该复选框，则采用批量制单方式集中处理，凭证中不完整的部分可由用户进行补充。

5. 对账

对账是将固定资产管理子系统中记录的固定资产和累计折旧数额与总账管理子系统中的固定资产和累计折旧科目的数值核对，验证是否一致，寻找可能产生差异的原因。对账在任何时候都可以进行，而系统在执行月末结账时会自动进行对账，自动给出对账结果，并可根据初始化中的"在对账不平情况下允许固定资产月末结账"复选框设置判断是否允许结账。

需要注意的是，在对账之前，需要在总账管理子系统中对固定资产管理子系统生成的凭证进行审核、记账。

6. 月末结账

固定资产管理子系统完成当月全部业务后，便可以进行月末结账，以便将当月数据结转至下月。月末结账后，当月数据不允许再进行改动。月末结账后如果发现有本月未处理的业务需要修改，则可以通过系统提供的"恢复月末结账前状态"功能进行反结账。

任务详情

1. 固定资产增加

1月10日，财务部购买HP复印机一台，取得增值税专用发票。无税金额为5 000元，可抵扣税额650元，净残值率为4%，预计使用年限为5年。用中行转账支票支付，票号为23070110。原始凭证如图7.16所示。

固定资产验收单

2023 年 01 月 10 日　编号：

名称	规格型号	来源	数量	购（造）价	使用年限	预计残值
HP复印机		外购	1	5,000.000	5	200.000
安装费	月折旧率	建造单位		交工日期		附件
验收部门	企管办	验收人员	何润东	管理部门	财务部	管理人员	耿丽
备注						

审核：　　　制单：

北京增值税电子专用发票

发票代码：011002329913
发票号码：91804357
开票日期：2023年01月10日
校验码：C1690 95413 98221 61921

机器编号：661691989858

购买方：
名　称：北京华宇电脑有限公司
纳税人识别号：91110555054889652C
地址、电话：北京市海淀区中关村大街32号010-67794296
开户行及账号：中国银行北京分行中关村分理处6646474104744061823

密码区：
C3056-1690954139822161921-66
-22222+<7612>098046<>7467/74
1**->1144<9331<48-267<>/0973
2587*4<2>801<*7819736666->-3

项目名称	规格型号	单位	数量	单价	金额	税率	税额
*复印胶版印制设备*HP复印机			1	5000	5000.00	13%	650.00
合　　计					¥5000.00		¥650.00

价税合计（大写）：⊗伍仟陆佰伍拾圆整　　　（小写）¥5650.00

销售方：
名　称：北京蓝光电子有限公司
纳税人识别号：91110102M810662758
地址、电话：北京市西城区电子路898号010-56788641
开户行及账号：工行北京电子路支行9183499930899731662

收款人：牟晓莉　　复核：李光洁　　开票人：任文静

**中国银行
转账支票存根
10401120
23070110**

附加信息

出票日期 2023 年 01 月 10 日

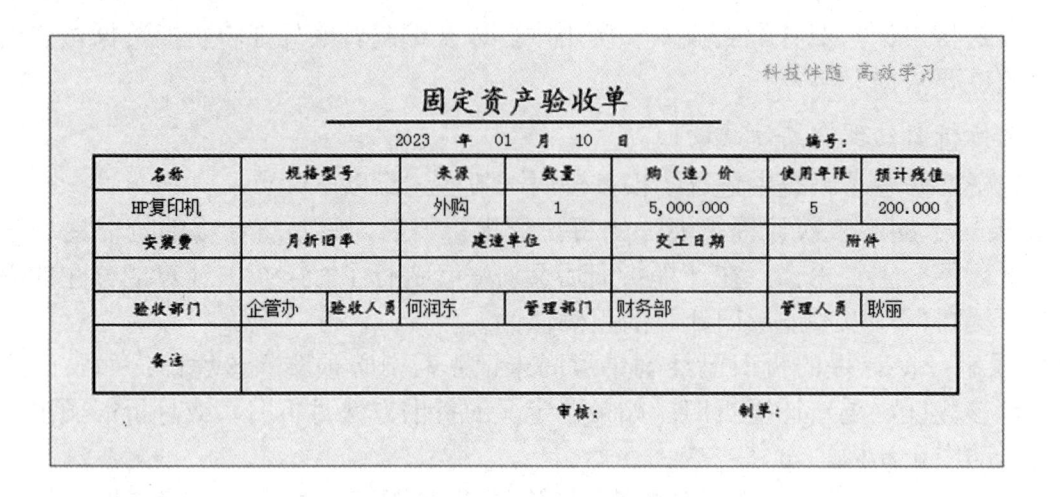

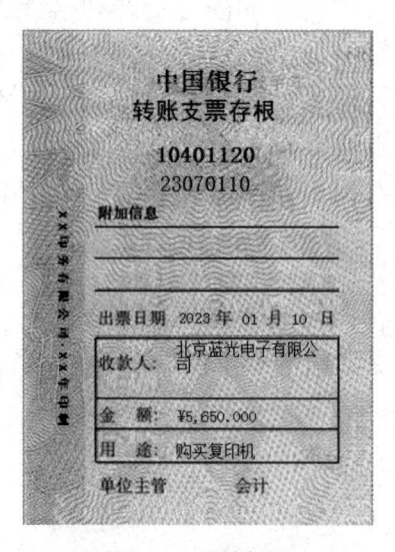

收款人：北京蓝光电子有限公司
金　额：¥5,650.000
用　途：购买复印机

单位主管　　会计

图 7.16　原始凭证

2. 计提折旧

1月31日，计提本月折旧。

3. 固定资产减少

1月31日，企管办的笔记本电脑毁损。

4. 制单处理

对以上固定资产增减业务进行批量制单。

5. 对账

6. 月末结账

任务指引

1. 固定资产增加

（1）发票下载并审核

步骤1　在业务发生当天（2023年1月10日），以账套主管的身份登录T3。

步骤2　选择"发票管理"|"发票采集"命令，打开"发票"窗口。

步骤3　单击"发票采集"下拉按钮，选择"PDF发票上传"选项，打开"PDF发票采集上传"对话框。

步骤4　单击"选择文件"按钮，选择要上传的发票。系统上传完成后，提示"导入完成"。单击"完成"按钮，返回"发票"窗口。

步骤5　选中要审核的发票，单击"审核"按钮，系统提示"审核成功！"。单击"确定"按钮。

步骤6　单击"退出"按钮。

（2）固定资产卡片输入

步骤1　选择"固定资产"|"卡片"|"资产增加"命令，打开"资产类别参照"对话框。

步骤2　选择资产类别"02电子设备"，单击"确认"按钮，打开"资产增加"窗口。

步骤3　输入固定资产名称"HP复印机"；双击"部门名称"，选择"财务部"；双击"增加方式"，选择"直接购入"；双击"使用状况"，选择"在用"；输入开始使用日期"2023-01-10"、使用年限"5年0月"、原值"5000"、可抵扣税额"650"。完成后如图7.17所示。

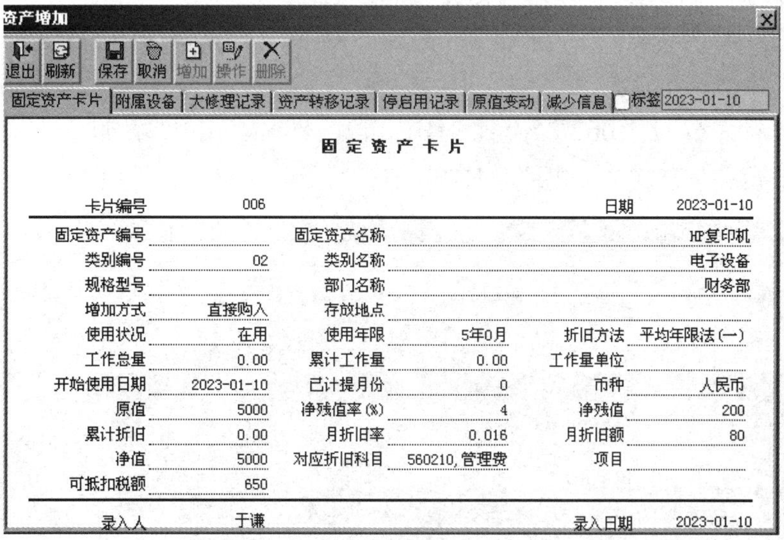

图7.17　新增资产

步骤4　单击"保存"按钮，系统弹出提示"资产增加成功！"。单击"确定"按钮返回。

> **注意**
> ① 固定资产原值一定要输入卡片并输入月初的价值，否则会出现计算错误。
> ② 新卡片第一个月不计提折旧，累计折旧为空或0。
> ③ 如果在"固定资产选项"对话框中选中了"业务发生后立即制单"复选框，则卡片输入完后系统会自动生成业务凭证。

2. 计提折旧

步骤1 选择"固定资产"|"处理"|"计提本月折旧"命令，系统弹出"是否查看折旧清单？"信息提示框。单击"取消"按钮，打开"折旧分配表"窗口。

步骤2 单击"凭证"按钮，打开"填制凭证"窗口，如图7.18所示。

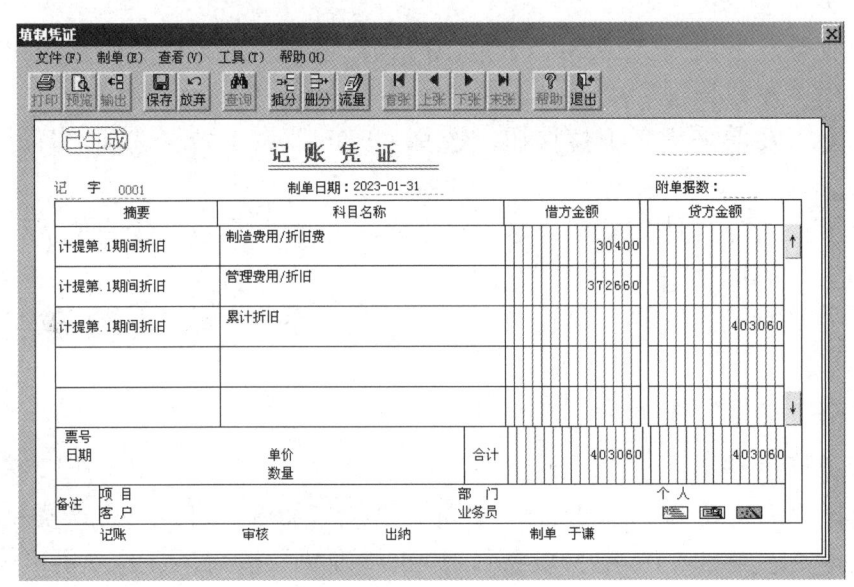

图 7.18 计提折旧凭证

步骤3 单击"保存"按钮，然后单击"退出"按钮。

步骤4 关闭当前窗口返回。

3. 固定资产减少

步骤1 选择"固定资产"|"卡片"|"资产减少"命令，打开"资产减少"对话框。

步骤2 选择卡片编号"002"（笔记本电脑），然后单击"增加"按钮。选择减少日期"2023-01-31"，选择减少方式"毁损"，如图7.19所示。

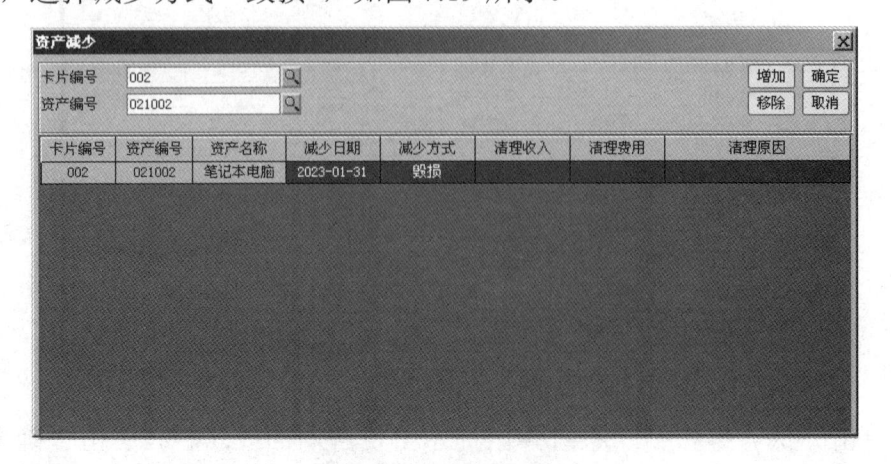

图 7.19 固定资产减少

步骤 3　单击"确定"按钮，系统弹出"所选卡片已经减少成功！"信息提示框。单击"确定"按钮返回。

4．制单处理

步骤 1　选择"固定资产"|"处理"|"批量制单"命令，打开"批量制单"窗口。

步骤 2　在"制单选择"选项卡中，选中需要制单的业务，"制单"栏出现选中标记 Y，如图 7.20 所示。

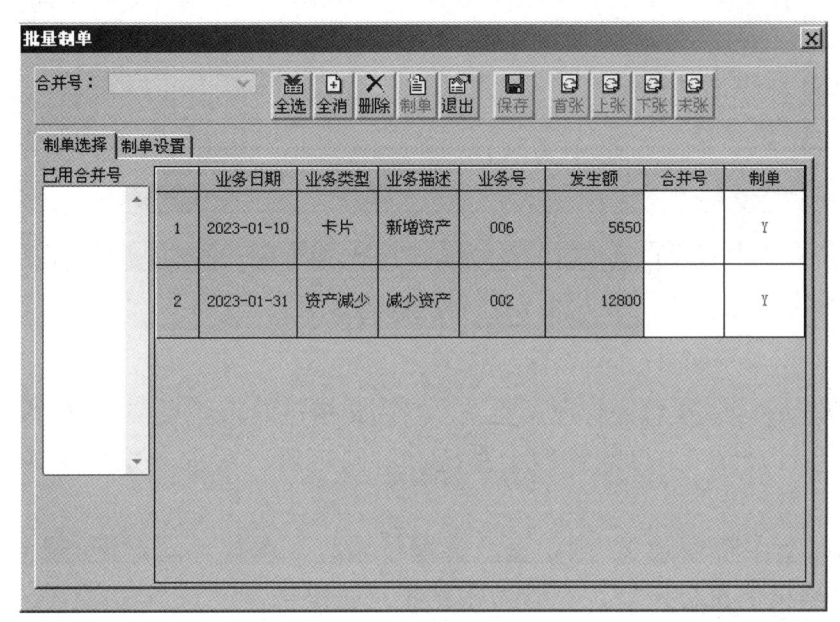

图 7.20　选中要制单的业务

步骤 3　单击"制单设置"选项卡，再单击"制单"按钮，生成资产增加凭证。

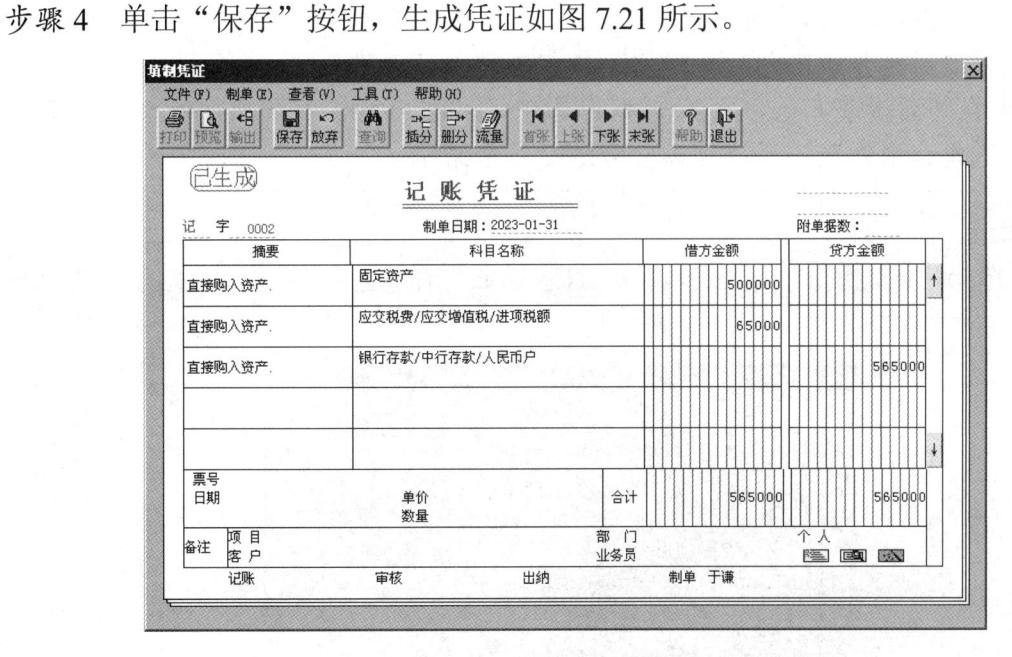

步骤 4　单击"保存"按钮，生成凭证如图 7.21 所示。

图 7.21　新增资产生成凭证

步骤 5　单击"下张"按钮，再单击"保存"按钮，如图 7.22 所示。

步骤 6　单击"退出"按钮。

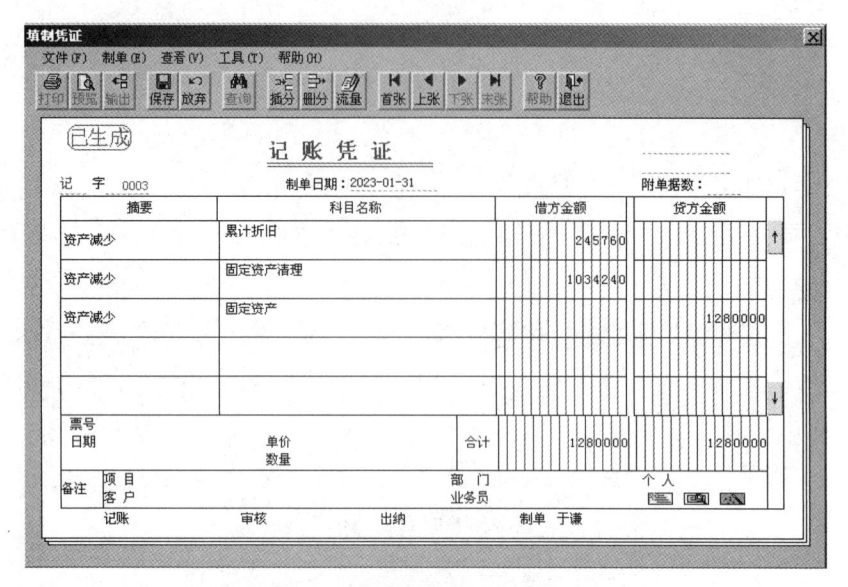

图 7.22　资产减少生成凭证

5. 对账

步骤 1　由出纳登录 T3 总账管理子系统，对固定资产管理子系统生成的凭证进行出纳签字。

步骤 2　由会计登录 T3 总账管理子系统，对固定资产管理子系统生成的凭证进行审核、记账。

步骤 3　由账套主管登录 T3 固定资产管理子系统，选择"固定资产"|"处理"|"对账"命令，弹出对账结果信息提示框，查看对账结果是否平衡。

步骤 4　单击"确定"按钮返回。

> **注意**
>
> ① 如果在初始设置的"固定资产选项"对话框中选中了"与账务系统进行对账"复选框，则对账的操作不限制执行时间，任何时候都可以进行对账。
>
> ② 如果在"固定资产选项"对话框中选中了"在对账不平情况下允许固定资产月末结账"复选框，则对账不平也可以直接进行月末结账。

6. 月末结账

步骤 1　选择"固定资产"|"处理"|"月末结账"命令，打开"月末结账"对话框，如图 7.23 所示。

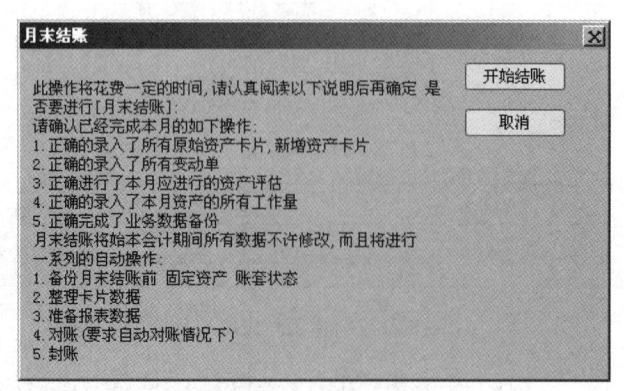

图 7.23　月末结账

步骤 2　单击"开始结账"按钮，系统自动检查与总账管理子系统的对账结果。单击"确定"按钮后，系统弹出"月末结账成功完成！"信息提示框。

步骤 3　单击"确定"按钮返回,系统提示"本账套最新可修改日期已经更改为 2023-02-01…"。单击"确定"按钮返回。

> **注意**
> ① 本会计期间做完月末结账工作后,所有的数据资料将不能再进行修改。
> ② 本会计期间不做完月末结账工作,系统将不允许处理下一个会计期间的数据。
> ③ 月末结账前一定要进行数据备份,否则数据一旦丢失就将造成无法挽回的后果。

任务 6　日常业务处理(二)

任务下达

以账套主管的身份进行固定资产日常业务处理。

任务解析

固定资产日常使用中出现原值变动、部门转移、使用状况变动、使用年限调整、折旧方法调整、净残值(率)调整、工作总量调整、累计折旧调整、资产类别调整等情况时,需要通过变动单进行处理。变动单是指资产在使用过程中由于固定资产卡片上的某些项目调整而编制的原始凭证。

1. 原值变动

固定资产在使用过程中,其原值增减有 5 种情况:根据国家规定对固定资产重新估价;增加、补充设备或改良设备;将固定资产的一部分拆除;根据实际价值调整原来的暂估价值;发现原记录固定资产价值有误。原值变动包括原值增加和原值减少两部分。

2. 部门转移

固定资产在使用过程中,因内部调配而发生的部门变动应及时处理,否则将影响部门的折旧计算。

3. 使用状况调整

固定资产使用状况分为在用、未使用、不需用等。固定资产在使用过程中,可能会因为某种原因使其使用状况发生变化,这种变化会影响设备折旧的计算,因此应及时调整。

4. 使用年限调整

固定资产在使用过程中,其使用年限可能会由于资产的重估、大修等原因而调整。进行使用年限调整的资产在调整的当月就按调整后的使用年限计提折旧。

5. 折旧方法调整

一般来说,固定资产折旧方法在一年之内很少改变,有特殊情况确实需要改变的也必须遵循一定的原则。例如,所属类别是"总提折旧"的固定资产调整后的折旧方法不能是"不提折旧";相应地,所属类别是"不提折旧"的固定资产折旧方法也不能调整。一般来说,进行折旧方法调整的固定资产调整的当月就按调整后的折旧方法计提折旧。

任务详情

1. 固定资产原值增加

2 月 20 日,企管办为奥迪轿车添加配件花费 3 000 元。用中行转账支票支付,票号为 23070220。原始凭证如图 7.24 所示。

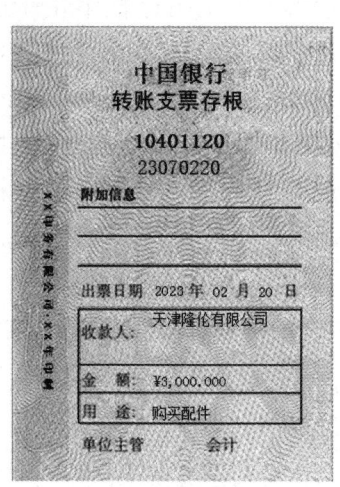

```
天津增值税电子普通发票                    发票代码: 012002398211
                                         发票号码: 87303606
                                         开票日期: 2023年02月20日
                                         校 验 码: C1690 95614 05850 95169

机器编号: 661691990335
         名    称: 北京华宇电脑有限公司              C3056-1690956140585095169-66
购       纳税人识别号: 91110555054889652C           -22222+<7612>098046<>7467/74
买       地址、电话: 北京市海淀区中关村大街32号010-67794096   密  1**->1144<9331<48-267<>/0973
方       开户行及账号: 中国银行北京分行中关村分理处6464674104744061823    码  2587*4<2>801<*7819736666->-3
                                                                      区
货物或应税劳务、服务名称   规格型号  单位  数量   单价      金额     税率    税额
*交通运输设备*轿车配件                    1    2654.87   2654.87   13%    345.13

         合        计                               ¥2654.87         ¥345.13
价税合计(大写)  ⊗叁仟圆整                                (小写) ¥3000.00

         名    称: 天津隆伦有限公司
销       纳税人识别号: 91120105M653066058        备
售       地址、电话: 天津市昂致路405号020-87947215  注
方       开户行及账号: 工行天津市翔讯路支行6517441836417813717
收款人: 秦国      复核: 孙娟      开票人: 刘英       销售方:(章)
```

```
中国银行
转账支票存根
10401120
23070220

附加信息

出票日期 2023年 02月 20日
收款人:  天津隆伦有限公司
金 额:   ¥3,000.00
用 途:   购买配件
单位主管        会计
```

图 7.24 原始凭证

2. 固定资产部门转移

2月20日,因工作需要,将企管办的多功能一体机转移到财务部。

任务指引

1. 固定资产原值变动

(1) 发票下载并审核

步骤1 选择"发票管理"|"发票采集"命令,打开"发票"窗口。

步骤2 单击"发票采集"下拉按钮,选择"PDF发票上传"选项,打开"PDF发票采集上传"对话框。

步骤3 单击"选择文件"按钮,选择要上传的发票。系统上传完成后,提示"导入完成"。单击"完成"按钮,返回"发票"窗口。

步骤4 选中要审核的发票,单击"审核"按钮,系统提示"审核成功!"。单击"确定"按钮。

步骤5 单击"退出"按钮。

（2）原值增加

步骤1　选择"固定资产"|"卡片"|"变动单"|"原值增加"命令，打开"资产变动单"窗口。

步骤2　选择输入卡片编号"001"、增加金额"3000"、变动原因"增加配件"，如图7.25所示。

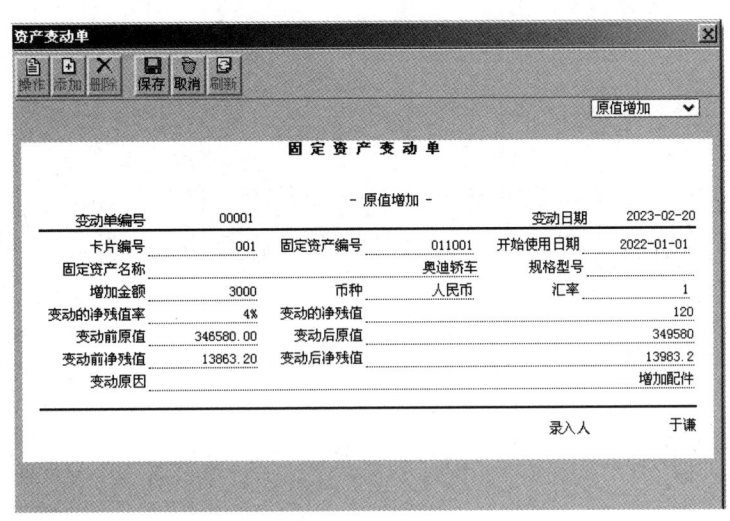

图7.25　原值增加

步骤3　单击"保存"按钮，系统弹出"数据成功保存！"信息提示框。单击"确定"按钮返回。

> **注意**
> ① 变动单不能修改，只有当月可删除重做，所以务必仔细检查后再保存。
> ② 必须保证变动后的净值大于变动后的净残值。

2. 部门转移

步骤1　选择"固定资产"|"卡片"|"变动单"|"部门转移"命令，打开"资产变动单"对话框。

步骤2　输入卡片编号"003"；双击"变动后部门"，选择"财务部"；输入变动原因"业务需要"。完成后如图7.26所示。

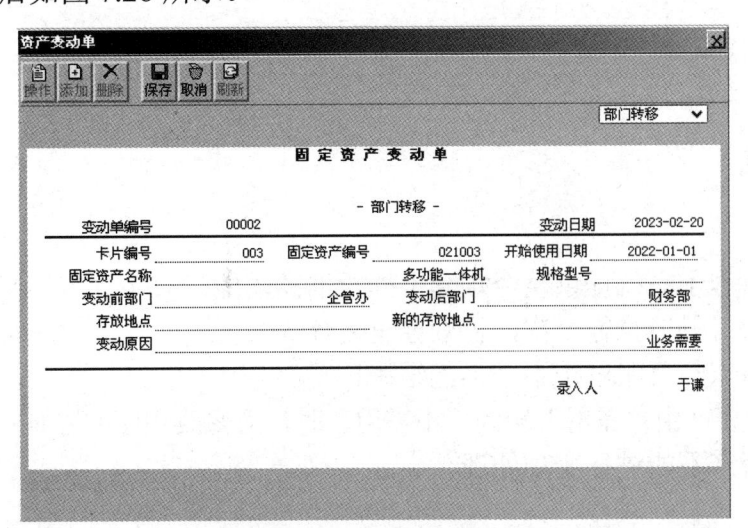

图7.26　固定资产部门转移

步骤3　单击"保存"按钮，系统弹出"数据成功保存！"信息提示框。单击"确定"按钮返回。

全部完成后，将账套备份至"固定资产日常业务"文件夹中。

任务7　固定资产卡片管理

任务下达

查看减少的固定资产。

任务解析

卡片是记录固定资产相关资料的载体。无论固定资产增加、减少，还是固定资产变动，都要通过固定资产卡片进行管理。卡片管理包括卡片修改、卡片删除、卡片查询和打印等。

任务指引

步骤1　双击"卡片管理"命令，打开"卡片管理"窗口。其中显示了目前全部在役资产。

步骤2　单击"在役资产"下拉列表框，选择"已减少资产"，显示已减少资产列表，如图7.27所示。

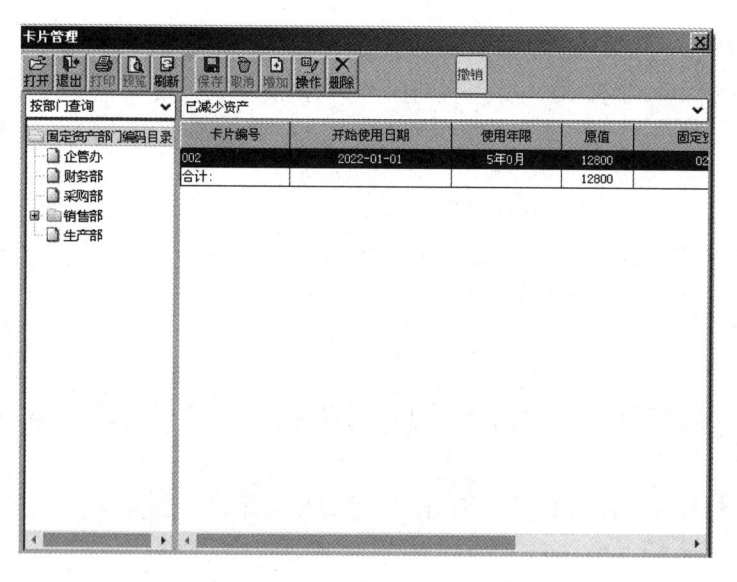

图7.27　查看已减少资产

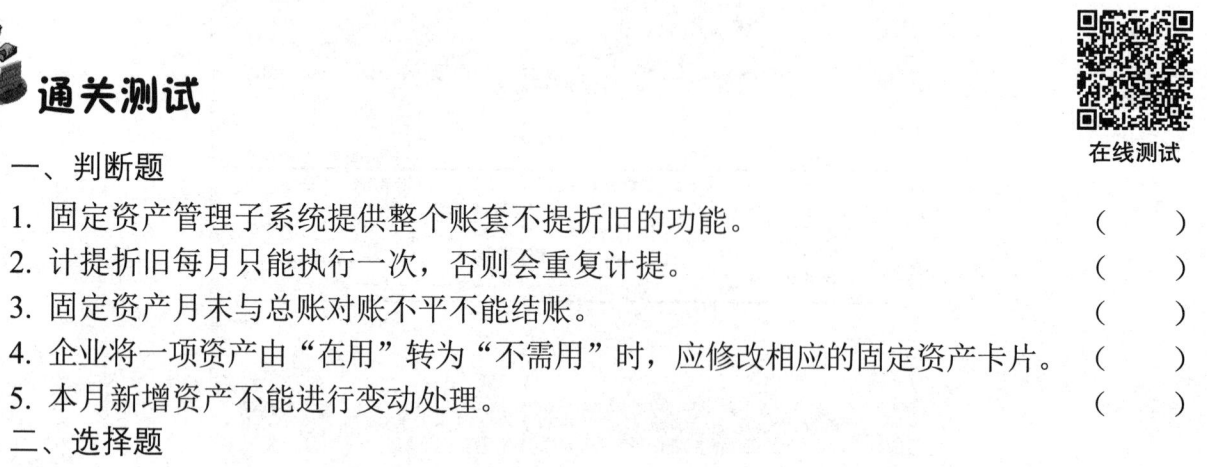

通关测试

一、判断题

1. 固定资产管理子系统提供整个账套不提折旧的功能。　　　　　　　　　　　（　　）
2. 计提折旧每月只能执行一次，否则会重复计提。　　　　　　　　　　　　　（　　）
3. 固定资产月末与总账对账不平不能结账。　　　　　　　　　　　　　　　　（　　）
4. 企业将一项资产由"在用"转为"不需用"时，应修改相应的固定资产卡片。（　　）
5. 本月新增资产不能进行变动处理。　　　　　　　　　　　　　　　　　　　（　　）

二、选择题

1. 固定资产管理子系统对固定资产管理采用严格的序时管理，序时到（　　）。

在线测试

A. 日   B. 月   C. 季   D. 年

2. 总账管理子系统中固定资产和累计折旧科目的期初余额对应的是固定资产管理子系统中（　　）操作产生的数据。

    A. 资产增加   B. 原始卡片信息输入

    C. 资产变动   D. 资产评估

3. 由于误操作，本月 1 日固定资产管理子系统计提了一次折旧，并已制单且传递到了总账管理子系统。要重新计提本月折旧，则下列哪项描述是正确的？（　　）

    A. 先在固定资产管理子系统中删除本月计提折旧生成的凭证，再重新计提本月折旧。

    B. 先在总账管理子系统中删除本月计提折旧生成的凭证，再重新计提本月折旧。

    C. 直接在固定资产管理子系统中重新计提折旧。

    D. 下月再补提折旧。

4. 某项固定资产在使用中，下列项目发生了变动，其中（　　）不需要通过变动单就可以修改。

    A. 原值调整   B. 累计折旧调整

    C. 部门转移   D. 固定资产名称变动

5. 在固定资产卡片输入中，下列（　　）是自动给出的，不能更改。

    A. 输入人   B. 固定资产名称   C. 存放地点   D. 对应折旧

三、思考题

1. T3 固定资产管理子系统是否适合行政事业单位使用？如何设置？
2. 如果选择了"业务发生后立即制单"，是否需要自己输入摘要？
3. 如果对账不平，可能的原因是什么？
4. 固定资产变动包括哪些类型？
5. 为什么本项目中的资产变动业务要设定到 2 月？布置在 1 月是否可以？

项目 8 购销存管理子系统初始化

知识目标

1. 了解购销存管理子系统包含的功能模块和应用方案。
2. 熟悉购销存管理子系统的数据流程。
3. 理解购销存管理子系统期初数据与核算管理子系统期初数据的关联。
4. 理解存货属性的基本含义。
5. 理解设置购销存管理子系统基本科目的意义。

技能目标

1. 学会设置购销存管理子系统的基本科目。
2. 掌握输入购销存管理子系统期初数据的方法。

素质目标

通过实训操作，培养学生仔细认真的工作作风，让学生认识到业财一体化可以更好地提供决策信息，增强学生提高会计服务的意识。

项目背景

购销存管理子系统是 T3 的重要组成部分。它突破了会计核算软件单一财务管理的局限，实现了从财务管理到企业业务一体化的全面管理，实现了物流、资金流、信息流管理的统一。

为了实现对公司购销存业务的有效管理，华宇电脑项目实施小组启用了购销存管理子系统和核算管理子系统，并准备了有关企业购销存业务的各项基本资料和期初数据等信息，由财务人员输入购销存管理子系统中，然后对企业日常的购销存业务进行核算管理。

基本知识

8.1 认识购销存管理子系统

T3 中的购销存管理以企业购销存业务环节中的各项活动为对象，记录各项业务的发生，有效跟踪其发展过程，为财务核算、业务分析、管理决策提供依据。

T3 购销存管理主要包括采购管理、销售管理和库存管理。因为购销存业务处理最终生成财务核算结果，而财务核算功能需要在核算管理子系统中执行，所以我们把核算管理也归并到购销存业务管理中。各子系统的主要功能简述如下。

1. 采购管理

采购是企业物资供应部门按已确定的物资供应计划，通过市场采购、加工定制等各种渠道，取得企业生产经营活动所需要的各种物资的经济活动。采购管理追求的目标：保持与供应商关系；保障供给；降低采购成本。

采购管理子系统主要进行采购订单处理，以便动态掌握订单执行情况，向拖延交货的供应商发出催货函；处理采购入库单、采购发票，并根据采购发票确认采购入库成本。采购管理子系统可以掌握采购业务的付款情况；与库存管理子系统联合使用可以随时掌握存货的现存量信息，从而减少盲目采购，避免库存积压；与核算管理子系统一起使用可以为核算提供采购入库成本，便于财务部门及时掌握存货采购成本。

2. 销售管理

销售是企业生产经营成果的实现过程，是企业经营活动的中心。只有通过各种营销方式实现销售，使生产经营中的耗费及时得到补偿，企业才能实现良性运转。

销售管理子系统帮助企业对销售业务的全部流程进行管理，通过销售订货、发货、开票，处理销售发货和销售退货业务，在发货处理时可对销售价格、信用、库存现存量、最低售价等进行实时监控。

3. 库存管理

库存是指企业在生产经营过程中为销售或耗用而储备的各种资产，包括商品、产成品、半成品、在产品及各种材料、燃料、包装物、低值易耗品等。

库存管理子系统主要是从数量的角度管理出入库业务，以满足采购入库、销售出库、产成品入库、材料出库、其他出入库、盘点管理等业务的需要。它提供多计量单位使用、仓库货位管理、批次管理、保质期管理、出库跟踪、入库管理、可用量管理等全面的业务应用。通过对库存的收、发、存业务处理，可以及时动态地掌握各种库存存货信息，对库存安全性进行控制，提供各种储备分析，避免库存积压占用资金，或者材料短缺影响生产。

4. 核算管理

核算管理是从资金的角度管理出入库业务，掌握存货耗用情况，及时准确地把各类存货成本归集到各成本项目和成本对象上。核算管理子系统主要用于核算企业的入库成本、出库成本、结余成本，反映和监督存货的收发、领退和保管情况，反映和监督存货资金的占用情况，动态反映存货资金的增减变动，提供存货资金周转和占用分析，以降低库存，减少资金积压。

8.2 购销存管理子系统模块间的数据关联

在企业的日常工作中，采购供应部门、仓库、销售部门、财务部门等都涉及购销存业务及其核算的处理。各个部门的管理内容是不同的，计算机环境下的业务处理流程与手工环境下的业务处理流程肯定存在差异，如果缺乏对购销存管理子系统业务流程的了解，就无法实现部门间的协调配合，从而影响系统的效率。

购销存管理子系统模块间的数据关系如图 8.1 所示。

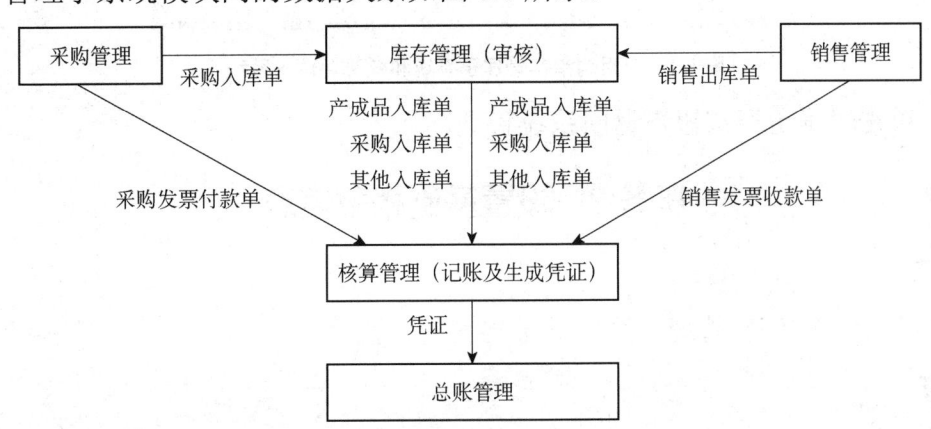

图 8.1 购销存管理子系统模块间的数据关系

实训任务

任务 1　启用购销存管理相关系统

任务下达

以系统管理员的身份进入系统管理，恢复"总账初始化"账套，再以账套主管的身份进入系统管理，启用购销存管理子系统和核算管理子系统。

任务解析

购销存管理在 T3 中体现为两个部分：核算管理子系统和购销存管理子系统。购销存管理子系统中包含了采购管理、销售管理和库存管理。

任务指引

步骤 1　以系统管理员的身份进入系统管理，恢复"总账初始化"账套。

步骤 2　以账套主管的身份进入系统管理，选择"账套"|"启用"命令，打开"系统启用"对话框。

步骤 3　选中"GX 购销存管理"复选框，选择启用日期"2023-01-01"，然后单击"确定"按钮，默认系统提示。再选中"IA 核算"复选框，选择启用日期"2023-01-01"，如图 8.2 所示。

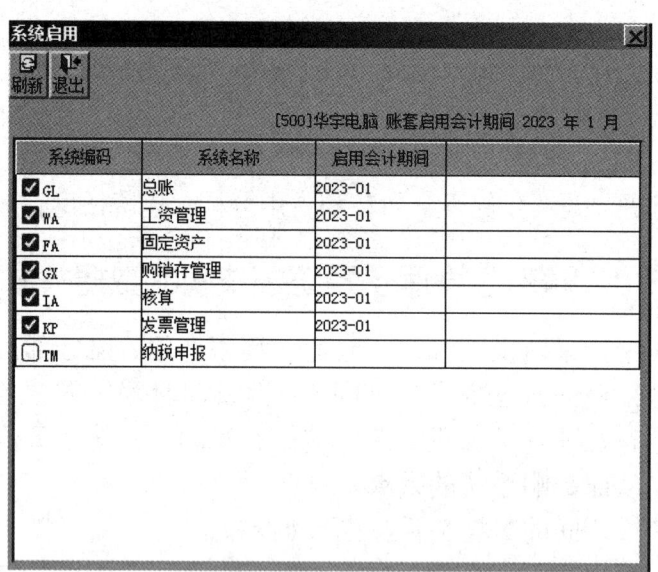

图 8.2　启用购销存管理子系统和核算管理子系统

步骤 4　单击"确定"按钮，返回系统管理。

任务 2　设置基础档案信息

任务下达

由账套主管进行购销存管理子系统基础档案的设置。

任务解析

使用购销存管理子系统处理业务之前，应做好手工基础数据的准备工作。购销存管理子系统需要增设的基础档案信息包括存货分类、存货档案、仓库档案、收发类别等。

1. 仓库档案

存货一般是存放在仓库保管的。对存货进行核算管理，就必须建立仓库档案。

2. 收发类别

收发类别用来表示存货的出入库类型，以便对存货的出入库情况进行分类汇总统计。

3. 采购类型、销售类型

需要定义采购类型和销售类型，以便能够按采购、销售类型对采购、销售业务数据进行统计和分析。采购类型和销售类型均不分级次，根据实际需要设立。

任务详情

1. 设置仓库档案

华宇电脑仓库档案如表 8.1 所示。

表 8.1 仓库档案

仓库编码	仓库名称	所属部门	负责人	计价方式
1	材料一库	采购部	杨帅	先进先出法
2	材料二库	采购部	杨帅	先进先出法
3	成品库	生产部	陈小春	先进先出法

2. 设置收发类别

华宇电脑收发类别如表 8.2 所示。

表 8.2 收发类别

收发类别编码	收发类别名称	收发标志	收发类别编码	收发类别名称	收发标志
1	入库	收	2	出库	发
11	采购入库	收	21	销售出库	发
12	产成品入库	收	22	材料领用出库	发
15	其他入库	收	25	其他出库	发

任务指引

1. 设置仓库档案

步骤 1 选择"基础设置"|"购销存"|"仓库档案"命令，打开"仓库档案"窗口。

步骤 2 单击"增加"按钮，打开"仓库档案卡片"对话框。输入仓库编码、仓库名称、所属部门、负责人等信息，并选择计价方式，如图 8.3 所示。单击"保存"按钮。

步骤 3 按表 8.1 输入其他仓库信息。

2. 设置收发类别

步骤 1 选择"基础设置"|"购销存"|"收发类别"命令，打开"收发类别"窗口。

步骤 2 T3 中已预置常用的收发类别，查看是否满足本企业的需求，如图 8.4 所示。

步骤 3 可以根据企业实际需要，进行增加、修改、删除操作。

图 8.3　仓库档案　　　　　　　　　　　图 8.4　收发类别

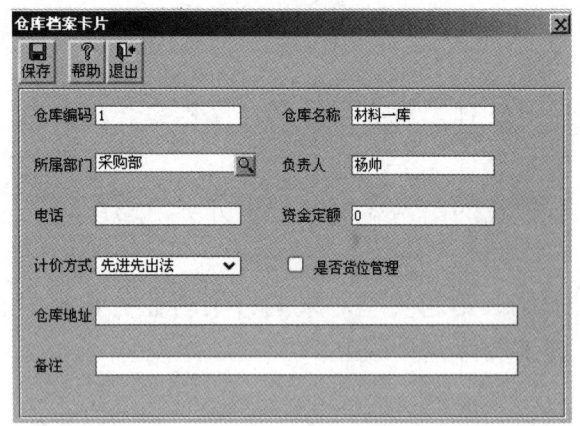

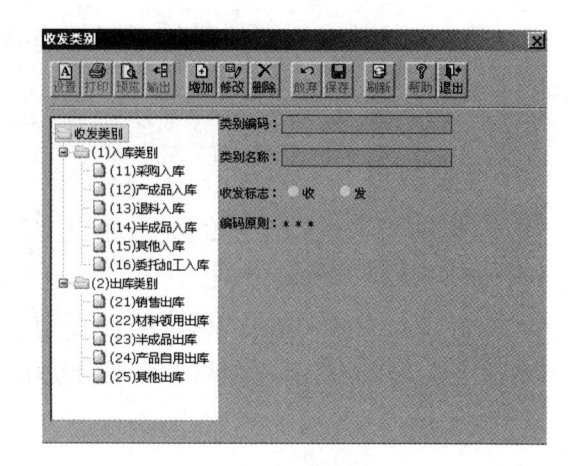

任务 3　设置购销存管理子系统的核算科目

任务下达

由账套主管设置购销存管理子系统的核算科目。

任务解析

核算管理子系统是购销存管理子系统与总账管理子系统联系的桥梁，各种存货的购进、销售及其他出入库业务，均在核算管理子系统中生成凭证，并传递到总账管理子系统。为了快速、准确地完成制单操作，应事先设置凭证上的相关科目。

1. 设置存货科目

设置存货科目是指设置生成凭证所需要的各种存货科目和差异科目。存货科目既可以按仓库，也可以按存货分类分别进行设置。

2. 设置对方科目

设置对方科目是指设置生成凭证所需要的存货对方科目。对方科目可以按收发类别设置。

3. 设置客户往来科目

设置客户往来科目是指设置生成凭证所需要的应收款管理相关科目。

4. 设置供应商往来科目

设置供应商往来科目是指设置生成凭证所需要的应付款管理相关科目。

任务详情

1. 设置存货科目

华宇电脑的存货科目如表 8.3 所示。

表 8.3　存货科目

仓库编码	仓库名称	存货分类编码及名称	存货科目编码及名称
1	材料一库	01 原材料	140301 原材料/主板
2	材料二库	01 原材料	140302 原材料/键盘
3	成品库	02 产成品	1405 库存商品

2. 设置存货对方科目

华宇电脑的存货对方科目如表 8.4 所示。

表 8.4 存货对方科目

收发类别编码及名称	对方科目编码及名称	暂估科目编码及名称
11 采购入库	1402 在途物资	220202 暂估应付款
12 产成品入库	400101 生产成本/直接材料	
21 销售出库	5401 主营业务成本	
22 材料领用出库	400101 生产成本/直接材料	

3. 设置客户往来科目

① 基本科目设置。设置应收科目为 1122、预收科目为 2203、销售收入和销售退回科目为 5001、应交增值税科目为 22210106、现金折扣科目为 560303。

② 结算方式科目设置。设置现金结算对应科目为 1001、转账支票对应科目为 10020101、现金支票对应科目为 10020101、电汇对应科目为 10020101。

4. 设置供应商往来科目

① 基本科目设置。设置应付科目为 220201、预付科目为 1123、采购科目为 1402、采购税金科目为 22210101、现金折扣科目为 560303。

② 结算方式科目设置。设置现金结算对应科目为 1001、转账支票对应科目为 10020101、现金支票对应科目为 10020101。

任务指引

1. 设置存货科目

步骤 1　选择"核算"|"科目设置"|"存货科目"命令，打开"存货科目"窗口。

步骤 2　按表 8.3 输入存货科目，如图 8.5 所示。单击"保存"按钮。

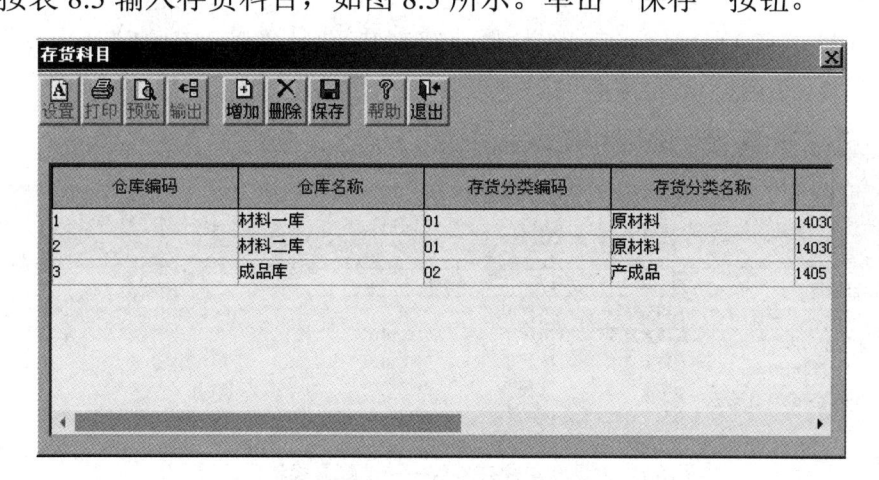

图 8.5　设置存货科目

2. 设置存货对方科目

步骤 1　选择"核算"|"科目设置"|"存货对方科目"命令，打开"对方科目设置"窗口。

步骤 2　单击"增加"按钮，按表 8.4 输入存货对方科目。

3. 设置客户往来科目

步骤 1　选择"核算"|"科目设置"|"客户往来科目"命令，打开"客户往来科目设置"窗口。

步骤2　单击"基本科目设置",输入对应科目:应收科目本币"1122"、预收科目本币"2203"、销售收入科目"5001"、应交增值税科目"22210106"、销售退回科目"5001"、现金折扣科目"560303",如图8.6所示。

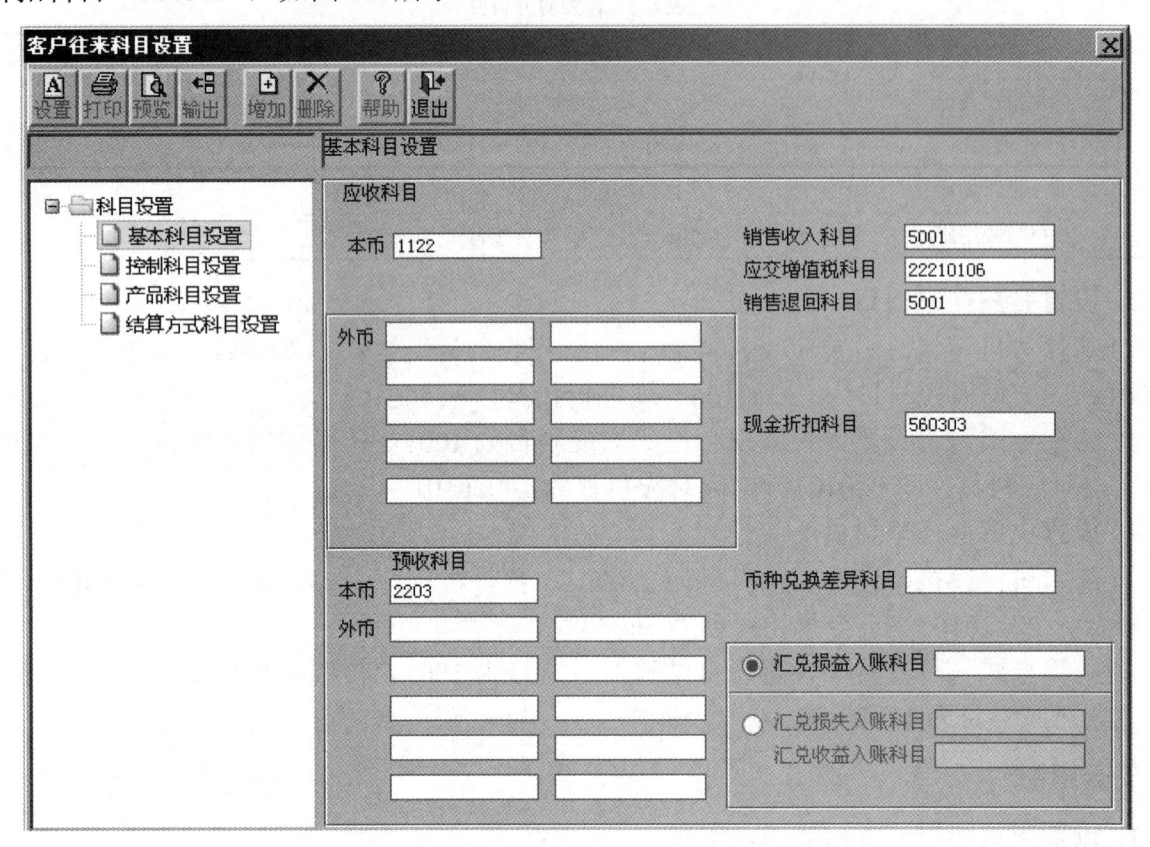

图 8.6　设置客户往来科目——基本科目设置

步骤3　单击"结算方式科目设置",输入对应科目:现金结算对应科目"1001"、现金支票结算对应科目"10020101"、转账支票结算对应科目"10020101"、电汇结算对应科目"10020101",如图8.7所示。

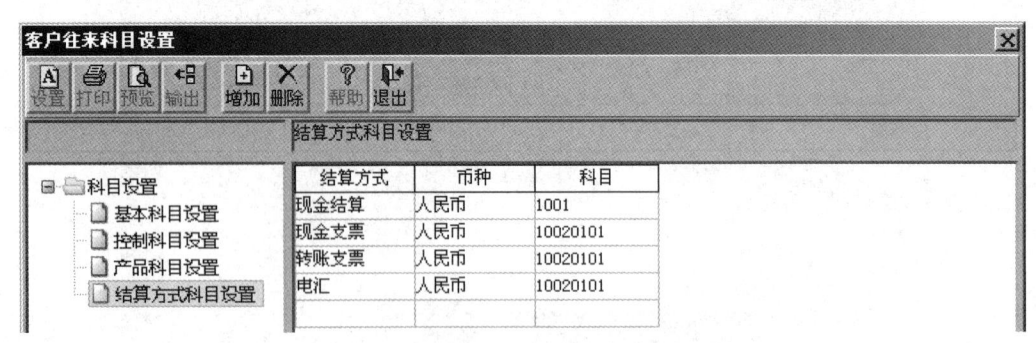

图 8.7　设置客户往来科目——结算方式科目设置

4. 设置供应商往来科目

步骤1　选择"核算"|"科目设置"|"供应商往来科目"命令,打开"供应商往来科目设置"窗口。

步骤2　单击"基本科目设置",输入对应科目:应付科目本币"220201"、采购科目"1402"、采购税金科目"22210101"、预付科目本币"1123",如图8.8所示。

步骤3　单击"结算方式科目设置",按所给资料输入对应科目。

项目 8　购销存管理子系统初始化

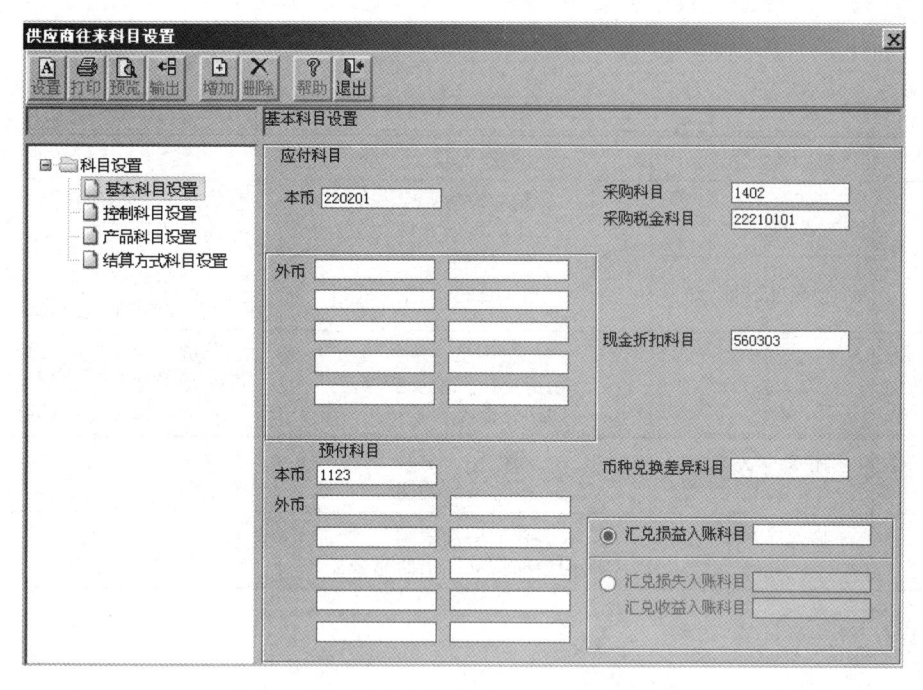

图 8.8　设置供应商往来科目——基本科目设置

任务 4　设置购销存业务范围

任务下达

由账套主管设置采购业务范围。

任务解析

T3 是通用软件，为了适应不同企业的业务需要，可以通过业务范围的设置对企业的采购业务处理方式进行设定。

任务详情

应付参数设置：显示现金折扣。

任务指引

步骤 1　选择"采购"|"采购业务范围设置"命令，打开"采购业务范围设置"对话框。

步骤 2　在"应付参数"选项卡中，选中"显示现金折扣"复选框，如图 8.9 所示。

步骤 3　单击"确认"按钮返回。

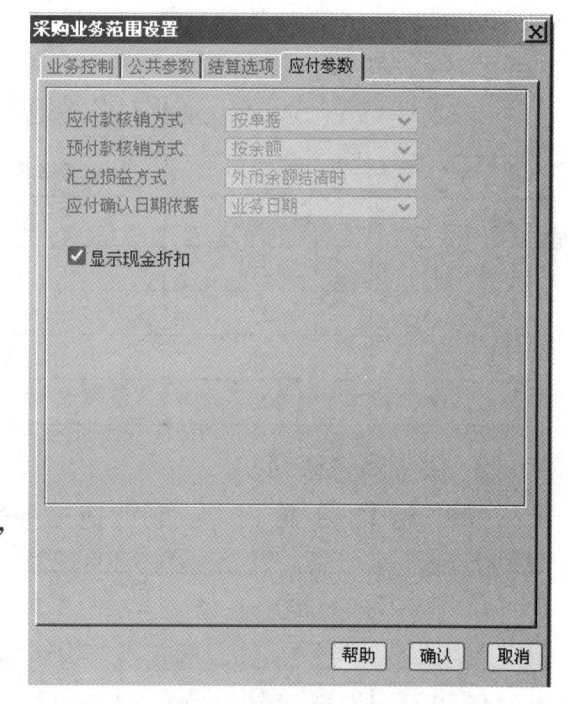

图 8.9　采购业务范围设置

任务 5　期初数据输入

任务下达

由账套主管进行购销存管理期初数据输入。

任务解析

在购销存管理中，期初数据输入是一个非常关键的环节。期初数据的输入内容和顺序如

表 8.5 所示。

表 8.5 购销存管理子系统期初数据明细

系统名称	操 作	内 容	说 明
采购管理	输入	期初暂估入库 期初在途存货	暂估入库是指货到票未到 在途存货是指票到货未到
	期初记账	采购期初数据	没有期初数据也要执行期初记账，否则不能开始日常业务的处理
销售管理	输入并审核	期初发货单 期初委托代销发货单 期初分期收款发货单	已发货、出库，但未开票 已发货未结算的数量 已发货未结算的数量
库存管理	输入（取数） 审核	库存期初余额 不合格品期初	库存和存货共用期初数据 未处理的不合格品结存量
核算管理	输入（取数） 记账	存货期初余额 期初分期收款发出商品余额	

任务详情

华宇电脑购销存管理子系统和核算管理子系统相关期初数据整理如下。

1. 采购期初

2022年12月31日，采购部收到日星提供的主板100个，估价为600元/个。商品已验收入材料一库，尚未收到发票。

2. 库存期初

2022年12月31日，企业对各个仓库进行了盘点，结果如表 8.6 所示。

表 8.6 库存期初数据 元

仓库名称	存货编码	存货名称	数 量	单 价	金 额
材料一库	101	主板	100	600.00 元/个	60 000
材料二库	102	键盘	60	125.00 元/个	7 500
成品库	201	华宇天骄	135	4 600.00 元/台	621 000
成品库	202	华宇天星	250	3 800.00 元/台	950 000

3. 供应商往来期初

2022年12月28日，收到亚捷提供的键盘100个。无税单价为125元/个，税率为13%。收到专用发票一张，发票号为22081228。货款未付。

4. 客户往来期初

2022年12月26日，瑞美购买华宇天骄20台。无税单价为5 000元/台，税率为13%。开具销售专用发票，发票号为24561226。此笔业务由国内销售部任志刚负责。

任务指引

1. 采购期初输入

步骤1 选择"采购"|"采购入库单"命令，打开"期初采购入库单"对话框。

步骤2 单击"增加"按钮，输入入库日期"2022-12-31"，选择仓库"材料一库"、供货单位"日星"、入库类别"采购入库"、采购类型"普通采购"。

步骤3 选择存货编码"101"，输入数量"100"、单价"600"，单击"保存"按钮，如

图 8.10 所示。单击"退出"按钮。

步骤 4 选择"采购"|"期初记账"命令，打开"期初记账"对话框，如图 8.11 所示。

图 8.10 输入期初采购入库单

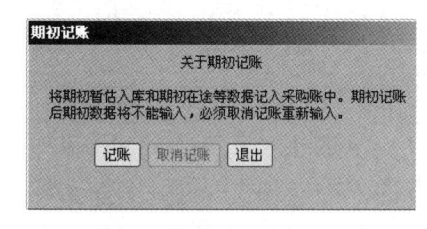

图 8.11 期初记账信息提示

步骤 5 单击"记账"按钮。

> **注意**
> ① 采购管理子系统如果不执行期初记账，就无法开始日常业务处理，因此即使没有期初数据，也要执行期初记账。
> ② 采购管理子系统如果不执行期初记账，则库存管理子系统和核算管理子系统就不能记账。
> ③ 采购管理子系统如果要取消期初记账，则应选择"采购"|"期初记账"命令，在打开的"期初记账"对话框中单击"取消记账"按钮。

2. 输入库存期初数据

步骤 1 选择"核算"|"期初数据"|"期初余额"命令，打开"期初余额"窗口。

步骤 2 先选择仓库"材料一库"，然后单击"增加"按钮，输入存货编码"101"，并按表 8.8 输入各项期初数据，如图 8.12 所示。单击"保存"按钮。

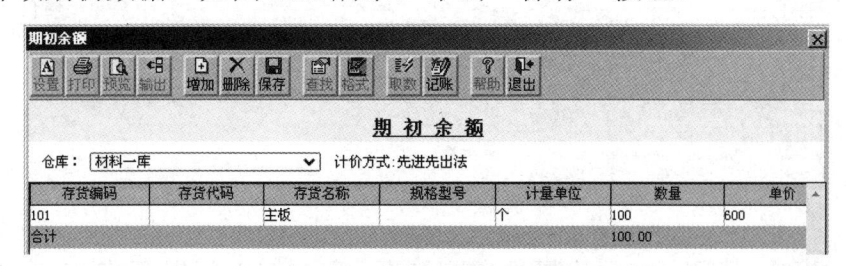

图 8.12 输入库存期初数据

步骤 3 输入所有资料后，单击"记账"按钮，系统对所有仓库进行记账，完成后提示"期初记账成功！"。单击"确定"按钮返回。

步骤 4 选择"库存"|"期初数据"|"库存期初"命令，打开"期初余额"窗口，查看已自动获得的期初数据，如图 8.13 所示。

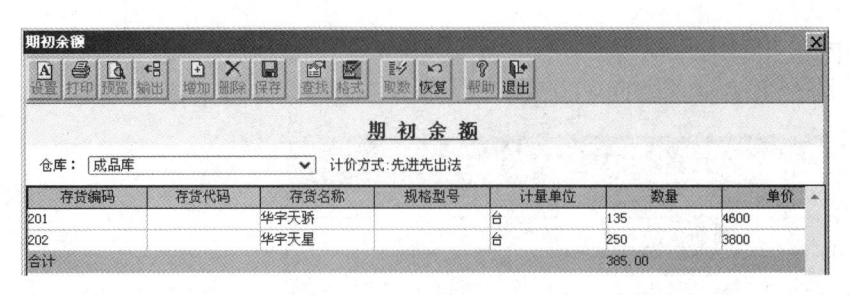

图 8.13 查看库存期初数据

> **注意**
> 各个仓库存货的期初余额既可以在库存管理子系统中输入，也可以在核算管理子系统中输入。只要在其中一个子系统中输入，另一个子系统就可自动获得期初库存数据。这里在核算管理子系统中输入。

3. 输入供应商往来期初

步骤 1　选择"采购"|"供应商往来"|"供应商往来期初"命令，打开"期初余额——查询"对话框。单击"确定"按钮，打开"期初余额明细表"对话框。

步骤 2　单击"增加"按钮，打开"单据类别"对话框。选择单据类型"专用发票"，单击"确认"按钮，打开"期初录入"窗口。

步骤 3　输入发票号"22081228"、开票日期"2022-12-28"，选择供货单位"亚捷商贸有限公司"、科目"应付货款"，币种"人民币"。

步骤 4　输入存货编码"102"、数量"100"、原币单价"125"，如图 8.14 所示。单击"保存"按钮，系统提示"期初采购发票添加成功"。单击"确定"按钮。

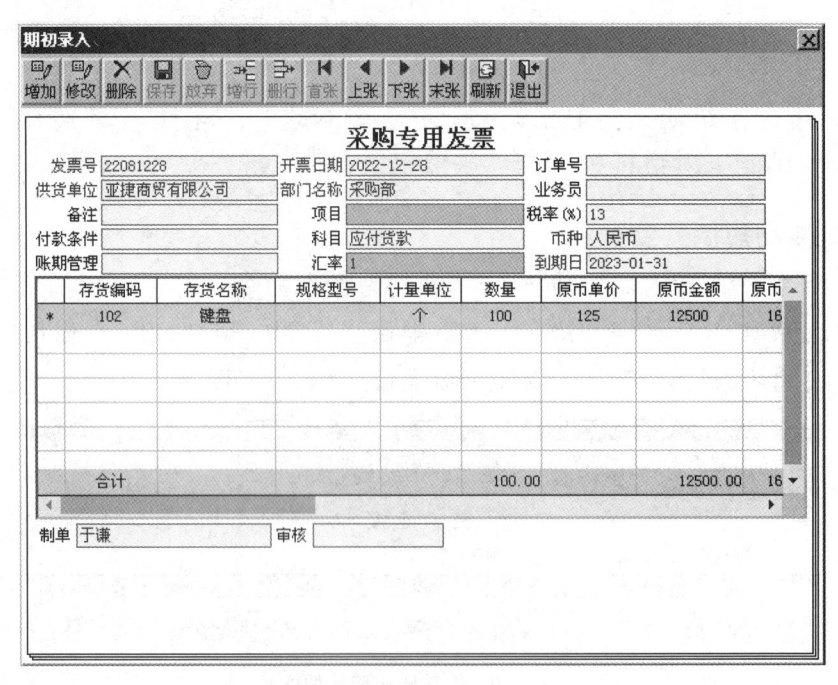

图 8.14　输入供应商往来期初数据

步骤 5　单击"退出"按钮，返回"期初余额明细表"对话框。

4. 输入客户往来期初数据

步骤 1　选择"销售"|"客户往来"|"客户往来期初"命令，打开"期初余额——查询"对话框。单击"确定"按钮，打开"期初余额明细表"对话框。

步骤 2　单击"增加"按钮，打开"单据类别"对话框。选择单据类型"专用发票"，单击"确定"按钮，打开"期初录入"窗口。

步骤 3　输入开票日期"2022-12-26"、发票号"24561226"，选择客户名称"瑞美"、销售部门"国内销售部"、科目"应收账款"，输入货物名称"华宇天骄"、数量"20.00"、单价"5000.00"，如图 8.15 所示。单击"保存"按钮，系统提示"期初销售发票添加成功"。单击"确定"按钮返回。

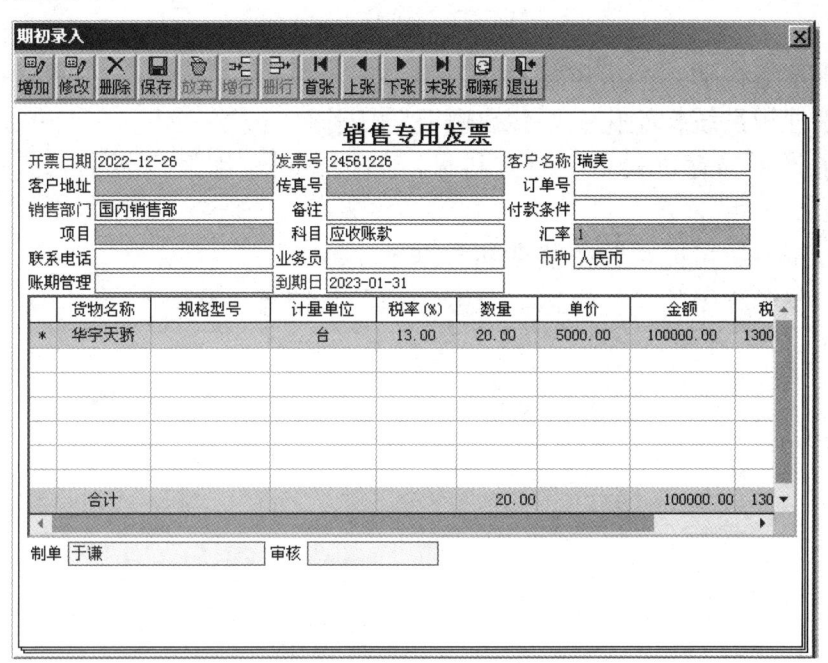

图 8.15　输入客户往来期初数据

步骤 4　单击"退出"按钮，返回"期初余额明细表"对话框。
全部完成后，将账套备份至"购销存初始化"文件夹中。

通关测试

一、判断题

1. 采购、销售、库存、核算管理子系统必须同时启用。　　　　　　　　　　　（　　）
2. 客户往来科目中设置的应收科目、预收科目必须是应收系统的受控科目。　（　　）
3. 如果企业存在采购期初暂估入库，则只需要在库存管理子系统中记录暂估入库数量。
　　　　　　　　　　　　　　　　　　　　　　　　　　　　　　　　　　　（　　）
4. 没有采购期初数据也必须执行采购期初记账，否则无法开始日常业务处理。（　　）
5. 核算管理子系统和库存管理子系统的期初数据是一致的，可以在两者任何一个输入，再从另外一个子系统获取。　　　　　　　　　　　　　　　　　　　　　　　（　　）

二、选择题

1. T3 中的购销存管理子系统包括以下（　　）子系统。
　　A. 采购管理　　　　B. 销售管理　　　　C. 库存管理　　　　D. 核算管理

2. 以下（　　）子系统与总账管理子系统存在凭证传递关系。
　　A. 采购管理　　　　B. 销售管理　　　　C. 库存管理　　　　D. 核算管理

3. 存货科目的设置依据可以是（　　）。
   A. 按仓库　　　　　B. 按存货分类　　　C. 按收发类别　　　D. 按部门
4. 客户往来期初数据与总账管理子系统中的（　　）科目有对应关系。
   A. "应收账款"　　B. "应付账款"　　　C. "预收账款"　　　D. "预付账款"
5. 在采购发票上开具的"运输费"存货应设置（　　）属性。
   A. 外购　　　　　B. 销售　　　　　　C. 生产耗用　　　　D. 劳务费用

三、思考题

1. 购销存管理包含哪几个子系统？
2. 购销存管理子系统初始化主要包含哪几项工作？
3. 根据目前设置的存货科目和对方科目，如果材料一库发生暂估入库业务，那么生成的凭证是什么？
4. 采购管理子系统可能存在哪些期初数据？
5. 购销存管理子系统的期初数据与总账管理子系统有关联吗？

项目 9 采购与应付管理

知识目标

1. 了解采购管理子系统的主要功能。
2. 熟悉不同类型采购业务的处理流程。
3. 理解采购结算的含义。
4. 理解核销的含义。

技能目标

1. 掌握普通采购业务全流程处理。
2. 掌握采购现付业务处理。
3. 掌握采购运费处理。
4. 掌握暂估入库业务处理。
5. 掌握预付业务处理。
6. 掌握转账业务处理。

素质目标

通过实训操作,培养学生仔细认真的工作作风;通过对采购流程的熟悉,让学生进一步认识到原始凭证的重要性,树立为企业节约采购成本的意识。

项目背景

企业是以营利为目的的经济组织。企业的利润是由业务活动创造的,购销存是企业的基本业务活动,财务活动为企业业务活动的开展提供支持和服务。

在掌握了 T3 对于总账、报表、工资、固定资产的核算和管理之后,华宇电脑项目实施团队决定再接再厉,继续学习 T3 购销存管理子系统的功能,同时了解业务和财务之间的关联。采购是企业购销存业务管理的首要环节,让我们从这里开始吧。

基本知识

9.1 认识采购管理子系统

在 T3 中,采购管理是对采购业务全流程的管理。它具体包括:采购订货处理,可以动态掌握订单执行情况;处理采购入库单、采购发票,通过采购结算确认采购入库成本;根据采购发票确认应付;对供应商付款;相关单据查询和账表统计。

9.2 采购管理子系统与 T3 其他子系统的数据关联

采购管理子系统中填制的采购入库单在库存管理子系统中审核确认,在核算管理子系统中记账；采购管理子系统中没有结算的入库单，核算管理子系统可做暂估入库记账处理；采购管理子系统中填制的采购发票，经过采购结算处理后在供应商往来中形成应付账款信息；采购管理子系统的采购入库单、采购结算单、采购发票在核算管理子系统中生成记账凭证，传递给总账管理子系统。

实训任务

任务 1　普通采购业务处理

任务下达

以系统管理员的身份在系统管理中恢复"购销存初始化"账套；以账套主管的身份完成普通采购业务处理。

任务解析

按照货物和发票到达的先后顺序，可以将采购入库业务划分为单货同行的普通采购业务、货到票未到的暂估业务和票到货未到的在途业务 3 类。本任务先学习单货同行的普通采购业务。普通采购业务的处理流程如图 9.1 所示。

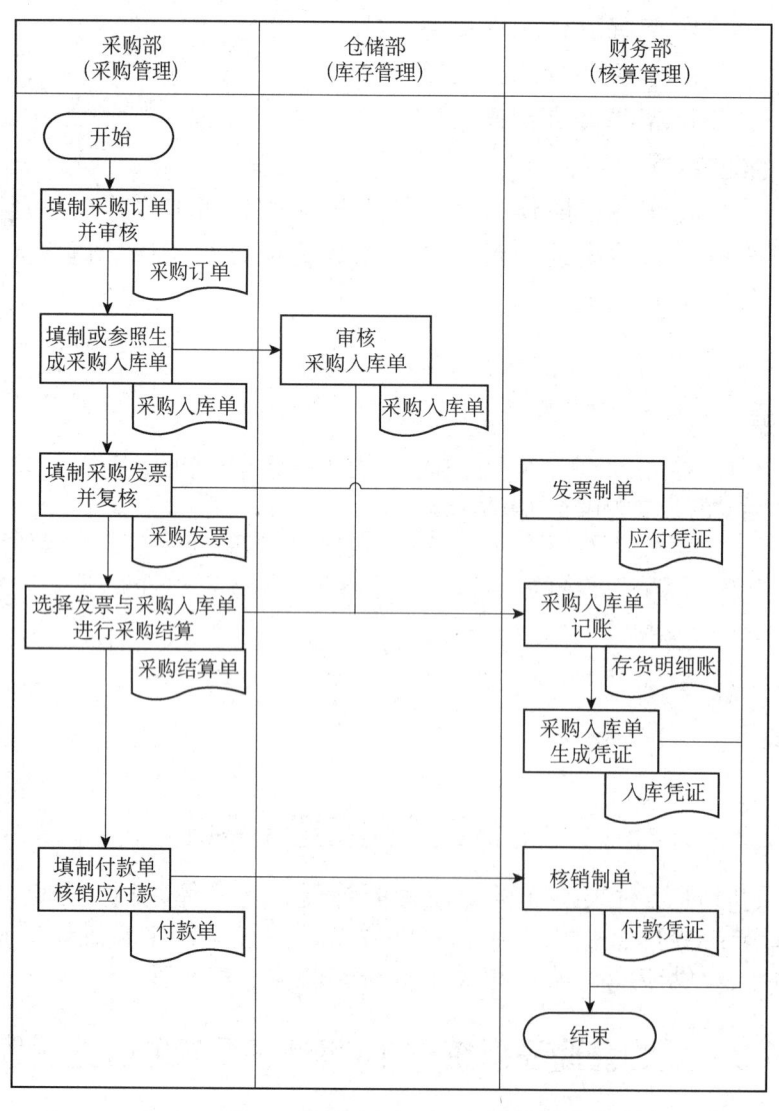

图 9.1　普通采购业务的处理流程

1. 采购订货

采购订货是指企业根据采购计划与供应商签订采购意向协议，确认要货需求。在 T3 中，订货确认后需要在系统中输入采购订单。采购订单上记录了采购哪些货物、采购多少、价格、到货时间、由谁供货等关键信息。供应商依据采购订单组织供货，仓管人员根据采购订单进行货物的验收。

采购订单经过审核才能在采购入库、采购发票环节被参照。

2. 采购入库

采购入库单是根据采购到货签收的实收数量填制的单据。采购入库单既可以直接输入，也可以参照采购订单或采购发票生成。

如果因种种原因发生采购退货，就需要在此填制退货单，即红字入库单。

采购入库单的审核表示确认存货已入库。只有审核后的采购入库单才能在核算管理子系统中进行单据记账。

3. 收到发票，确认应付及采购成本，登记材料明细账

采购发票是供货单位开出的销售货物的凭证。系统根据采购发票确认应付。在 T3 中，采购发票按发票类型可分为增值税专用发票、普通发票和运费发票；按业务性质可分为蓝字发票和红字发票。

采购结算也叫采购报账，是指根据采购入库单、采购发票确认采购成本。采购结算有自动结算和手工结算两种方式：自动结算由计算机自动将相同供货单位的、相同数量存货的采购入库单与采购发票进行结算；手工结算支持采购入库单与采购发票上的采购数量不同的结算、正数入库单与负数入库单的结算、正数发票与负数发票的结算、正数入库单与正数发票的结算、负数入库单与负数发票的结算和费用发票单独结算等结算方式。

4. 付款结算，核销应付

在货到票到、财务部门核对无误之后，需要按照合同约定向供应商支付货款。

核销的含义是指用对该供应商的付款冲销对该供应商的应付。只有及时核销才能进行精确的账龄分析。

在 T3 中，输入的付款单可以与采购发票、应付单记录的应付进行核销。如果支付的货款等于应付款，则可以完全核销；如果支付的货款少于应付款，则只能部分核销；如果支付的货款多于应付款，则余款可以转为预付款。

任务详情

① 1 月 1 日，采购部杨帅向亚捷订购键盘 300 个，单价 125 元/个。要求到货日期为 1 月 3 日。原始凭证如图 9.2 所示。

会计信息化应用（T3 财税云平台）

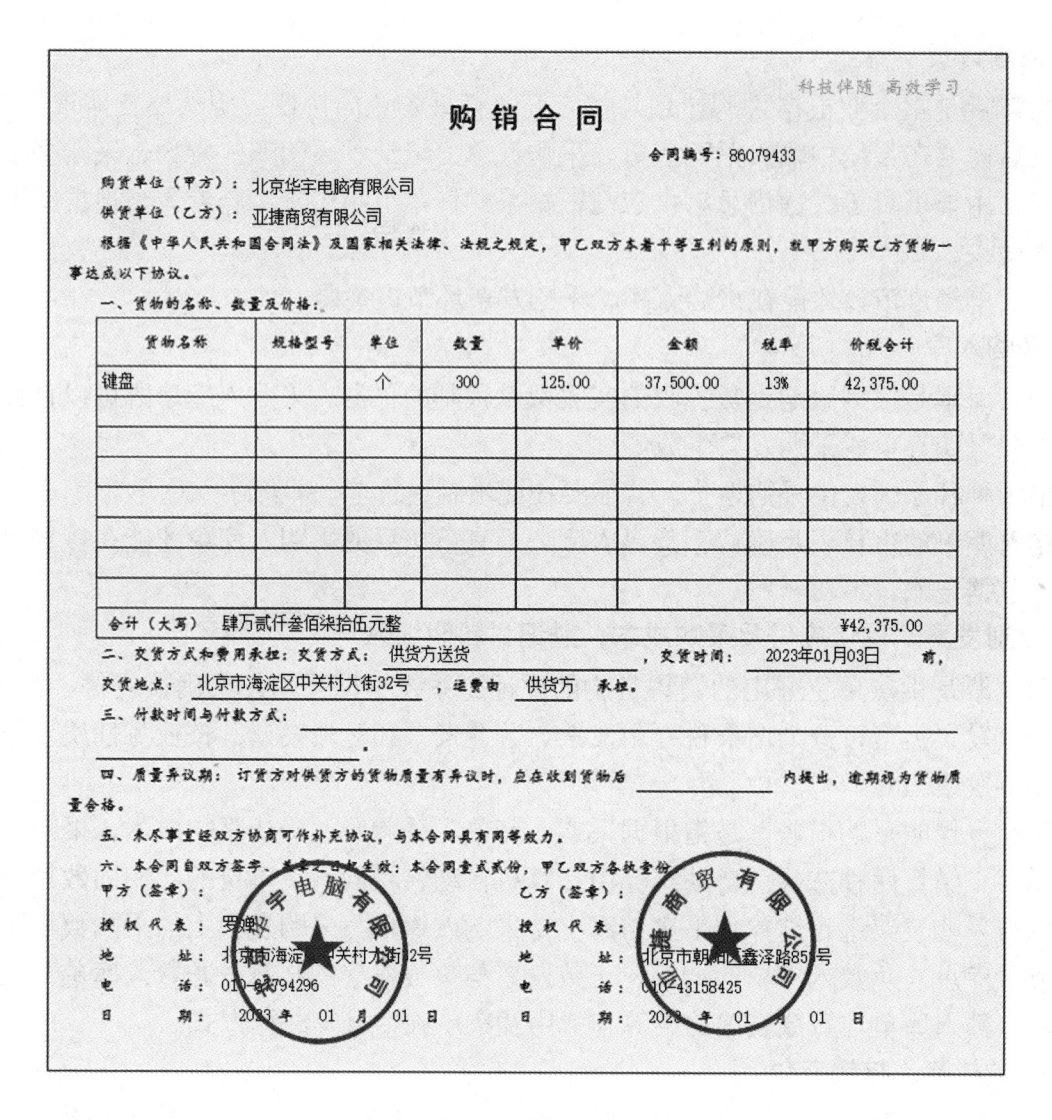

图 9.2　原始凭证

②1月3日，按照合同约定订购的300个键盘到货。办理入库，入材料二库。原始凭证如图9.3所示。

图 9.3　原始凭证

③1月3日，收到采购键盘的电子专用发票一张，发票号为11623409。财务部确定此业务所涉及的应付账款和采购成本。原始凭证如图9.4所示。

项目 9　采购与应付管理

图 9.4　原始凭证

④ 1 月 3 日，财务部将本笔业务登记材料明细账，生成入库凭证。

⑤ 1 月 3 日，财务开出转账支票 42 375 元（支票号为 84590105），付清该笔采购货款并核销应付。原始凭证如图 9.5 所示。

图 9.5　原始凭证

任务指引

1. 填制采购订单并审核

步骤 1　以账套主管的身份进入 T3。选择"采购"|"采购订单"命令，打开"采购订单"对话框。

步骤 2　单击"增加"按钮，输入采购订单各项信息，然后单击"保存"按钮，系统提示"保存成功"。单击"确定"按钮返回。

步骤 3　单击"审核"按钮，系统提示"审核成功"。单击"确定"按钮返回。完成后如图 9.6 所示。

步骤 4　单击"退出"按钮返回。

2. 填制采购入库单并审核

步骤 1　1 月 3 日，选择"采购"|"采购入库单"命令，打开"采购入库单"对话框。

步骤 2　单击"增加"按钮，选择仓库"材料二库"、供货单位"亚捷"、入库日期"2023-01-03"、入库类别"采购入库"。

步骤 3　输入存货编码"102"、入库数量"300"，然后单击"保存"按钮，如图 9.7 所示。

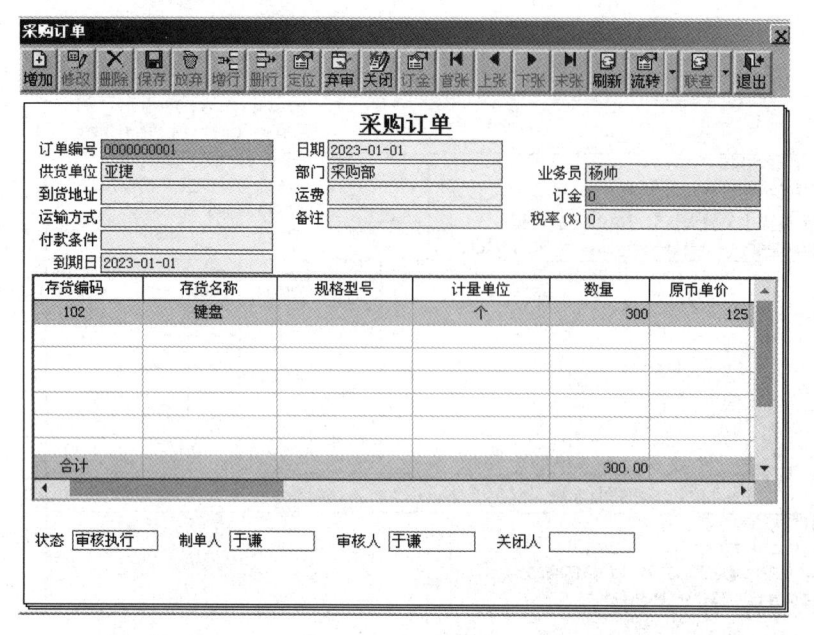

图 9.6 采购订单

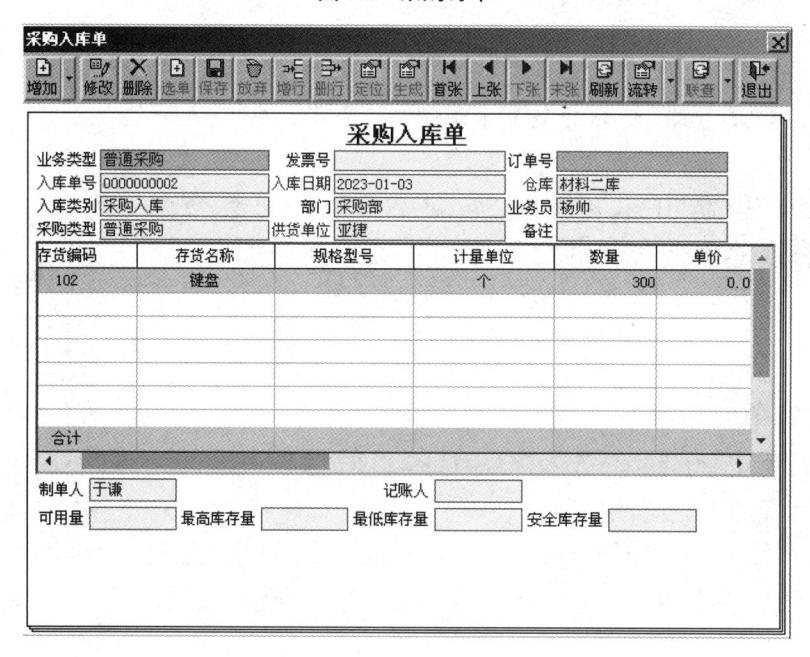

图 9.7 采购入库单

步骤 4 单击"退出"按钮。

步骤 5 选择"库存"|"采购入库单审核"命令，找到相应的采购入库单，然后单击"复核"按钮，对采购入库单进行审核。

3. 采集电子采购发票并审、复核

步骤 1 选择"发票管理"|"发票采集"命令，打开"发票"窗口。选择"发票采集"|"PDF 发票上传"命令，打开"PDF 发票采集上传"对话框。

步骤 2 单击"选择文件"命令，选择要导入的文件。单击"导入"按钮，系统提示"导入成功"，将发票采集到进项发票列表。单击"审核"按钮，系统弹出"真的要自动生成购销存单据？"信息提示框。单击"确定"按钮，系统弹出"审核成功"信息提示框。单击"确定"按钮，再单击"退出"按钮返回。

采集电子采购发票并审、复核

步骤 3　选择"采购"|"采购发票"命令，打开"采购专用发票"对话框。找到本笔业务的采购发票，单击"复核"按钮，系统弹出"复核将发票登记应付账款，请在往来账中查询该数据，是否确认处理？"信息提示框。单击"确定"按钮，发票左上角显示"已审核"字样，如图 9.8 所示。单击"退出"按钮。

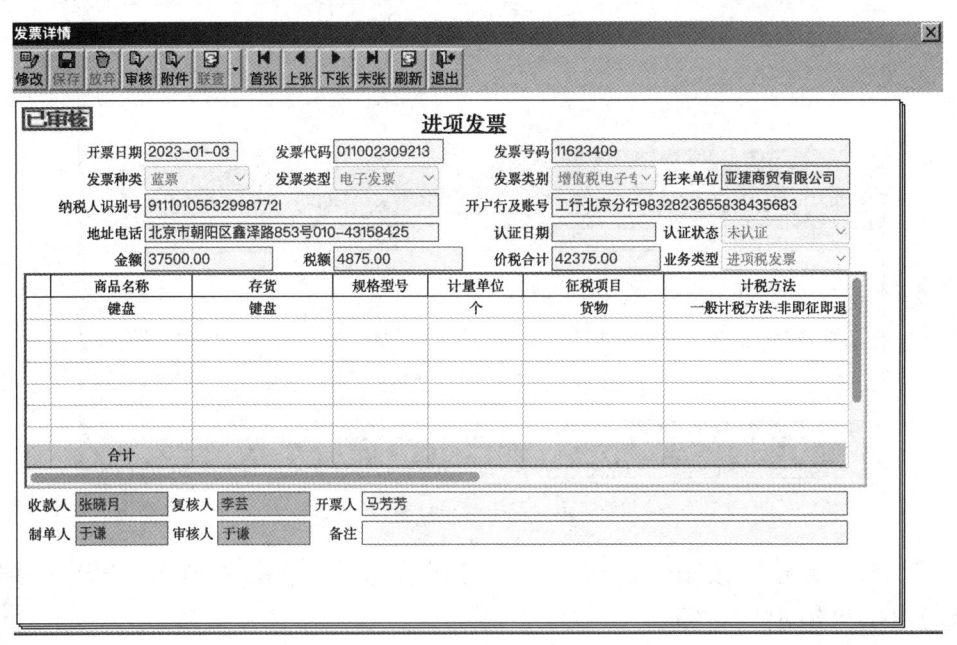

图 9.8　采购专用发票

4. 办理采购结算

步骤 1　选择"采购"|"采购结算"|"手工结算"命令，打开"条件输入"对话框。

步骤 2　单击"确定"按钮，打开"入库单和发票选择"对话框。选择要结算的入库单和发票，如图 9.9 所示。

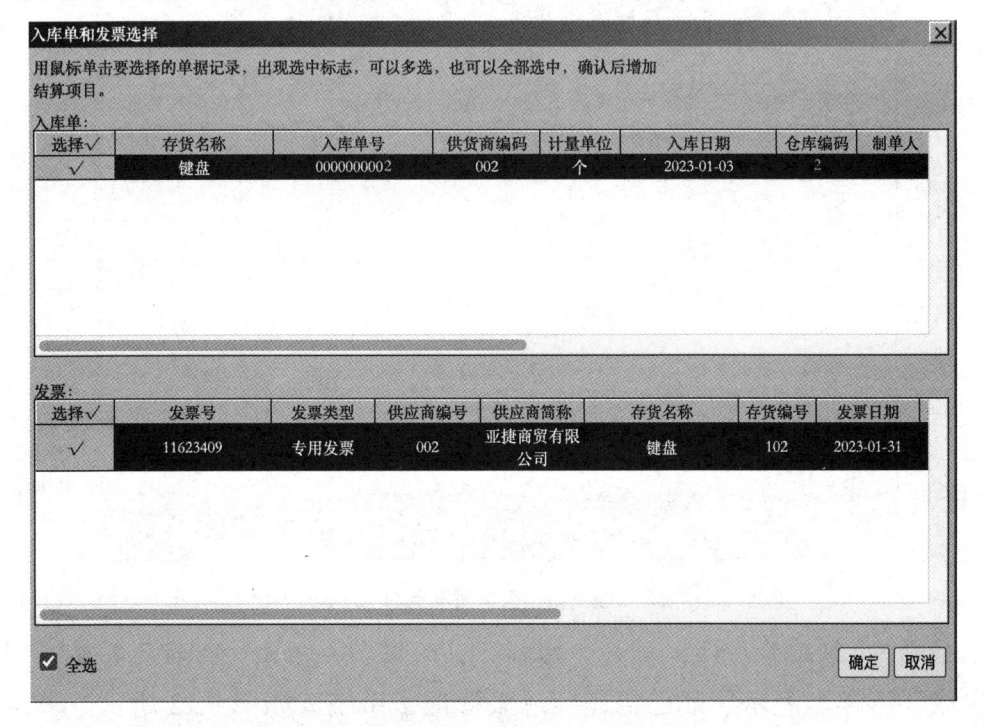

图 9.9　选择要结算的入库单和发票

步骤3　单击"确定"按钮，返回"手工结算"窗口，如图9.10所示。

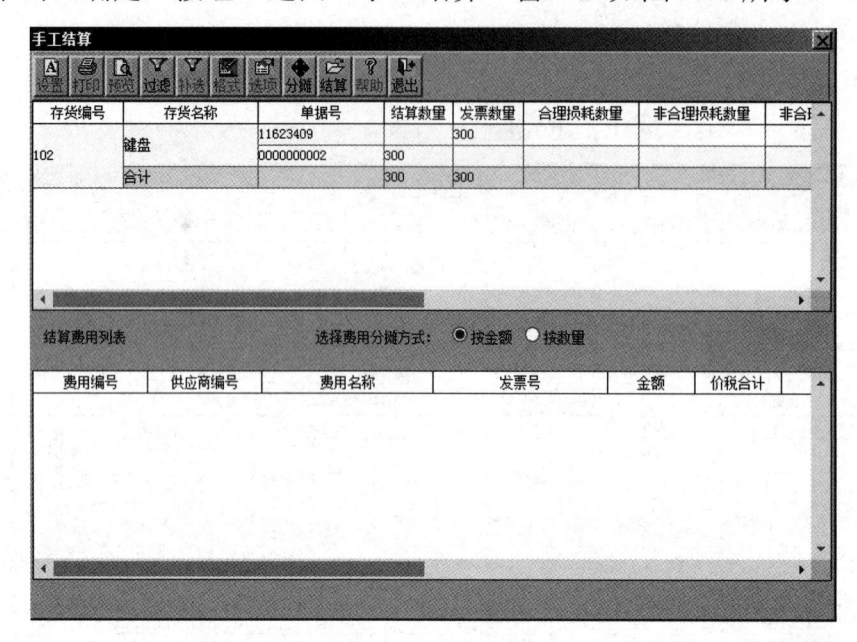

图9.10　手工结算

步骤4　单击"结算"按钮，系统提示"处理完成"。单击"确定"按钮返回，然后单击"退出"按钮。

5. 发票制单确认应付

步骤1　选择"核算"|"凭证"|"供应商往来制单"命令，打开"供应商制单查询"对话框。

步骤2　选中"发票制单"复选框，单击"确定"按钮，打开"供应商往来制单"（发票制单）窗口。选择要制单的单据，如图9.11所示。

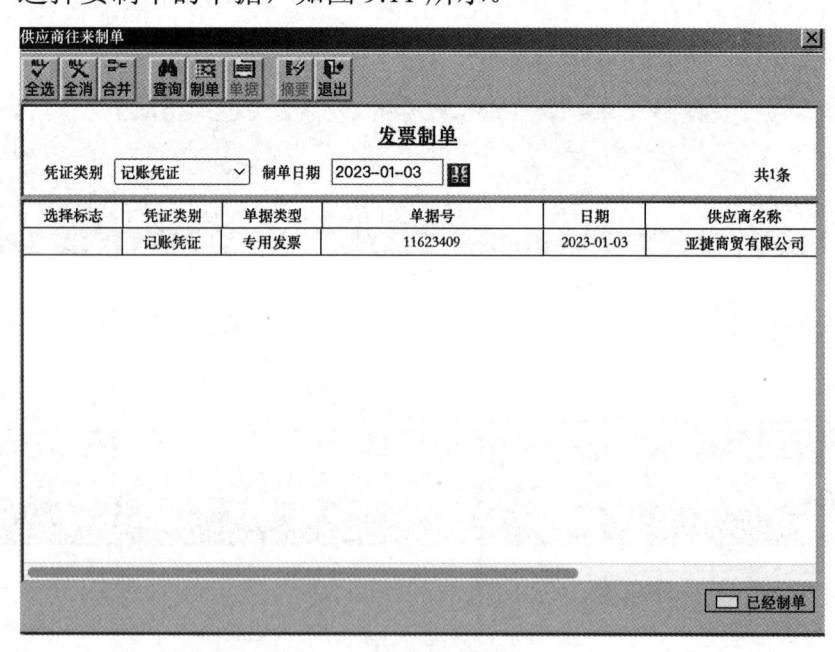

图9.11　采购发票制单

步骤3　单击"制单"按钮，打开"填制凭证"窗口。单击"保存"按钮，凭证左上角显示"已生成"字样，表示凭证已传递到总账管理子系统，如图9.12所示。单击"退出"按钮。

项目 9 采购与应付管理

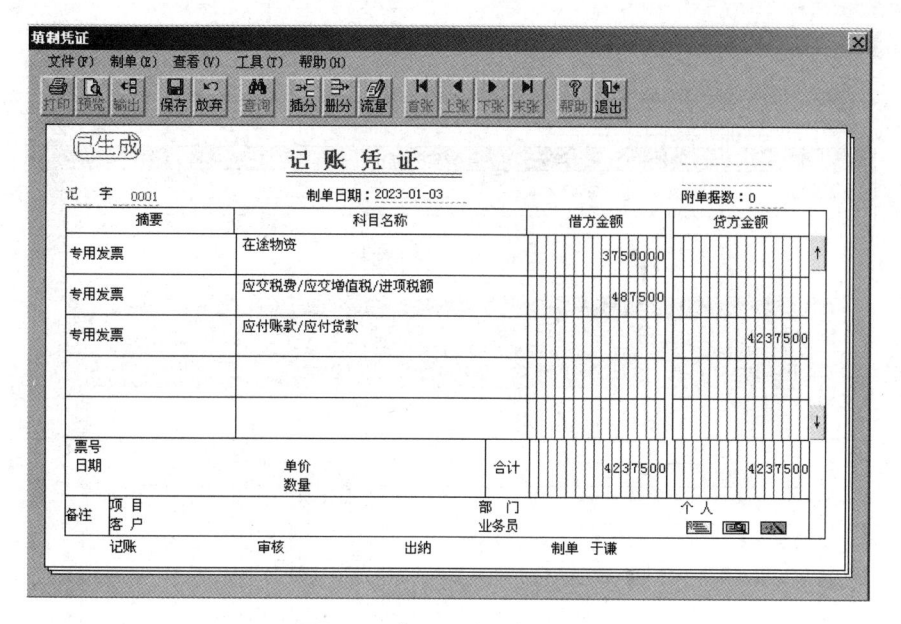

图 9.12 发票制单生成的凭证

6. 对采购入库单记账并生成凭证

步骤 1 选择"核算"|"核算"|"正常单据记账"命令，打开"正常单据记账条件"对话框。单击"确定"按钮，打开"正常单据记账"窗口。

步骤 2 选择需要记账的单据，如图 9.13 所示。

图 9.13 选择采购入库单记账

步骤 3 单击"记账"按钮，系统提示"记账完成"。单击"确定"按钮，记账完成后单据不再在该窗口中显示。单击"退出"按钮。

步骤 4 选择"核算"|"凭证"|"购销单据制单"命令，打开"生成凭证"窗口。

步骤 5 单击"选择"按钮，打开"查询条件"对话框。选中"（01）采购入库单（报销记账）"复选框，单击"确定"按钮，打开"选择单据"窗口。选中要制单的单据行，如图 9.14 所示。

图 9.14 未生成凭证单据一览表

步骤 6 单击"确定"按钮，打开"生成凭证"窗口，如图 9.15 所示。

步骤 7 单击"生成"按钮，打开"填制凭证"窗口。单击"保存"按钮，生成入库凭证，如图 9.16 所示。

153

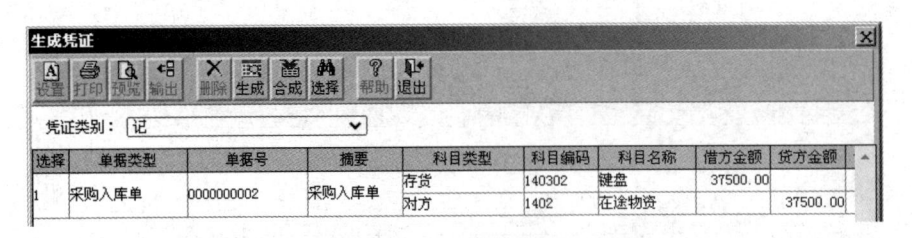

图 9.15 生成凭证

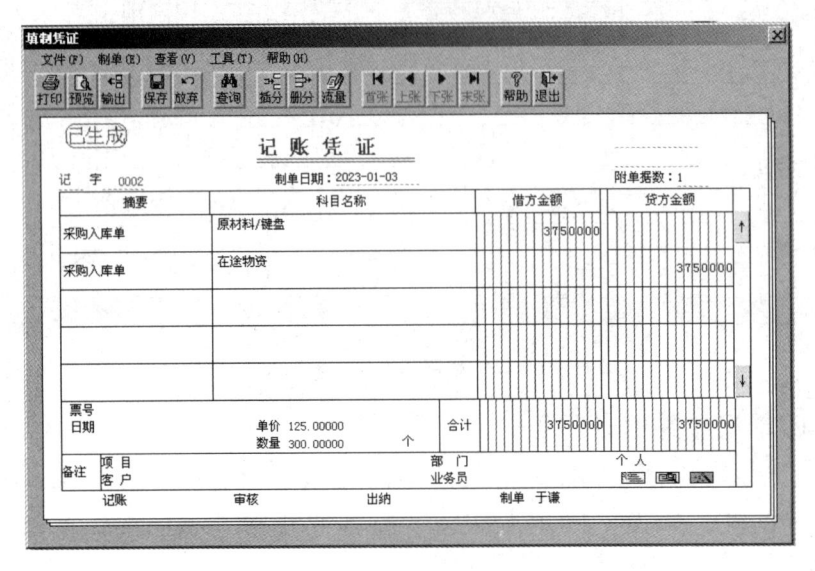

图 9.16 采购入库单生成凭证

7. 支付货款并核销应付

步骤 1 1月5日，选择"采购"|"供应商往来"|"付款结算"命令，打开"单据结算"（付款单）窗口。

步骤 2 选择供应商"002 亚捷商贸有限公司"，单击"增加"按钮。选择结算方式"转账支票"，输入结算金额"42375"、票据号"84590105"，然后单击"保存"按钮。

步骤 3 单击"核销"按钮，系统调出该供应商未核销的单据。在相应单据的"本次结算"栏中输入"42375"，如图 9.17 所示。单击"保存"按钮，然后单击"退出"按钮。

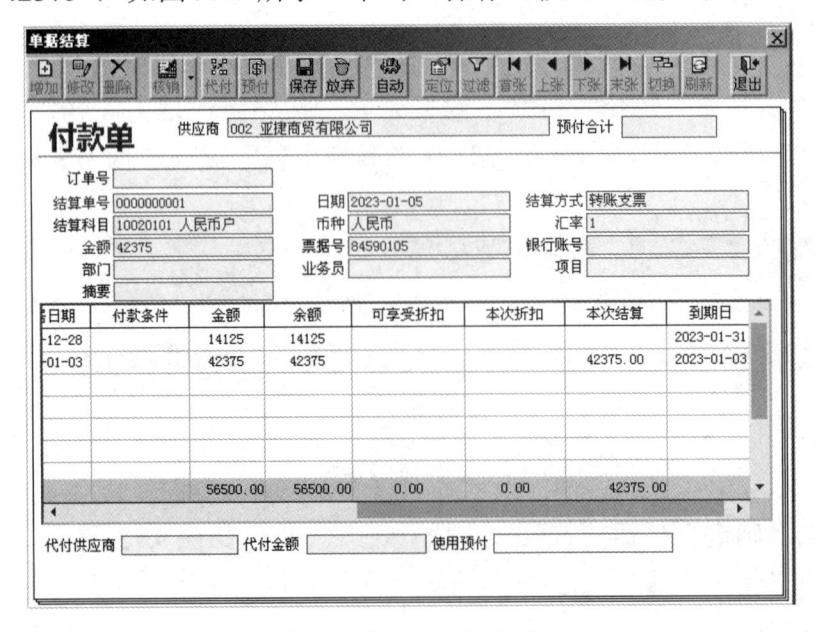

图 9.17 输入付款单并核销

步骤4 选择"核算"|"凭证"|"供应商往来制单"命令，打开"供应商制单查询"对话框。选中"核销制单"复选框，单击"确定"按钮，打开"供应商往来制单"（核销制单）窗口。选择要制单的单据，单击"制单"按钮，打开"填制凭证"窗口。单击"保存"按钮，生成核销凭证，如图9.18所示。

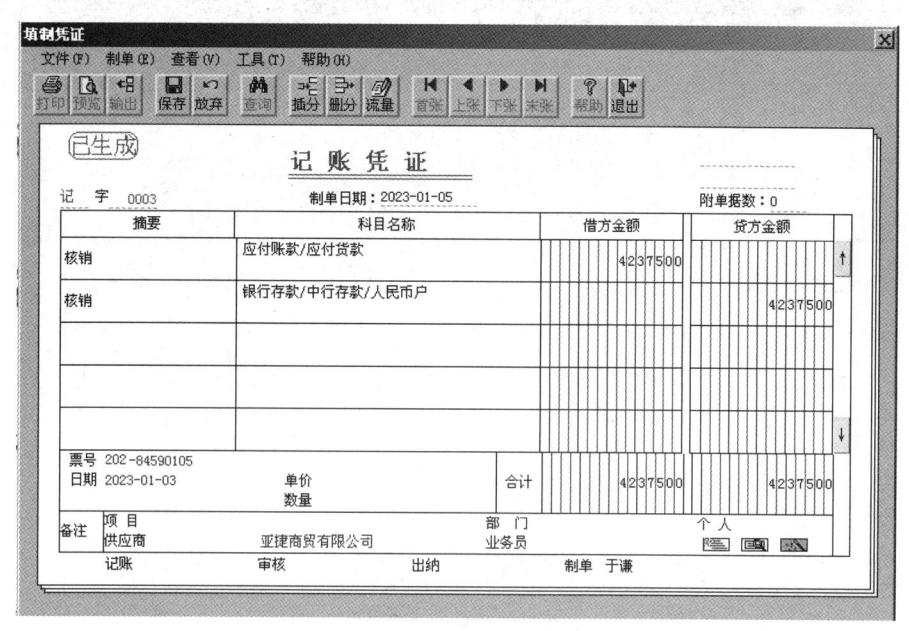

图 9.18 核销制单

任务2 预付订金业务处理

任务下达

由账套主管进行预付订金业务处理。

任务解析

付款单用来记录企业支付的供应商往来款项，款项性质包括应付款和预付款。其中，应付款、预付款性质的付款单将与发票、应付单进行核销处理。

采购管理子系统的收款单用来记录发生采购退货时企业收到的供应商退付的款项。

任务详情

1月5日，开出转账支票一张，金额为20 000元，票号为84590205，作为向日星采购主板的订金。原始凭证如图9.19所示。

任务指引

步骤1 选择"采购"|"供应商往来"|"付款结算"命令，打开"单据结算"窗口。

步骤2 选择供应商"001 日星科技有限公司"，单击"增加"按钮。选择结算方式"转账支票"，输入票号"84590205"、金额"20000"、摘要"预付主板订金"，然后单击"保存"按钮。

步骤3 单击"预付"按钮，系统将20 000元设为预付款。

步骤4 选择"核算"|"凭证"|"供应商往来制单"命令，打开"供应商制单查询"对话框。

图 9.19 原始凭证

步骤 5　选中"核销制单"复选框，单击"确定"按钮，打开"供应商往来制单"（核销制单）窗口。选择要制单的单据，单击"制单"按钮，打开"填制凭证"窗口。单击"保存"按钮，生成预付款凭证，如图9.20所示。

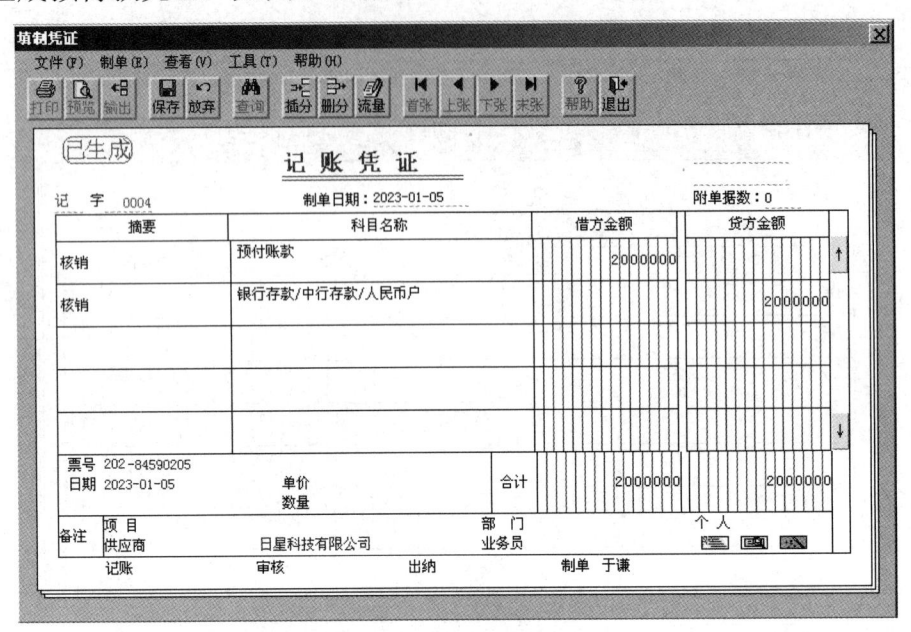

图 9.20　生成预付款凭证

任务3　采购现付业务处理

任务下达

由账套主管完成采购现付业务处理。

任务解析

与普通采购业务不同的是，采购现付业务是收到发票即支付货款，因此从会计核算的角度跳过了应付确认，直接进行付款处理。

任务详情

1月8日，采购部向日星购买的200个主板到货，无税单价为500元/个，验收入材料一库。同时，收到电子专用发票一张，票号为04730389。财务部立即以转账支票的形式（票号为84590310）支付剩余货款93 000元（已预付20 000元订金），本单位开户银行账号为60831578。原始凭证如图9.21所示。

任务指引

1. 在采购管理子系统中填制采购入库单

没有采购订单，可以直接填制采购入库单。

选择"采购"|"采购入库单"命令，填制采购入库单并保存。

2. 在库存管理子系统中审核采购入库单

选择"库存"|"采购入库单审核"命令，审核采购入库单。

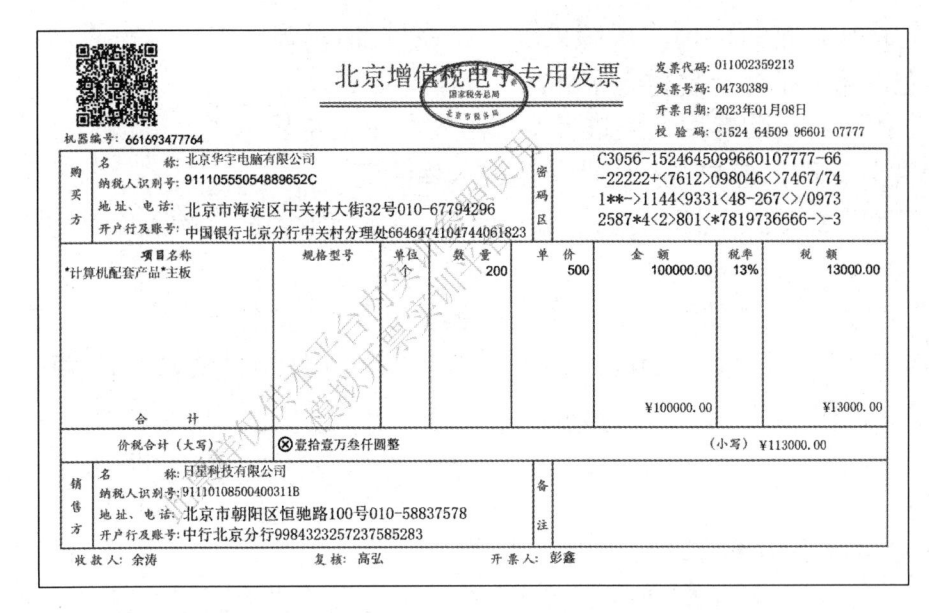

图 9.21　原始凭证

3. 在发票管理子系统中采集采购专用发票并审核

步骤 1　选择"发票管理"|"发票采集"命令，打开"发票"窗口。单击"发票采集"下拉按钮，选择"PDF 发票上传"选项，打开"PDF 发票采集上传"对话框。选择本笔业务电子发票，单击"导入"按钮。

步骤 2　在发票列表中，选择要审核的发票，然后单击"审核"按钮，弹出"真的要自动生成购销存单据？"信息提示框。然后单击"确定"按钮，弹出"审核成功"信息提示框。单击"确定"按钮。

步骤 3　单击"退出"按钮返回。

4. 对入库单和发票进行手工结算，对采购专用发票进行现付处理

步骤 1　选择"采购"|"采购发票"命令，打开"采购发票"窗口。选择"流转"|"手工结算"命令，对本笔业务采购入库单和采购专用发票进行采购结算。

步骤 2　单击"现付"按钮，打开"采购现付"对话框。输入各项付款信息，由于本月 5 日已预付订金 20 000 元，因此只需填写现付金额 93 000 元，如图 9.22 所示。

图 9.22　采购现付

步骤 3　单击"确定"按钮,系统弹出"现结记录已保存!"信息提示框。单击"确定"按钮返回,采购专用发票左上角显示"已现付"字样。

步骤 4　单击"复核"按钮对采购专用发票进行复核,发票左上角显示"已审核"字样。

5. 在核算管理子系统中对采购入库单进行记账,生成入库凭证

步骤 1　选择"核算"|"核算"|"正常单据记账"命令,对本笔业务的采购入库单进行记账处理。

步骤 2　选择"核算"|"凭证"|"购销单据制单"命令,打开"生成凭证"窗口。单击"选择"按钮,打开"查询条件"对话框。选中"(01)采购入库单(报销记账)"复选框,单击"确定"按钮,对采购入库单生成以下入库凭证。

借:原材料/主板　　　　　　　　　　　　　　　　　　　　　100 000
　　贷:在途物资　　　　　　　　　　　　　　　　　　　　　　100 000

6. 在核算管理子系统中生成采购现结凭证

步骤 1　选择"核算"|"凭证"|"供应商往来制单"命令,打开"供应商制单查询"对话框。

步骤 2　选择"现结制单"复选框,单击"确定"按钮,打开"供应商往来制单"(现结制单)窗口。

步骤 3　选中要制单的单据,单击"制单"按钮,打开"填制凭证"窗口。

步骤 4　单击"保存"按钮,生成采购现付凭证,如图9.23所示。单击"退出"按钮返回。

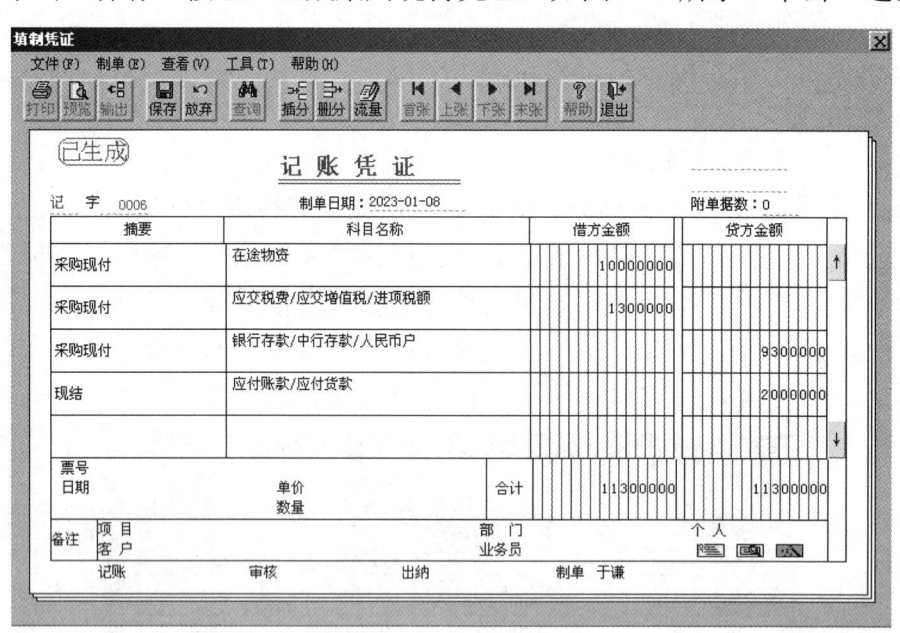

图9.23　采购现付凭证

任务4　预付冲应付业务处理

任务下达

由账套主管进行预付冲应付业务处理。

任务解析

在供应商往来业务中,有4种类型的对冲业务,分别是应付冲应收、应付冲应付、预付冲应付及红票对冲。

项目 9　采购与应付管理

1. 应付冲应收

应付冲应收是指用某供应商的应付账款冲抵某客户的应收款项。系统通过应付冲应收功能将应付款业务在供应商和客户之间进行转账，实现应付业务的调整，解决应付债务与应收债权的冲抵。

2. 应付冲应付

应付冲应付是指将一家供应商的应付款转到另一家供应商中。通过应付冲应付功能可将应付款业务在供应商之间进行转入、转出，实现应付业务的调整，解决应付款业务在不同供应商之间入错户或合并户的问题。

3. 预付冲应付

预付冲应付是指处理供应商的预付款和该供应商应付欠款的转账核销业务，即某一个供应商有预付款时，可用该供应商的一笔预付款冲抵其一笔应付款。

4. 红票对冲

红票对冲可实现某供应商的红字应付单和其蓝字应付单之间、付款单和收款单之间的冲抵。例如，当发生退票时，用红字发票对冲蓝字发票。红票对冲通常可以分为系统自动冲销和手工冲销两种处理方式：自动冲销可同时对多个供应商依据红票对冲规则进行红票对冲，提高红票对冲的效率；手工冲销可对一个供应商进行红票对冲，并自行选择红票对冲的单据，提高红票对冲的灵活性。

任务详情

1月8日，用1月5日预付给日星的20 000元订金冲抵1月8日购买主板的应付款20 000元。

任务指引

步骤1　选择"采购"|"供应商往来"|"预付冲应付"命令，打开"预付冲应付"对话框。

步骤2　在"预付款"选项卡中选择供应商"日星科技有限公司"，单击"过滤"按钮，系统列出该供应商的预付款。输入转账金额"20000"，如图9.24所示。

步骤3　打开"应付款"选项卡，单击"过滤"按钮，系统列出该供应商的应付款。在1月8日应付款记录行输入转账金额"20000"，如图9.25所示。

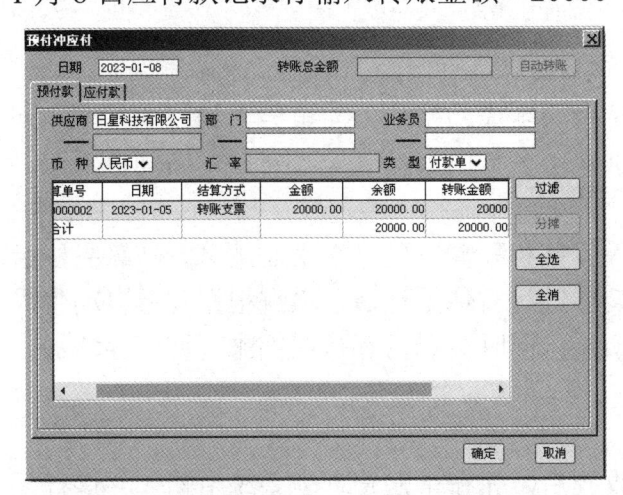

图 9.24　预付冲应付——预付转账金额 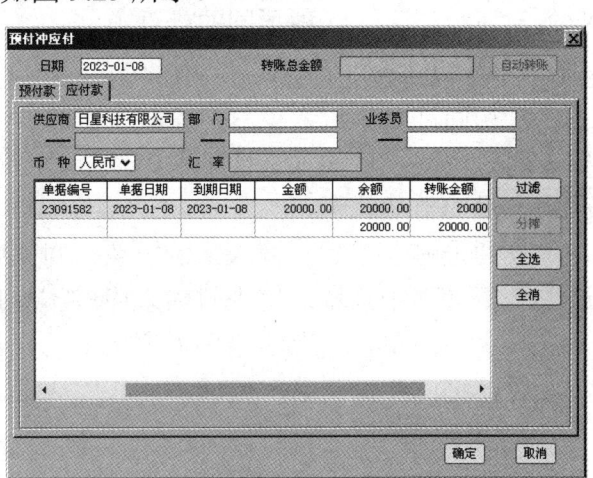　　　　图 9.25　预付冲应付——应付转账金额

步骤4　单击"确定"按钮，系统弹出"保存成功！"信息提示框。单击"确定"按钮返回。

步骤5　选择"核算"|"凭证"|"供应商往来制单"命令，打开"供应商制单查询"对话框。选中"转账制单"复选框，单击"确定"按钮，打开"供应商往来制单"（转账制单）窗口。

步骤6　选中要制单的业务，单击"制单"按钮，打开"填制凭证"窗口。单击"保存"按钮，生成凭证如图9.26所示。

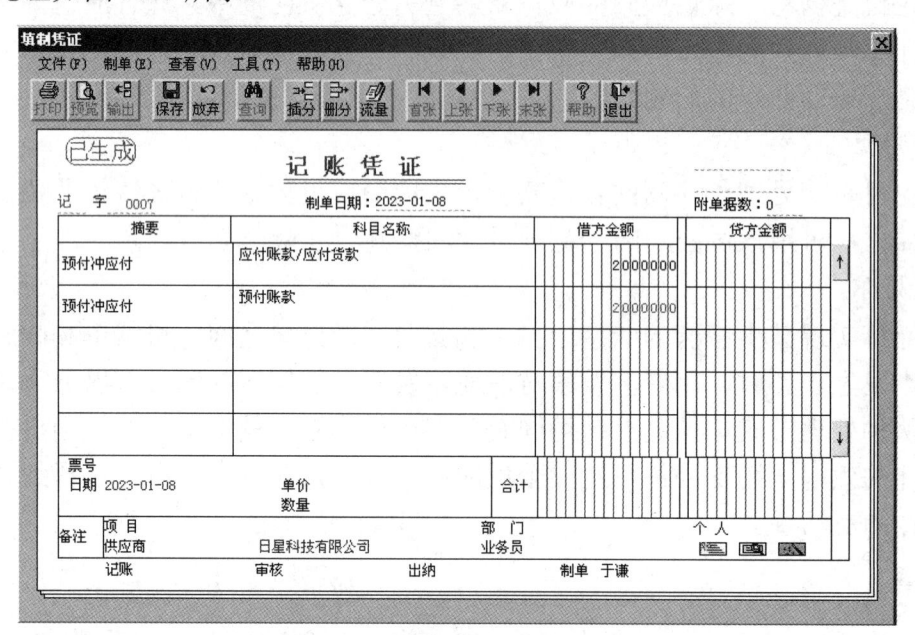

图 9.26　预付冲应付——生成凭证

任务5　暂估入库报销处理

任务下达

由账套主管进行暂估入库报销处理。

任务解析

暂估入库是指本月存货已经入库，但采购发票尚未收到，不能确定存货的入库成本。月底为了正确核算企业的库存成本，需要将这部分存货暂估入账，形成暂估凭证。对暂估入库业务，系统提供了3种不同的处理方法。

1. 月初回冲

月初回冲是指进入下月后，核算管理子系统自动生成与暂估入库单完全相同的红字回冲单，同时登记相应的存货明细账，冲回存货明细账中上月的暂估入库；对红字回冲单制单，冲回上月的暂估凭证。

收到采购发票后，输入采购发票，对采购入库单和采购发票进行采购结算。结算完毕后，进入核算管理子系统，使用暂估入库成本处理功能进行暂估处理后，系统根据发票自动生成一张蓝字回冲单，其上的金额为发票上的报销金额。同时，登记存货明细账，使库存增加。然后对蓝字回冲单制单，生成采购入库凭证。

2. 单到回冲

单到回冲是指下月初不做处理，采购发票收到后，先在采购管理子系统中输入并进行采购结算，再到核算管理子系统中进行暂估入库成本处理，系统自动生成红字回冲单、蓝字回

项目 9　采购与应付管理

冲单，同时据以登记存货明细账。红字回冲单的入库金额为上月暂估金额，蓝字回冲单的入库金额为发票上的报销金额。在"核算"|"生成凭证"子菜单中，选择"红字回冲单""蓝字回冲单"命令制单，生成凭证，传递到总账管理子系统。

3. 单到补差

单到补差是指下月初不做处理，收到采购发票后，先在采购管理子系统中输入并进行采购结算，再到核算管理子系统中进行暂估入库成本处理。如果报销金额与暂估金额的差额不为 0，则产生调整单——一张采购入库单生成一张调整单，用户确定后，自动记入存货明细账；如果差额为 0，则不生成调整单。最后对调整单制单，生成凭证，传递到总账管理子系统。

以单到回冲为例，暂估处理业务的处理流程如图 9.27 所示。

当月，货到票未到：

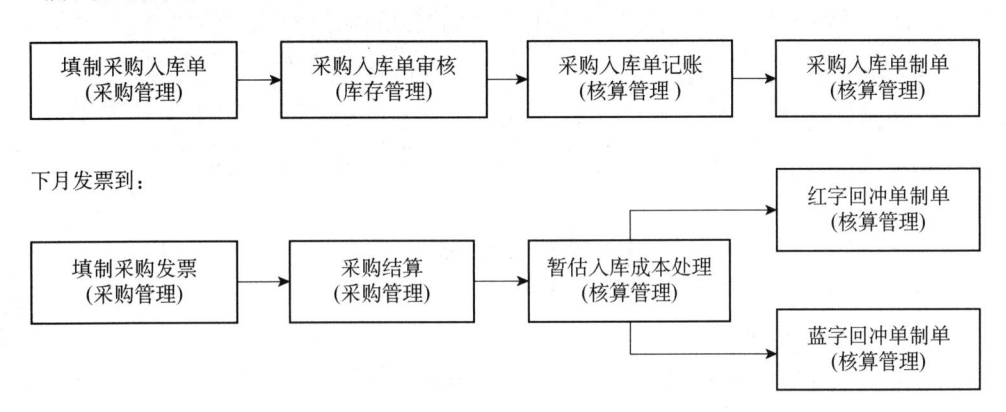

填制采购入库单(采购管理) → 采购入库单审核(库存管理) → 采购入库单记账(核算管理) → 采购入库单制单(核算管理)

下月发票到：

填制采购发票(采购管理) → 采购结算(采购管理) → 暂估入库成本处理(核算管理) → 红字回冲单制单(核算管理) / 蓝字回冲单制单(核算管理)

图 9.27　暂估处理业务的处理流程

需要注意的是，对于暂估处理业务，在月末暂估入库单记账前，要对所有没有结算的入库单填入暂估单价，然后才能记账。

任务详情

1 月 12 日，收到日星提供的上月已验收入库的 100 个主板的电子专用发票一张，票号为 28331864，发票不含税单价为 520 元/个。进行暂估报销处理，确定采购成本和应付账款。原始凭证如图 9.28 所示。

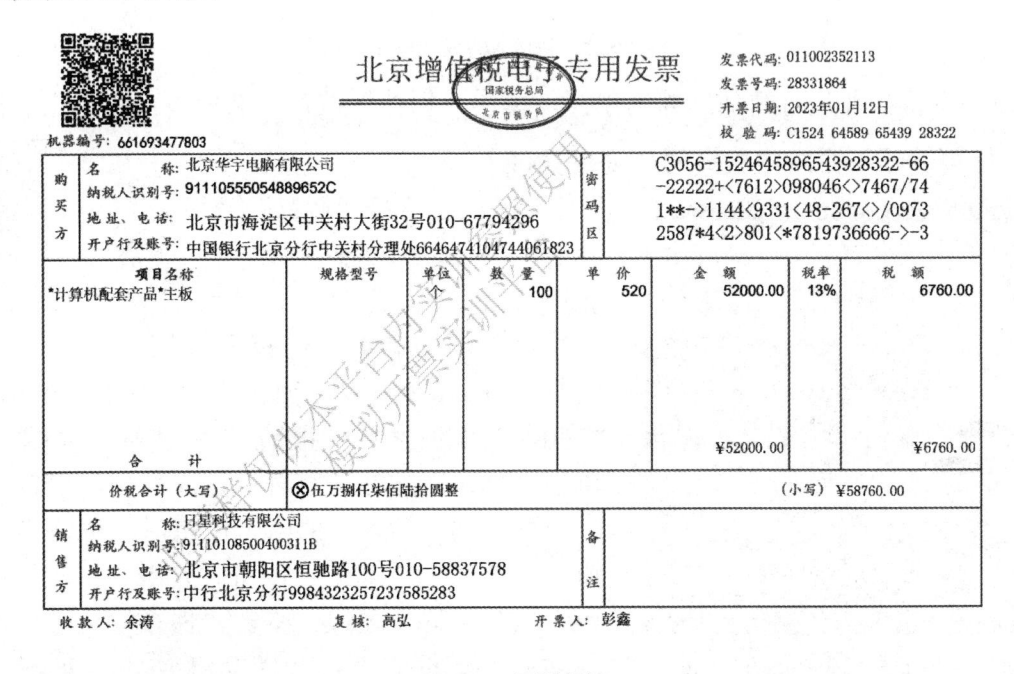

图 9.28　原始凭证

161

会计信息化应用（T3 财税云平台）

任务指引

1. 在发票管理子系统中采集采购专用发票并审、复核

步骤1　选择"发票管理"|"发票采集"命令，采集本笔业务电子发票并审核。

步骤2　选择"采购"|"采购发票"命令，对本笔业务采购发票进行复核。

2. 在采购管理子系统中进行手工结算

步骤1　选择"采购"|"采购结算"|"手工结算"命令，打开"条件输入"对话框。

步骤2　输入条件日期范围"2022-01-01"至"2023-01-31"，然后单击"确定"按钮，打开"入库单和发票选择"对话框。

步骤3　选择要结算的入库单和发票，单击"确定"按钮，返回"手工结算"窗口。单击"结算"按钮，系统弹出"处理完成！"信息提示框。单击"确定"按钮，然后单击"退出"按钮返回。

3. 在核算管理子系统中执行暂估入库成本处理

步骤1　选择"核算"|"核算"|"暂估入库成本处理"命令，打开"暂估成本处理查询"对话框。

步骤2　选择"材料一库"，单击"确定"按钮，打开"暂估结算表"窗口，如图9.29所示。

图 9.29　暂估入库成本处理

步骤3　选择需要进行暂估结算的单据，单击"暂估"按钮，然后单击"退出"按钮返回。

4. 在核算管理子系统中生成暂估处理凭证

步骤1　选择"核算"|"凭证"|"购销单据制单"命令，打开"生成凭证"窗口。

步骤2　单击"选择"按钮，打开"查询条件"对话框。选中"（24）红字回冲单""（30）蓝字回冲单（报销）"复选框，如图9.30所示。单击"确定"按钮，打开"选择单据"窗口。

步骤3　单击"全选"按钮，再单击"确定"按钮，打开"生成凭证"窗口。单击"生成"按钮，打开"填制凭证"窗口。单击"保存"按钮，保存红字回冲单生成的凭证，如图9.31所示。单击"下张"

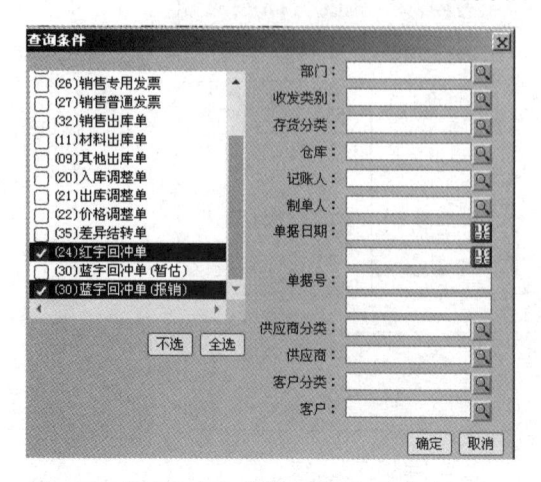

图 9.30　选中红字回冲单、蓝字回冲单（报销）

按钮，再单击"保存"按钮，保存蓝字回冲单生成的凭证，如图9.32所示。

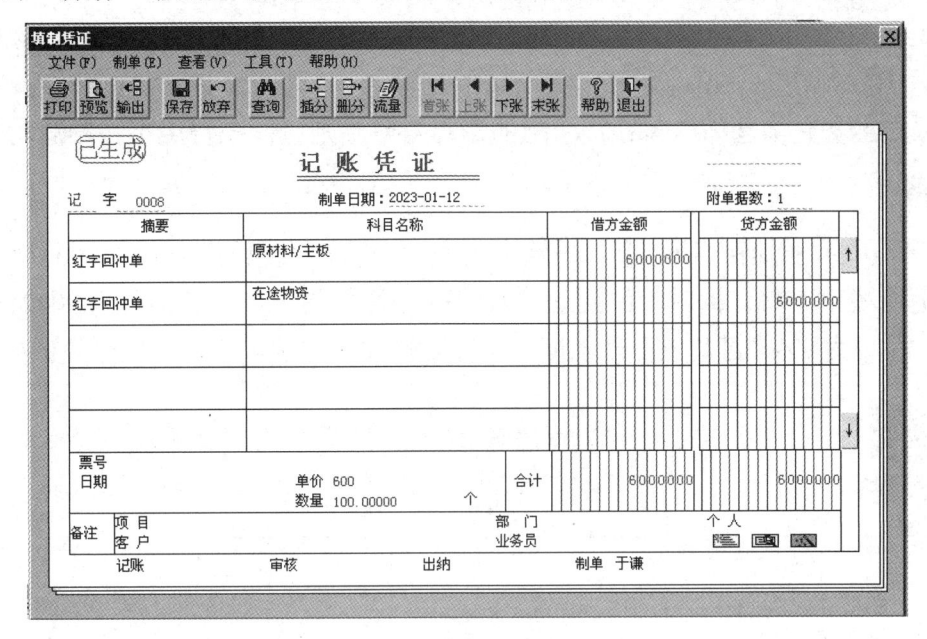

图 9.31　红字回冲单生成凭证

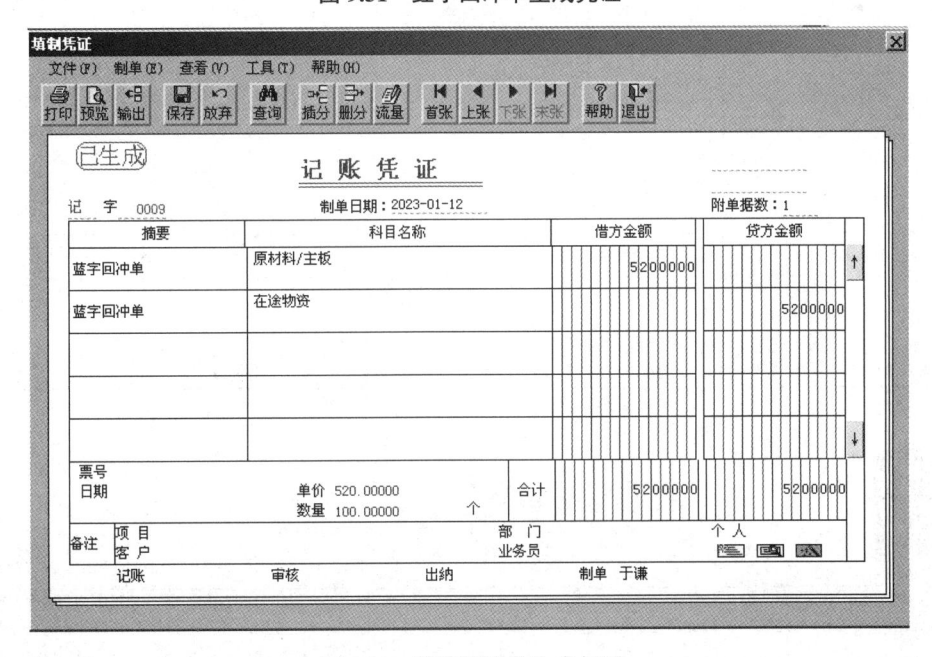

图 9.32　蓝字回冲单生成凭证

5. 在核算管理子系统中进行发票制单处理

选择"核算"|"凭证"|"供应商往来制单"命令，对本笔业务采购专用发票进行制单处理。

任务 6　采购运费处理

任务下达

由账套主管进行采购运费处理。

任务解析

在企业采购业务活动中，如果有关采购发生的费用按照会计制度的规定允许计入采购成本，那么可以分以下情况进行处理。一种情况是，费用发票与货物发票一起报账时，可利用手工结算功能对采购入库单和货物发票及运费发票一起结算。另外一种情况是，费用发票滞后报账：如果该费用只由一种存货负担，则可以将费用票据输入计算机后用手工结算功能单独进行报账；如果是多笔采购业务、多仓库、多存货承担的费用发票，则可以在费用折扣结算功能中实现。

任务详情

1月12日，收到亚捷键盘60个，采购专用发票一张，发票号为06631196，载明无税单价120元/个、适用税率13%。同时，收到亚捷代垫的运费发票一张，发票号为90421509，原币金额为120元、税率为9%。键盘已办理入库，核算采购成本，确认应付。原始凭证如图9.33所示。

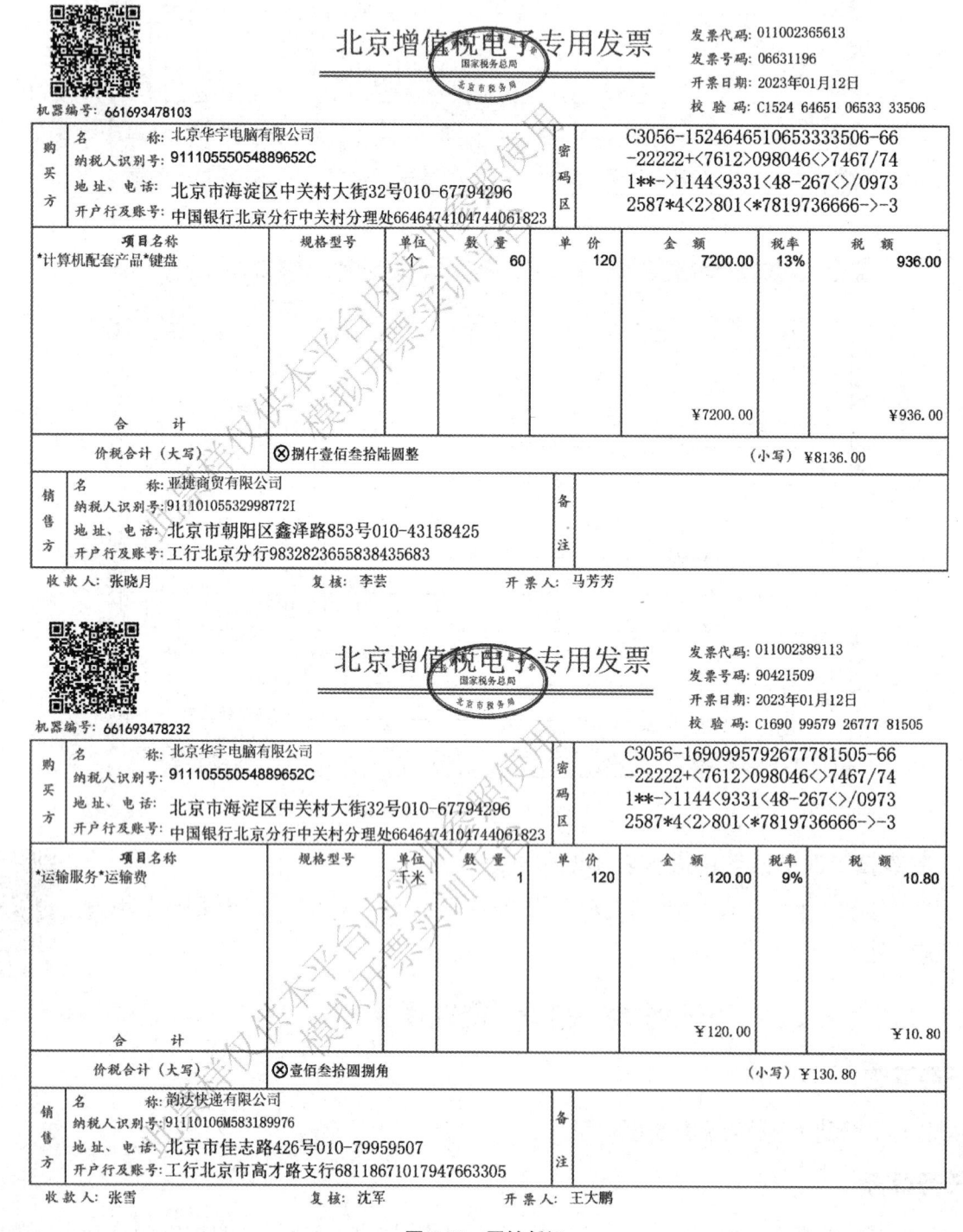

图 9.33 原始凭证

任务指引

1. 采集采购专用发票并审、复核

步骤 1　选择"发票管理"|"发票采集"命令，采集 1 月 12 日本笔业务采购键盘及发生运费的两张电子发票并审核。

步骤 2　选择"采购"|"采购发票"命令，打开"采购发票"（采购专用发票）窗口。对两张发票进行复核，如图 9.34 所示。

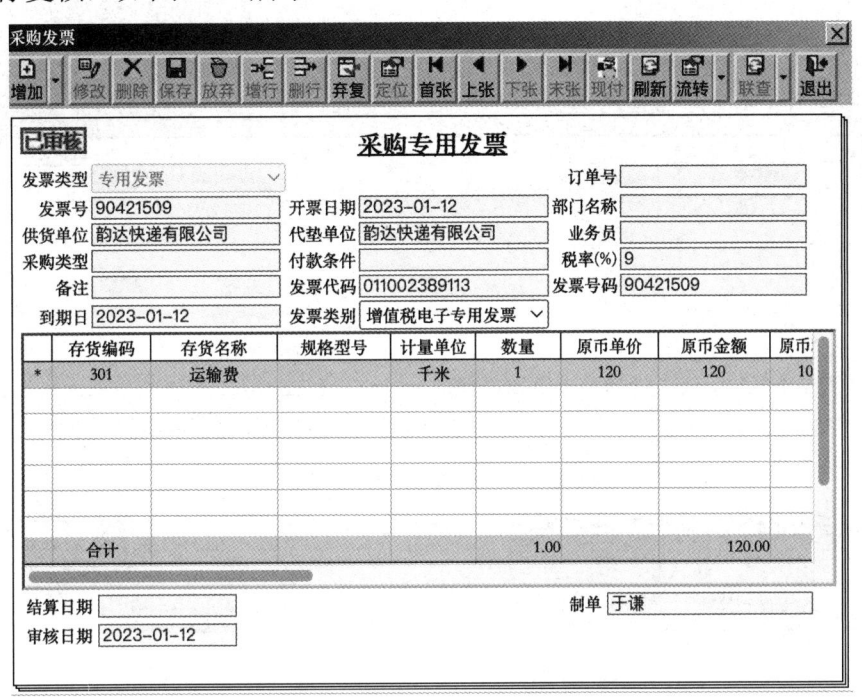

图 9.34　采购专用运费发票

2. 采购发票流转生成采购入库单

在"采购发票"（采购专用发票）窗口中，找到货物发票，选择"流转"|"生成采购入库单"命令，打开"采购入库单"窗口。补充输入仓库、入库类别后，单击"保存"按钮。

3. 进行手工结算

步骤 1　在"采购发票"（采购专用发票）窗口中，选择"流转"|"手工结算"命令，打开"条件输入"对话框。单击"确定"按钮，打开"入库单和发票选择"对话框。

步骤 2　选择要结算的入库单、货物发票和运费发票，单击"确定"按钮，打开"手工结算"窗口，如图 9.35 所示。

步骤 3　单击"分摊"按钮，系统弹出"选择按金额分摊，是否开始计算？"。单击"确定"按钮，系统提示"费用分摊（按金额）完毕，请检查。"信息提示框。单击"确定"按钮。

步骤 4　单击"结算"按钮，系统弹出"处理完成"信息提示框。单击"确定"按钮。

4. 在库存管理子系统中对采购入库单进行审核

选择"库存"|"采购入库单审核"命令，对采购入库单进行审核。

5. 在核算管理子系统中对采购入库单记账并制单

步骤 1　选择"核算"|"核算"|"正常单据记账"命令，对采购入库单进行记账。

步骤 2　选择"核算"|"凭证"|"购销单据制单"命令，对采购入库单（报销记账）生成凭证，如图 9.36 所示。可见，运费已计入采购成本。

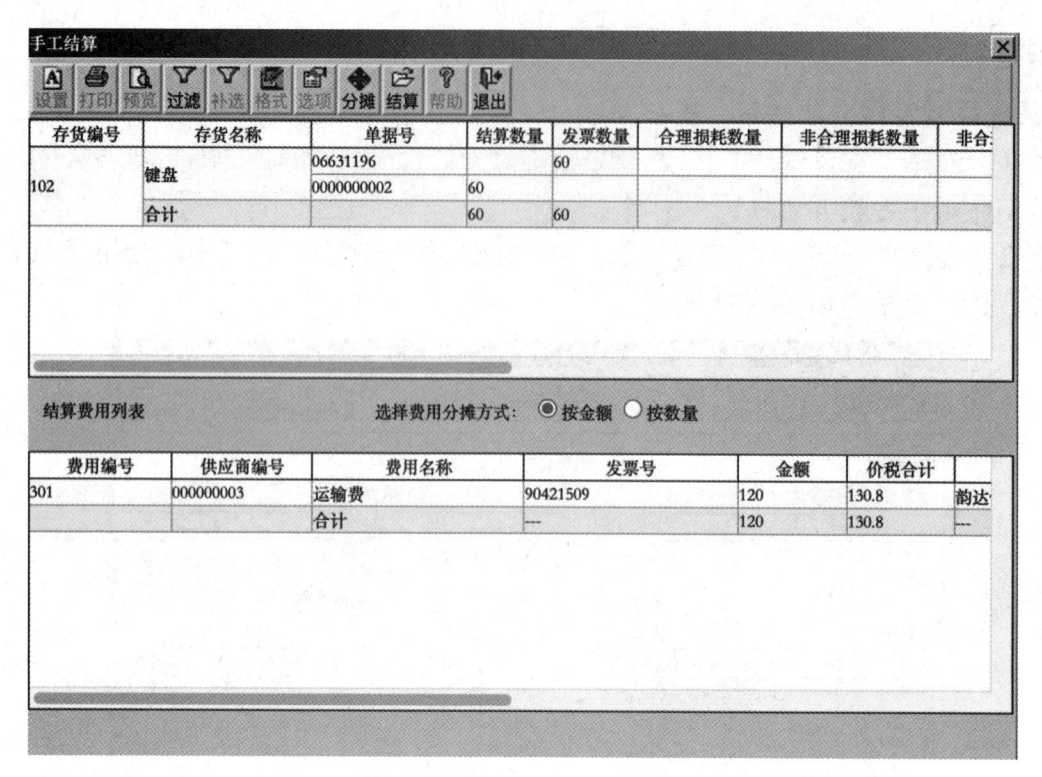

图9.35 采购运费计入采购成本

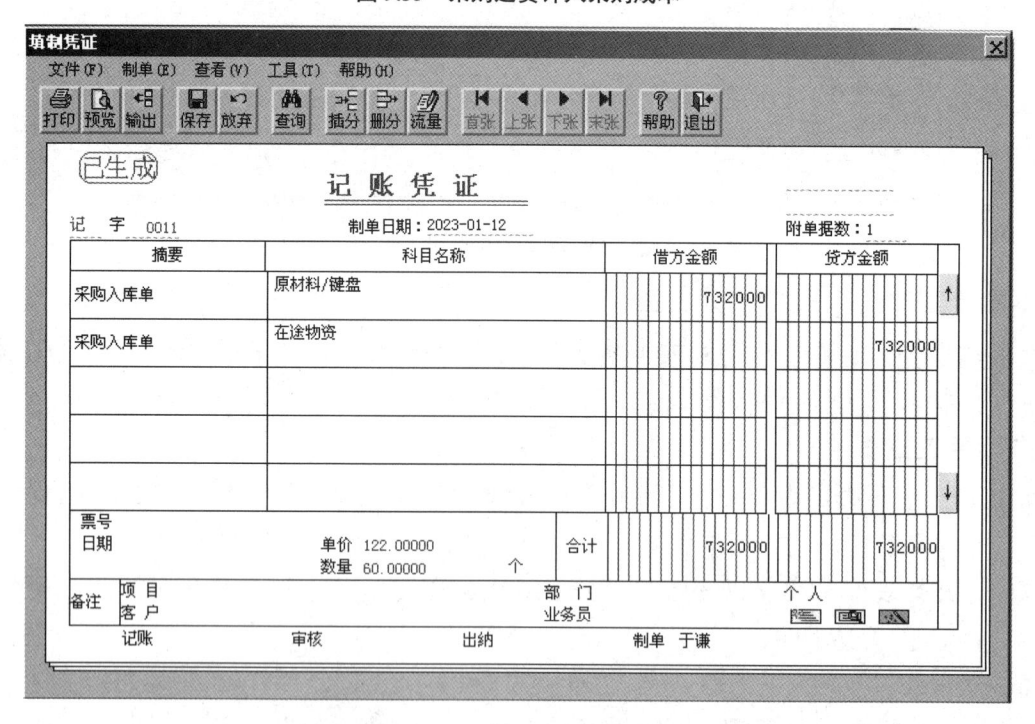

图9.36 采购入库单生成凭证

6. 在核算管理子系统中对采购发票合并制单

步骤1 选择"核算"|"凭证"|"供应商往来制单"命令，打开"供应商制单查询"对话框。

步骤2 选中"发票制单"复选框，单击"确定"按钮，打开"供应商往来制单"（发票制单）窗口。

步骤3 单击"全选"按钮，然后单击"合并"按钮，如图9.37所示。

项目 9 采购与应付管理

图 9.37 合并制单

步骤 4　单击"制单"按钮，生成凭证如图 9.38 所示。

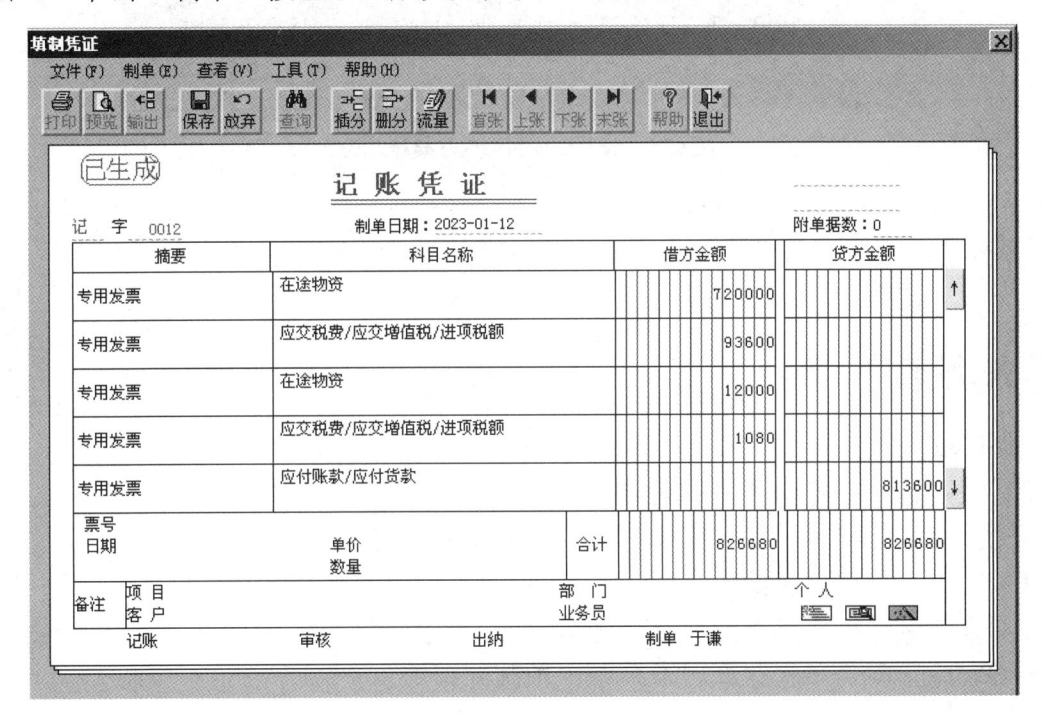

图 9.38 合并生成凭证

任务 7　查看本企业暂估成本核算方式

任务下达

由账套主管查看本企业暂估成本的核算方式。

任务解析

对于暂估入库业务，T3 提供了月初回冲、单到回冲和单到补差 3 种处理方式，在任务 5 中已有详述，企业可以根据业务需要选择合适的暂估处理方式。那么，如何选择本企业的暂估成本核算方式呢？所有与存货核算方法相关的选项设置均在核算管理子系统中进行。

任务指引

步骤 1　选择"核算"|"核算业务范围设置"命令，打开"核算业务范围设置"对话框。
步骤 2　在"核算方式"选项卡中查看到系统默认的暂估方式为"单到回冲"，如图 9.39 所示。

167

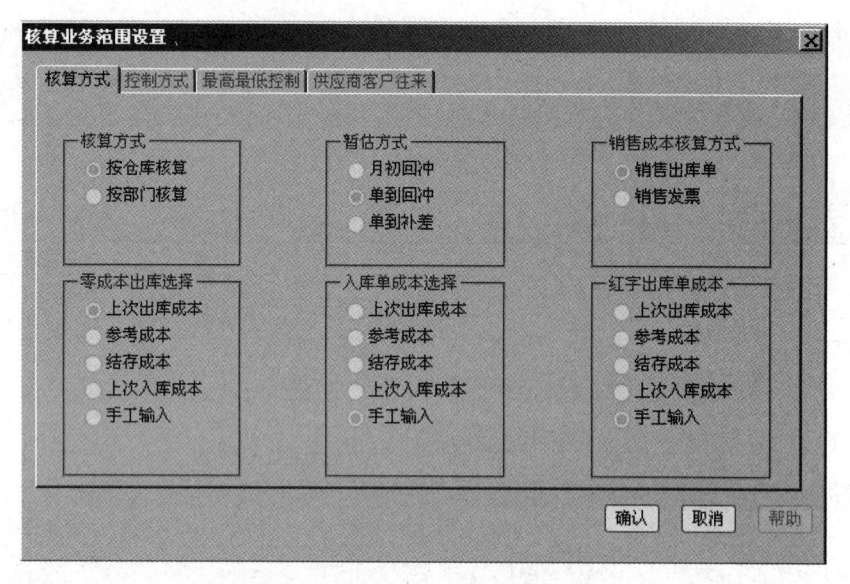

图 9.39　查看企业暂估成本核算方式

步骤3　单击"确认"按钮返回。

全部完成后,将账套备份至"采购管理"文件夹中。

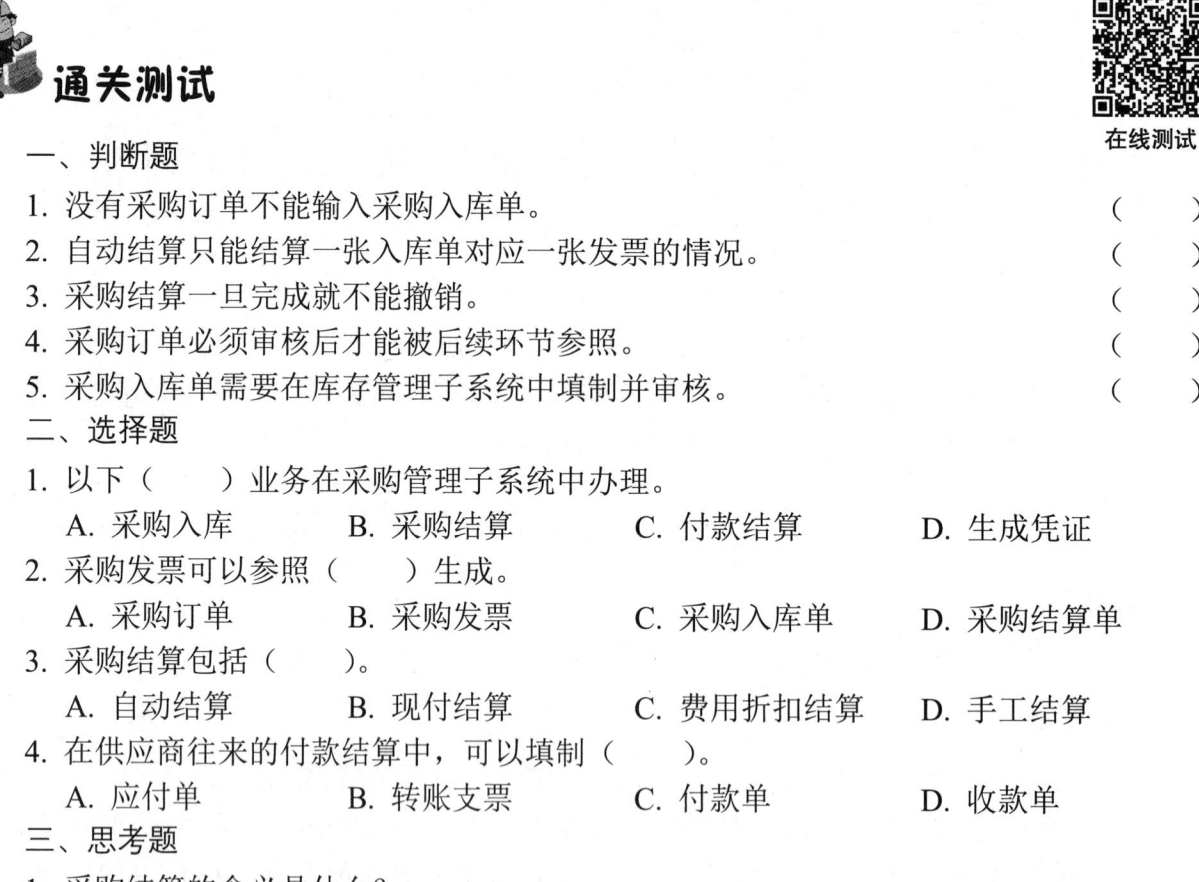

通关测试

一、判断题

1. 没有采购订单不能输入采购入库单。　　　　　　　　　　　　　　　　　（　　）
2. 自动结算只能结算一张入库单对应一张发票的情况。　　　　　　　　　　（　　）
3. 采购结算一旦完成就不能撤销。　　　　　　　　　　　　　　　　　　　（　　）
4. 采购订单必须审核后才能被后续环节参照。　　　　　　　　　　　　　　（　　）
5. 采购入库单需要在库存管理子系统中填制并审核。　　　　　　　　　　　（　　）

二、选择题

1. 以下（　　）业务在采购管理子系统中办理。
   A. 采购入库　　　　B. 采购结算　　　　C. 付款结算　　　　D. 生成凭证
2. 采购发票可以参照（　　）生成。
   A. 采购订单　　　　B. 采购发票　　　　C. 采购入库单　　　D. 采购结算单
3. 采购结算包括（　　）。
   A. 自动结算　　　　B. 现付结算　　　　C. 费用折扣结算　　D. 手工结算
4. 在供应商往来的付款结算中,可以填制（　　）。
   A. 应付单　　　　　B. 转账支票　　　　C. 付款单　　　　　D. 收款单

三、思考题

1. 采购结算的含义是什么?
2. 采购现结与普通采购有何区别?
3. 什么情况下用费用折扣结算方式结算运费?
4. 你如何理解红字回冲单和蓝字回冲单?
5. 核销的含义是什么?核销完成后能取消吗?

项目 10

销售与应收管理

知识目标
1. 了解销售管理子系统的主要功能。
2. 熟悉不同类型销售业务的处理流程。
3. 理解核销和转账的含义。

技能目标
1. 掌握普通销售业务全流程处理。
2. 掌握销售现结业务处理。
3. 掌握代垫费用业务处理。
4. 掌握开票直接发货业务处理。
5. 掌握预收款业务处理。
6. 掌握转账业务处理。

素质目标

通过实训操作，培养学生认真细致的工作作风；通过对销售流程的熟悉，让学生树立提高销售额为企业多创造利润并及时回收货款以保证企业资金流的意识。

项目背景

销售是企业生产经营成果的实现，是企业利润的直接来源，因此在企业中销售是最受关注的业务领域。企业把产品销售出去要及时收回货款，同时要维护好客户关系。

学习了 T3 采购管理子系统的功能之后，让我们来看看销售管理子系统有哪些功能。

基本知识

10.1 认识销售管理子系统

在 T3 中，销售管理子系统是对销售业务全流程的管理，包括销售订货、销售发货、销售出库、销售发票、应收确认和收款的全过程。

10.1.1 销售管理子系统初始设置

销售管理子系统初始设置包括设置销售管理子系统业务处理所需要的各种业务参数、基础档案信息和销售管理子系统期初数据。

10.1.2 销售业务管理

销售业务管理主要处理销售报价、销售订货、销售发货、销售开票、销售调拨、销售退回、发货折扣、委托代销、零售等业务，并根据审核后的发票或发货单自动生成销售出库单，处理随同货物销售所发生的各种代垫费用，以及在货物销售过程中发生的各种销售支出。

10.1.3 销售账簿和销售分析

销售管理子系统不仅可以提供各种销售明细账、销售明细表和各种统计表，还可以进行各种销售分析和综合查询统计分析。

10.2 销售管理子系统与T3其他子系统的数据关联

① 销售管理子系统的发货单、销售发票新增后冲减库存管理子系统的货物现存量，经审核后自动生成销售出库单传递给库存管理子系统。库存管理子系统为销售管理子系统提供各种可用于销售的存货现存量。

② 销售管理子系统的发货单、销售发票经审核后自动生成销售出库单。销售出库单或销售发票传递给核算管理子系统，核算管理子系统将计算出来的存货的销售成本传递给销售管理子系统。

实训任务

任务1 信息同步

任务下达

由系统管理员引入"购销存初始化"账套。
由账套主管进行发票管理信息同步。

任务解析

企业销售业务需要通过发票管理子系统给客户开具电子发票。开具电子发票时要获悉客户、商品、开票单位等相关信息。这些信息此前已建立在企业账套的单位信息、存货档案、客户档案中，需要通过"同步操作"同步到发票管理。

任务详情

进行开票信息同步、开票商品同步和开票客户同步。

任务指引

1. 开票信息同步

步骤1 在T3中，单击左侧的"发票管理"，再单击上方的"开票信息同步"按钮，打开"开票信息同步"对话框，如图10.1所示。

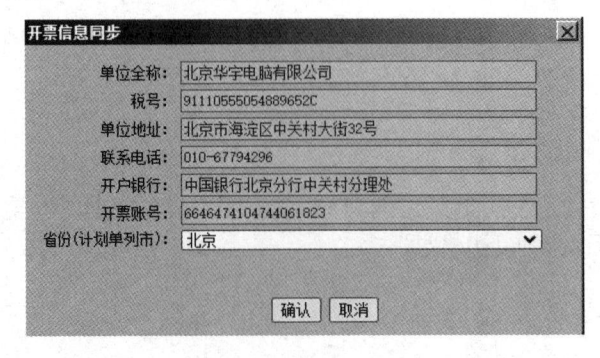

图 10.1 开票信息同步

步骤2 单击"确认"按钮,系统弹出"开票信息同步成功"信息提示框。
步骤3 单击"确定"按钮返回。关闭当前对话框。

2. 开票商品同步

步骤1 单击"开票商品同步"按钮,打开"开票商品同步"窗口,如图10.2所示。

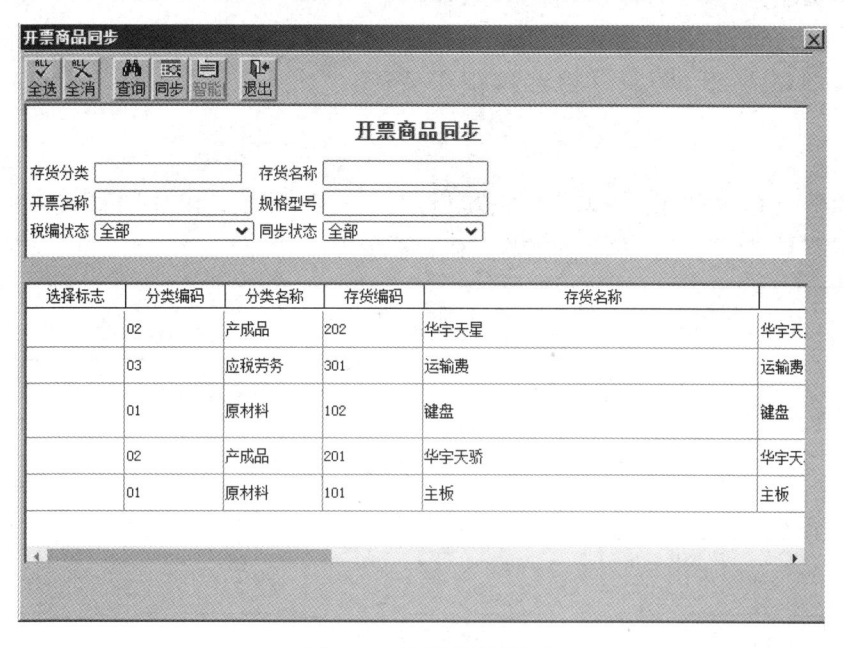

图 10.2 开票商品同步

步骤2 单击"全选"按钮,再单击"同步"按钮,系统弹出"同步成功"信息提示框。单击"确定"按钮。
步骤3 单击"退出"按钮返回。

3. 开票客户同步

步骤1 单击"开票客户同步"按钮,打开"开票客户同步"窗口,如图10.3所示。

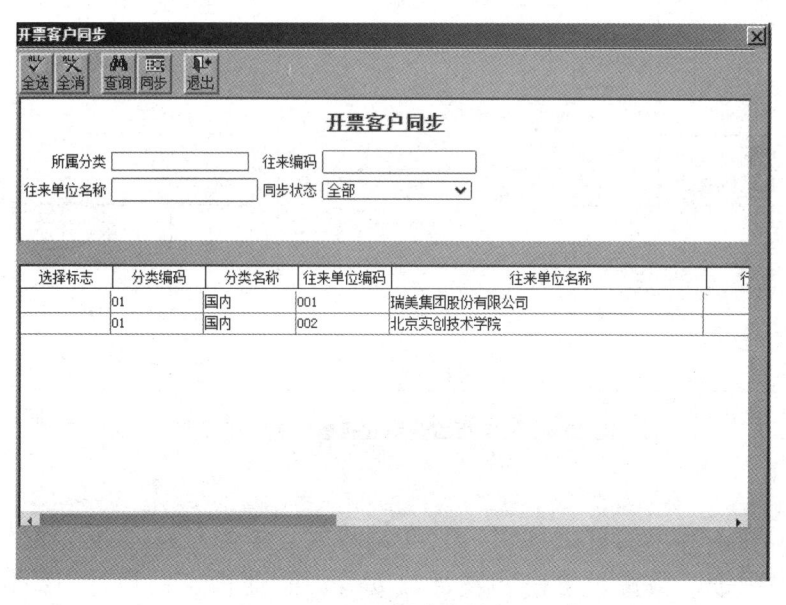

图 10.3 开票客户同步

步骤2 单击"全选"按钮,再单击"同步"按钮,系统弹出"同步成功"信息提示框。单击"确定"按钮。
步骤3 单击"退出"按钮返回。

任务2　普通销售业务处理

任务下达

由系统管理员引入"购销存初始化"账套。

由账套主管完成普通销售业务处理，包括销售订货、销售发货、销售出库、销售开票、应收确认、结转销售成本、收款结算和核销全流程。

任务解析

普通销售业务支持两种业务模式：先发货后开票业务模式和开票直接发货业务模式。

以先发货后开票为例，业务流程如图10.4所示。

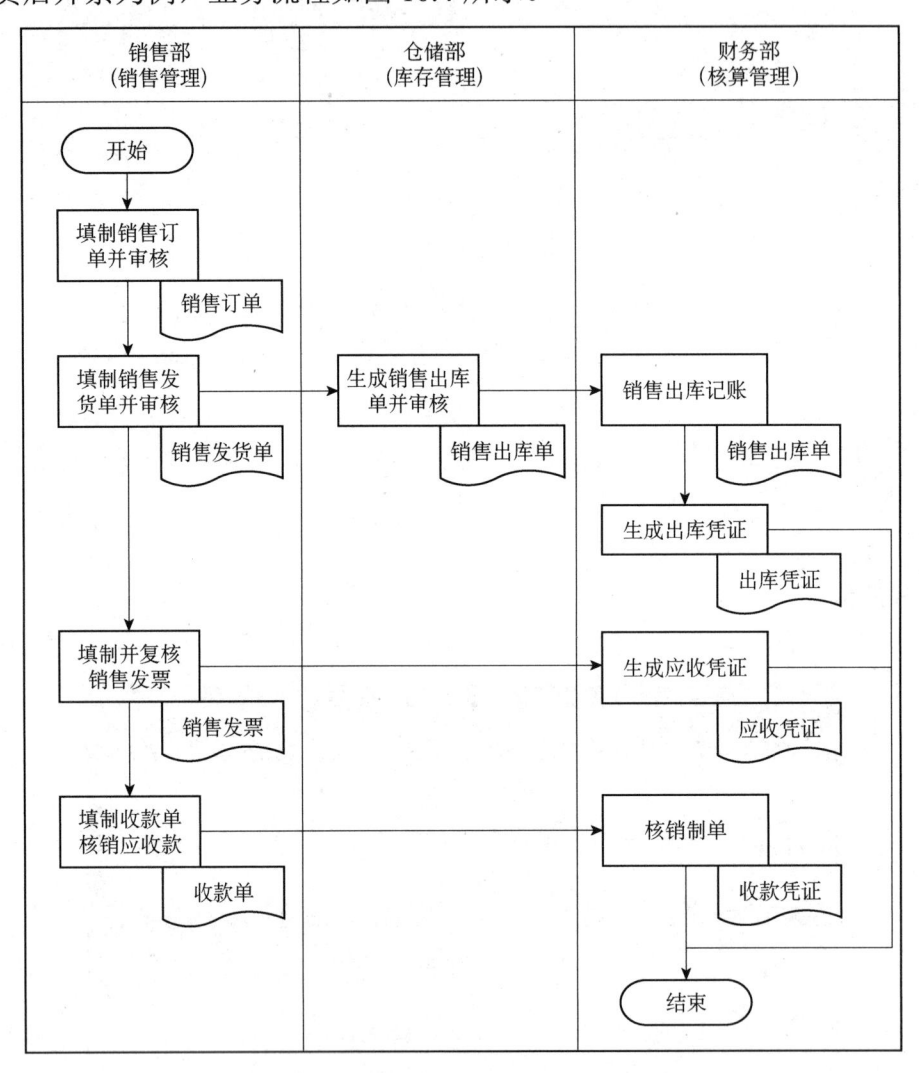

图 10.4　先发货后开票业务模式的业务流程

1. 销售订货

销售订货是指确认客户的订货需求。它在销售管理子系统中体现为销售订单，其中载明了双方约定的货物明细、数量、价格和发货日期等。企业根据销售订单组织货源，进行发货，并可对订单执行情况进行跟踪和管控。

已审核未关闭的销售订单可以用于参照生成销售发货单或销售发票。

2. 销售发货

当客户订单交期到了时，相关人员应根据订单进行发货。销售发货是指企业执行与客户签订的销售合同或销售订单，将货物发往客户的行为，是销售业务的执行阶段。发货单是确认发货的原始单据，仓库根据发货单办理出库。

3. 销售出库

销售出库是销售业务处理的必要环节，需要在库存管理子系统中对存货出库数量进行确定，需要在核算管理子系统中对存货出库成本进行计算。对于用先进先出、后进先出、移动平均、个别计价这 4 种计价方式计价的存货，在核算管理子系统进行单据记账时进行出库成本核算；对于用全月平均、计划价/售价法计价的存货在期末处理时进行出库成本核算。

4. 销售开票，确认应收

销售开票是在销售过程中企业给客户开具销售发票及其所附清单的过程。它是销售收入确定、销售成本计算、应交销售税金确定和应收账款确定的依据，是销售业务的必要环节。

销售发票既可以直接填制，也可以参照销售订单或销售发货单生成。参照销售发货单开票时，多张销售发货单可以汇总开票，一张销售发货单也可拆单生成多张销售发票。

开具销售发票的同时确立企业的债权。从会计核算的角度，依据开具的销售发票形成确认应收的会计核算凭证。

5. 收款结算并核销

销售实现后应及时收款才能保障企业有良好的现金流，使企业正常运转。

收到的款项需要及时与应收进行核销，以进行精确的账龄分析，并提供适时的催款依据，提高资金周转率。

任务详情

① 2023 年 1 月 10 日，瑞美向国内销售部订购 20 台华宇天骄，无税单价为 6 000 元/台，商定发货日期为 2023 年 1 月 12 日。原始凭证如图 10.5 所示。

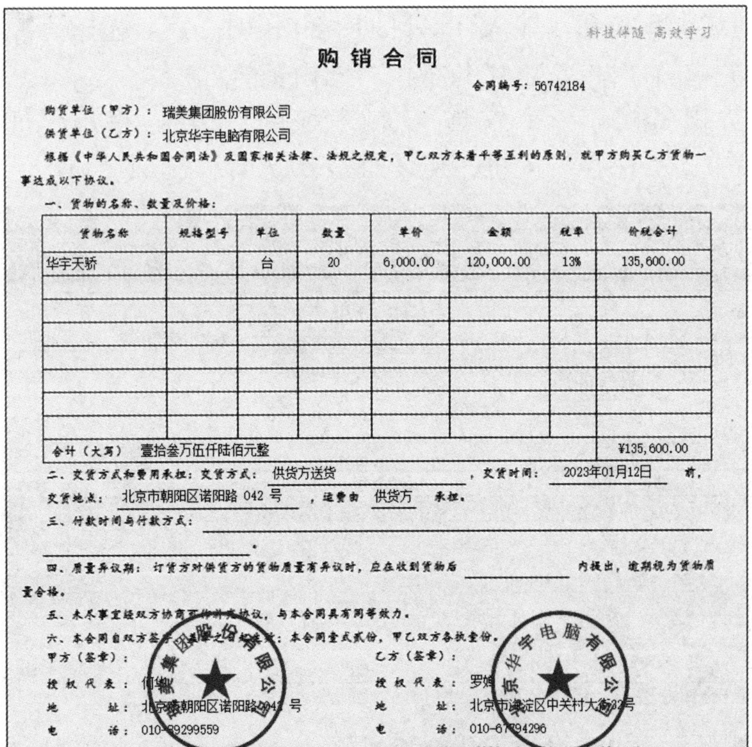

科技伴随 高效学习

购销合同

合同编号：56742184

购货单位（甲方）：瑞美集团股份有限公司

供货单位（乙方）：北京华宇电脑有限公司

根据《中华人民共和国合同法》及国家相关法律、法规之规定，甲乙双方本着平等互利的原则，就甲方购买乙方货物一事达成以下协议。

一、货物的名称、数量及价格：

货物名称	规格型号	单位	数量	单价	金额	税率	价税合计
华宇天骄		台	20	6,000.00	120,000.00	13%	135,600.00
合计（大写） 壹拾叁万伍仟陆佰元整							¥135,600.00

二、交货方式和费用承担：交货方式：供货方送货，交货时间：2023年01月12日前，交货地点：北京市朝阳区诺阳路 042 号，运费由供货方承担。

三、付款时间与付款方式：

四、质量异议期：订货方对供货方的货物质量有异议时，应在收到货物后　　内提出，逾期视为货物质量合格。

五、未尽事宜经双方协商可作补充协议，与本合同具有同等效力。

六、本合同自双方签字、盖章之日起生效；本合同壹式贰份，甲乙双方各执壹份。

甲方（签章）：
授权代表：何集
地　　址：北京市朝阳区诺阳路042号
电　　话：010-89299559
日　　期：2023 年 01 月 10 日

乙方（签章）：
授权代表：罗娟
地　　址：北京市海淀区中关村大街32号
电　　话：010-67794296
日　　期：2023 年 01 月 10 日

图 10.5 原始凭证

② 2023年1月12日，国内销售部开具发货单，向瑞美发出其所订货物，并从成品库办理出库手续。财务部登记存货明细账，结转销售成本。

③ 2023年1月12日，向瑞美开具销售专用发票（纸质）。财务部据此确认应收。

④ 2023年1月15日，财务部收到瑞美转账支票一张，票号为23102315，金额为150 000元。原始凭证如图10.6所示。应收会计进行收款结算并核销应收。

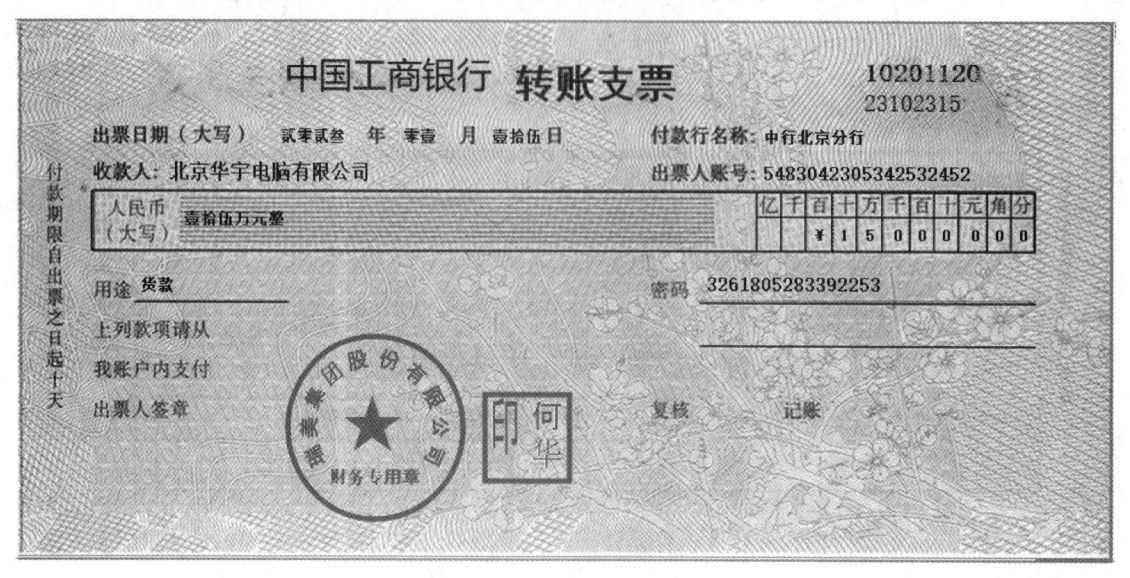

图10.6　原始凭证

任务指引

1. 填制销售订单并审核

步骤1　选择"销售"|"销售订单"命令，打开"销售订单"窗口。

步骤2　单击"增加"按钮，输入订单日期"2023-01-10"，选择销售类型"普通销售"、客户名称"瑞美"、销售部门"国内销售部"。

步骤3　选择货物名称"华宇天骄"，输入数量"20"、报价"6000"、预发货日期"2023-01-12"，然后单击"保存"按钮，结果如图10.7所示。

图10.7　销售订单

步骤 4　单击"审核"按钮，审核销售订单。

> **注意**
> ① 已保存的销售订单可以修改、删除，但不允许修改他人填制的销售订单。
> ② 系统会自动生成订单编号，但可以手工修改。订单编号不能重复。
> ③ 如果企业要按业务员进行销售业绩考核，则必须输入业务员的信息。
> ④ 经审核的销售订单才能被后续环节参照。
> ⑤ 执行完成的销售订单可以关闭。

2. 填制销售发货单并审核

步骤 1　选择"销售"|"销售发货单"命令，打开"发货单"窗口。

步骤 2　单击"增加"按钮，输入发货单各项信息。

步骤 3　单击"保存"按钮，系统弹出"发货单添加成功！"信息提示框。单击"确定"按钮返回。

步骤 4　单击"审核"按钮，系统弹出信息提示框，如图 10.8 所示。

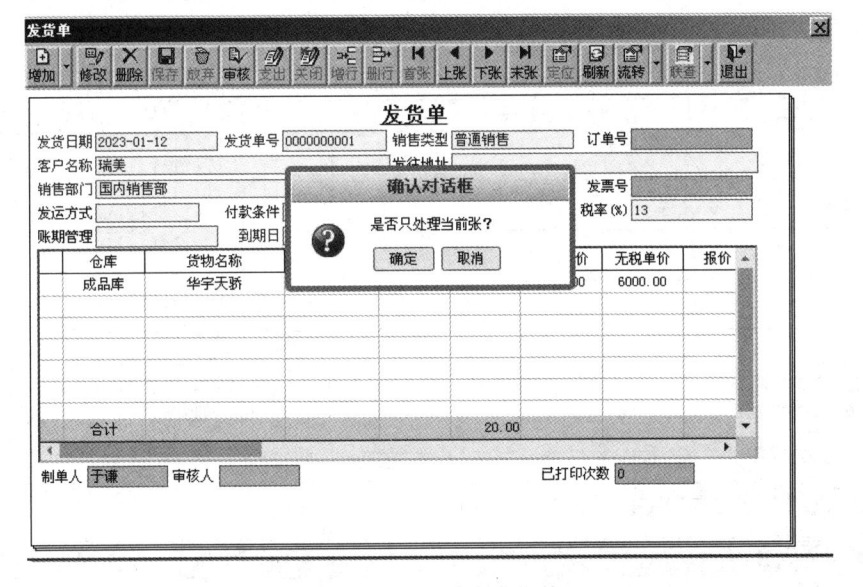

图 10.8　审核销售发货单

步骤 5　单击"确定"按钮，系统弹出"单据审核成功！"信息提示框。单击"确定"按钮返回。

步骤 6　单击"退出"按钮返回。

3. 在库存管理子系统中生成销售出库单并审核

步骤 1　选择"库存"|"销售出库单生成/审核"命令，打开"销售出库单"窗口。

步骤 2　选择要审核的销售出库单，单击"复核"按钮。

步骤 3　单击"退出"按钮返回。

4. 在核算管理子系统中对销售出库单记账并生成凭证

步骤 1　选择"核算"|"核算"|"正常单据记账"命令，打开"正常单据记账条件"对话框。单击"确定"按钮，打开"正常单据记账"窗口。

步骤 2　单击需要记账的单据前的"选择"栏，出现"√"标记，或者单击工具栏的"全选"按钮，选择所有单据，然后单击工具栏中的"记账"按钮。记账完成后，单据不再在对话框中显示。单击"退出"按钮。

步骤 3　选择"核算"|"凭证"|"购销单据制单"命令，打开"生成凭证"窗口。

步骤 4　单击"选择"按钮，打开"查询条件"对话框。选中"（32）销售出库单"复选框，单击"确定"按钮，打开"选择单据"窗口。

步骤 5　选择需要生成凭证的单据，单击"确定"按钮，返回"生成凭证"窗口。

步骤 6　单击"生成"按钮，打开"填制凭证"窗口。补充输入主营业务成本科目核算项目"华宇天骄"。

步骤 7　单击"保存"按钮，凭证左上角显示"已生成"红色标志，表示已将凭证传递到总账管理子系统，如图10.9所示。

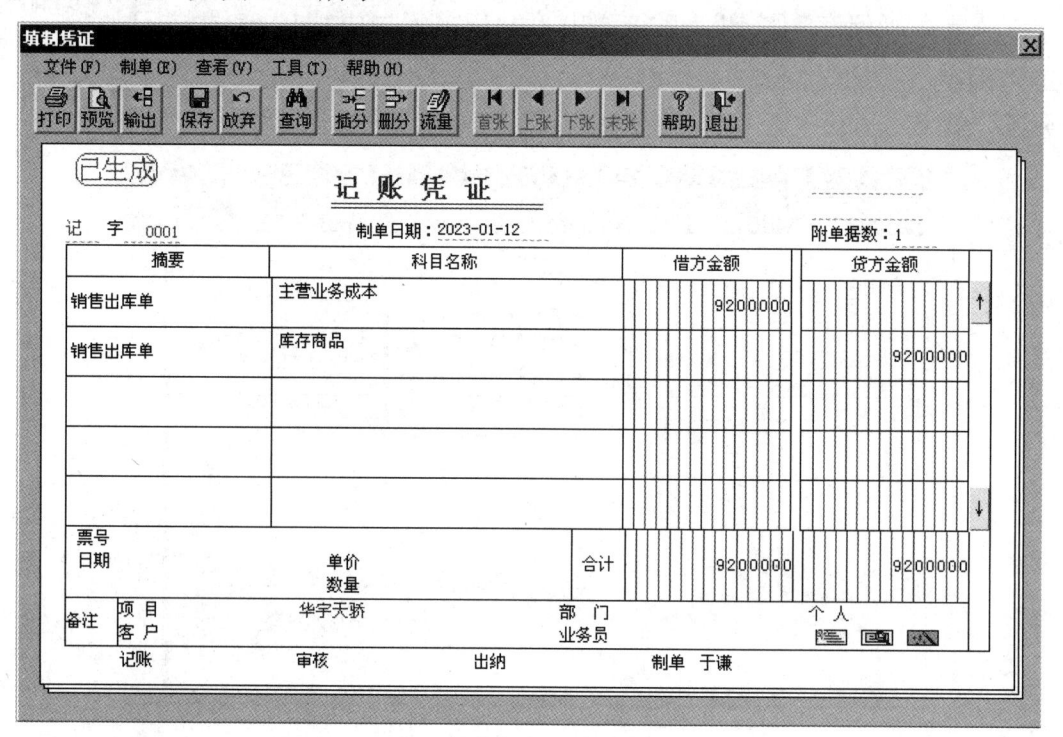

图10.9　生成销售出库凭证

5. 销售开票确认应收

（1）在销售管理子系统中根据发货单填制并复核销售发票

步骤 1　选择"销售"|"销售发票"命令，打开"销售发票"窗口。

步骤 2　单击"增加"下拉按钮，选择"专用发票"选项，系统弹出信息提示框，如图10.10所示。

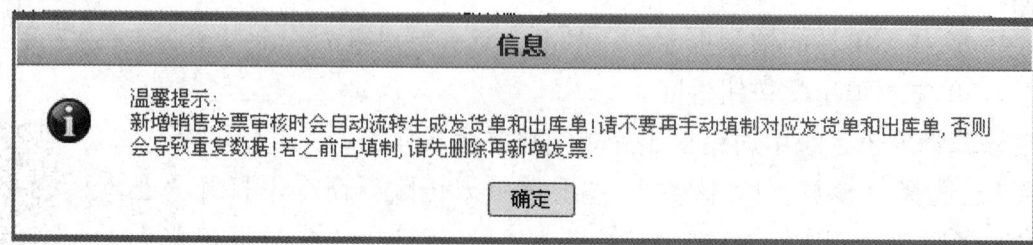

图10.10　新增发票时的系统提示

步骤3　单击"确定"按钮返回。单击"选单"下拉按钮,选择"发货单"选项,打开"发货单条件选择"对话框。单击"确定"按钮,列出可参照的发货单。选择发货单,单击"确认"按钮,将发货单信息带入销售专用发票。发票介质选择"纸质发票"。

步骤4　单击"保存"按钮,然后单击"复核"按钮,发票左上角显示"已审核",如图10.11所示。

步骤5　单击"开票"按钮,弹出提示"开票订单已生成,请到电子发票系统的开票订单页面中进行开票"信息提示框。单击"确定"按钮。

图10.11　复核销售专用发票

（2）在发票管理子系统中开具电子发票、一键取票

步骤1　选择"发票管理"|"订单查询"命令,打开"订单查询"对话框。

步骤2　选择本笔业务订单,单击"开票"按钮,系统提示"已提交开票,请在发票列表查看发票"。关闭当前窗口返回。

步骤3　选择"开票"|"发票列表"命令,打开"发票列表"对话框,可查询到已开具的电子发票。关闭当前窗口返回。

步骤4　选择"发票管理"|"发票采集"命令,打开"发票"窗口。

步骤5　单击"发票采集"下拉按钮,选择"一键取票"选项,系统提示"成功:成功导入1条记录"。单击"确定"按钮。

步骤6　打开"销项发票"选项卡,选中本次导入的发票记录,单击"审核"按钮,系统弹出"审核成功!"信息提示框。单击"确定"按钮返回。

步骤7　单击"退出"按钮。

（3）在核算管理子系统中生成销售收入凭证

步骤1　选择"核算"|"凭证"|"客户往来制单"命令,打开"客户制单查询"对话框。

步骤2　选中"发票制单"复选框,单击"确定"按钮,打开"客户往来制单"窗口。

步骤3　选择要制单的单据,单击"制单"按钮,屏幕上出现根据发票生成的记账凭证。

步骤 4　将当前光标定位在"主营业务收入"行，将鼠标指针移动到凭证上的"备注"栏，待鼠标指针变为笔状时双击弹出"辅助项"对话框。选择项目"华宇天骄"，单击"确认"按钮。

步骤 5　单击"保存"按钮，凭证左上角显示"已生成"红字标记，表示已将凭证传递到总账管理子系统，如图 10.12 所示。

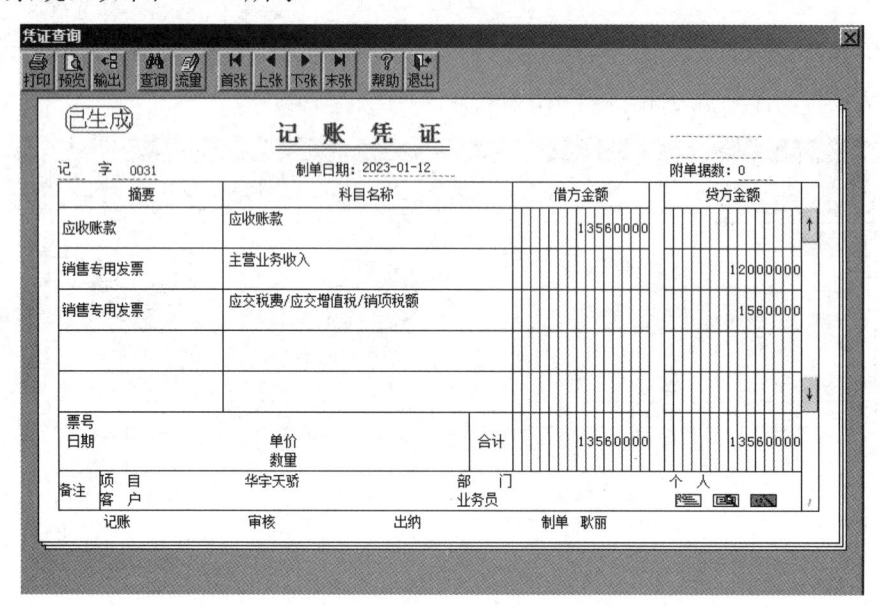

图 10.12　发票制单确认收入

6. 收款结算核销应收

（1）在销售管理子系统中输入收款单，核销应收

步骤 1　选择"销售"|"客户往来"|"收款结算"命令，打开"单据结算"窗口。

步骤 2　选择客户"001 瑞美集团股份有限公司"，单击"增加"按钮，输入收款单各项信息。单击"保存"按钮，如图 10.13 所示。

图 10.13　收款单

步骤 3　单击"核销"按钮，收款单下方窗格中显示该客户未核销的应收款。在要核销的单据的"本次结算"栏中输入"135600.00"，如图 10.14 所示。

步骤 4　单击"保存"按钮，收款单上方的预收合计显示 14 400。

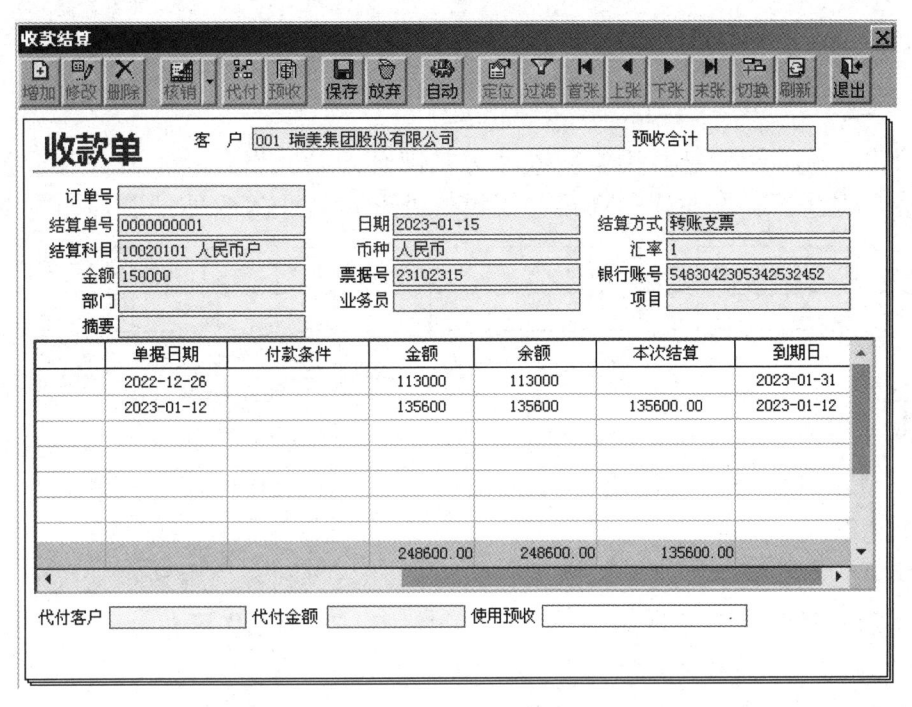

图 10.14　核销应收

（2）收款结算制单

步骤 1　选择"核算"|"凭证"|"客户往来制单"命令，打开"客户制单查询"对话框。

步骤 2　选中"核销制单"复选框，单击"确定"按钮，打开"客户往来制单"（核销制单）窗口。

步骤 3　选择要制单的单据，单击"制单"按钮，打开"填制凭证"窗口。单击"保存"按钮，生成收款凭证，如图 10.15 所示。

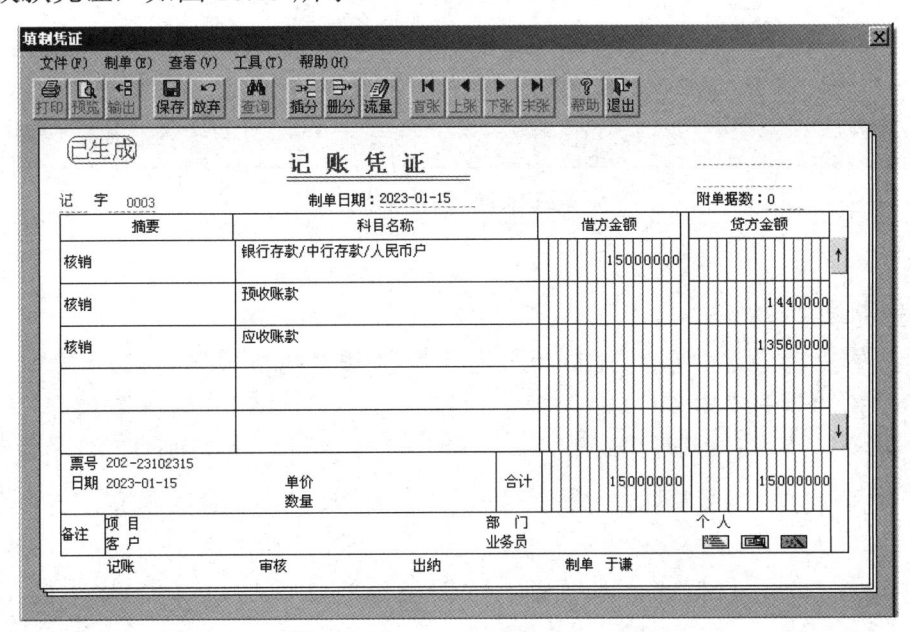

图 10.15　生成收款凭证

任务 3　销售现收业务处理

任务下达

由账套主管完成销售现收业务处理。

任务解析

与普通销售业务不同的是，销售现收业务是向客户开具发票的当时即收取货款，因此从会计核算的角度跳过了应收确认，直接进行收款处理。其业务的处理流程如图 10.16 所示。

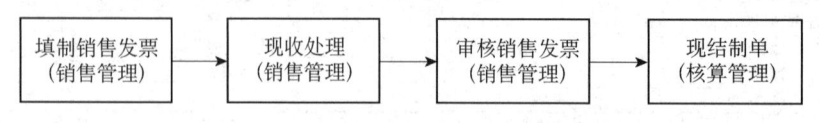

填制销售发票（销售管理）→ 现收处理（销售管理）→ 审核销售发票（销售管理）→ 现结制单（核算管理）

图 10.16　现收业务的处理流程

任务详情

2023 年 1 月 16 日，国内销售部向实创出售华宇天星 100 台，无税单价为 4 500 元/台。货物从成品库发出。

同日，根据上述发货单开具专用发票一张。同时，收到客户用转账支票所支付的全部货款，票据号为 52361588，进行现结制单处理。原始凭证如图 10.17 所示。

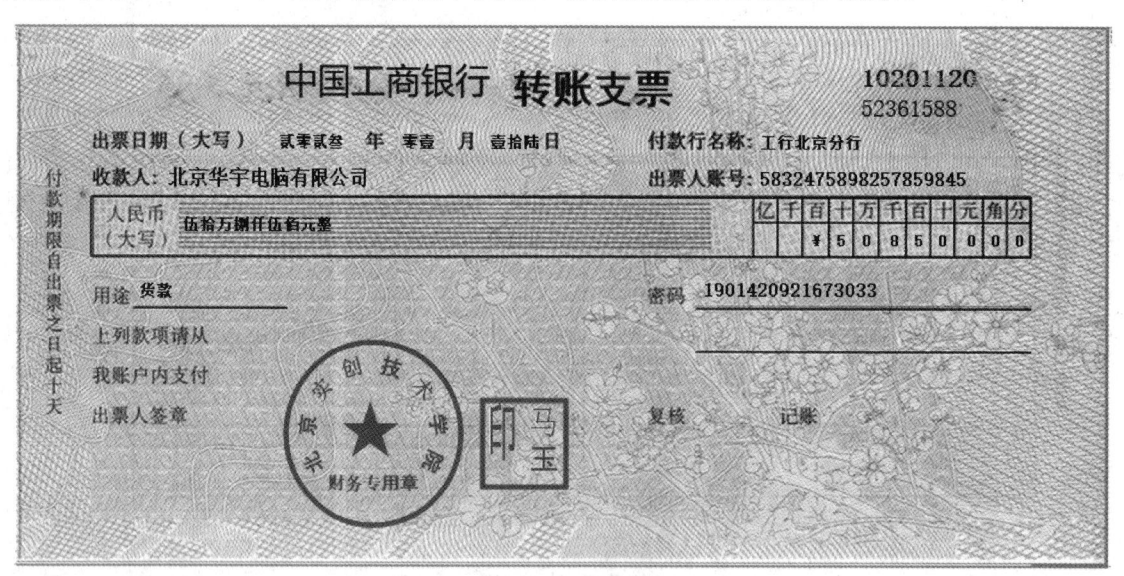

图 10.17　原始凭证

任务指引

1. 填制发货单并审核

步骤 1　选择"销售"|"销售发货单"命令，打开"发货单"窗口。

步骤 2　单击"增加"按钮，输入发货日期"2023-01-16"，选择销售类型"普通销售"、客户名称"实创"。

步骤 3　选择仓库"成品库"、货物名称"华宇天星"，输入数量"100"、无税单价"4500"。

步骤 4　单击"保存"按钮，系统弹出"发货单添加成功！"信息提示框。单击"确定"按钮返回。

步骤 5　单击"审核"按钮，系统弹出"是否只处理当前张？信息提示框"。单击"确定"按钮，系统提示"单据审核成功!"。单击"确定"按钮。

2. 根据发货单流转生成销售专用发票并现结

步骤1　在"发货单"窗口中，选择"流转"|"生成专用发票"命令，打开"销售发票"窗口。

步骤2　单击"保存"按钮。

步骤3　单击"现结"按钮，打开"销售现结"对话框。选择结算方式"转账支票"，输入结算金额"508500"、票据号"52361588"，如图10.18所示。单击"确定"按钮，系统弹出"现结记录已保存!"信息提示框。单击"确定"按钮返回，销售发票右上角显示"现结"标志。

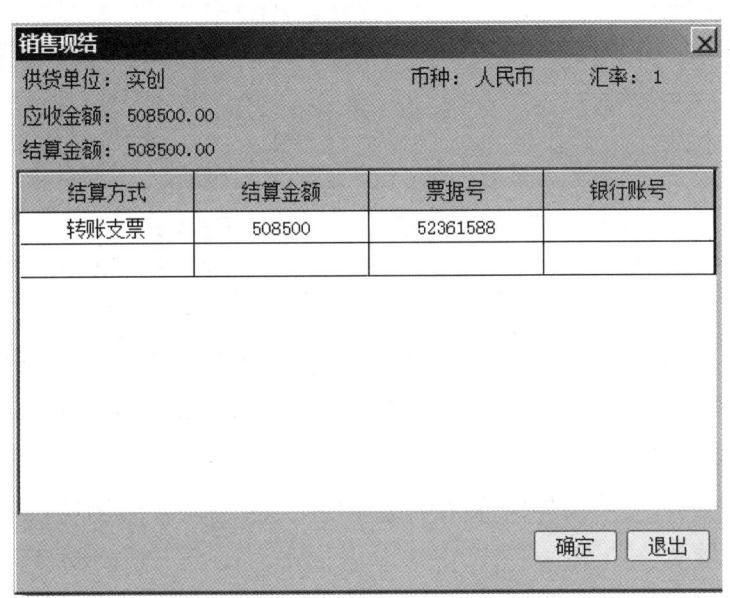

图10.18　销售发票现结

步骤4　单击"复核"按钮，对现结发票进行复核。发票左上角显示"已审核"字样。

步骤5　单击"开票"按钮，系统弹出"开票订单已生成，请到电子发票系统的开票订单页面中进行开票"信息提示框。单击"确定"按钮。

3. 一键取票并审核

步骤1　选择"发票管理"|"订单查询"命令，打开"订单查询"对话框。

步骤2　选择本笔业务订单，单击"开票"按钮，系统提示"已提交开票，请在发票列表查看发票"。关闭当前窗口返回。

步骤3　选择"发票管理"|"发票采集"命令，打开"发票"窗口。

步骤4　单击"发票采集"下拉按钮，选择"一键取票"选项，系统弹出"成功导入1条记录"信息提示框。单击"确定"按钮。

步骤5　打开"销项发票"选项卡，选中本次导入的发票记录，单击"审核"按钮，系统弹出"审核成功!"信息提示框。单击"确定"按钮返回。

步骤6　单击"退出"按钮。

4. 现结制单

步骤1　选择"核算"|"凭证"|"客户往来制单"命令，打开"客户制单查询"对话框。

步骤2　选中"现结制单"复选框，单击"确定"按钮，打开"客户往来制单"（现结制单）窗口。

步骤 3 单击"全选"按钮，再单击"制单"按钮，生成现结凭证，如图 10.19 所示。

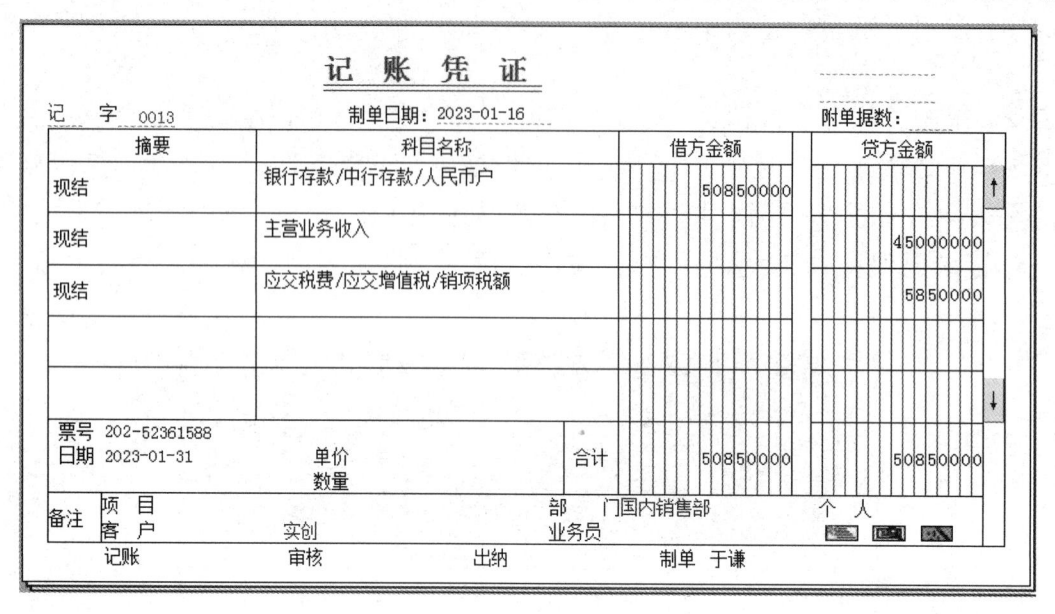

记 账 凭 证

摘要	科目名称	借方金额	贷方金额
现结	银行存款/中行存款/人民币户	508 500 00	
现结	主营业务收入		450 000 00
现结	应交税费/应交增值税/销项税额		58 500 00
	合计	508 500 00	508 500 00

记字 0013 制单日期：2023-01-16
票号 202-52361588
日期 2023-01-31
部门 国内销售部
备注 客户 实创
制单 于谦

图 10.19 现结制单

步骤 4 单击"保存"按钮，输入项目核算科目主营业务收入的核算项目"华宇天星"，凭证左上角出现"已生成"红色标记，表示凭证已传递到总账管理子系统。

5. 出库审核记账并生成凭证

步骤 1 选择"库存"|"销售出库单生成/审核"命令，审核销售出库单。

步骤 2 选择"核算"|"核算"|"正常单据记账"命令，选择对销售出库单进行记账。

步骤 3 选择"核算"|"凭证"|"购销单据制单"命令，对销售出库单生成凭证。其会计分录如下。

借：主营业务成本   380 000
　　贷：库存商品   380 000

任务 4 代垫费用处理

任务下达

由账套主管完成销售过程中代垫费用的处理。

任务解析

代垫费用是指在销售业务中，随货物销售所发生的（如运杂费、保险费等）暂时代垫，将来需要向对方单位收取的费用项目。代垫费用实际上形成了用户对客户的应收款。

代垫费用处理的业务流程如图 10.20 所示。

任务详情

2023 年 1 月 16 日，国内销售部在向实创销售商品的过程中发生了一笔代垫的运费 200 元。已用现金支付，客

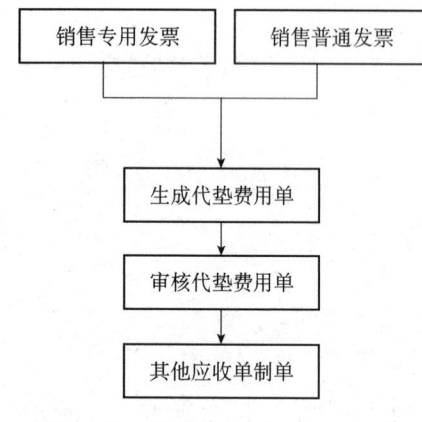

图 10.20 代垫费用处理的业务流程

户尚未支付该笔款项。

任务指引

1. 在基础设置中设置费用项目

在 T3 中，选择"基础设置"|"购销存"|"费用项目"命令，打开"费用项目"窗口，增加费用项目"01 运费"。

2. 填制代垫费用单并审核

步骤 1 选择"销售"|"销售发票"命令，打开"销售发票"窗口。单击"代垫"按钮，打开"代垫费用单"窗口。

步骤 2 单击"增加"按钮，选择费用项目"运费"，输入代垫金额"200"。单击"保存"按钮，系统弹出"代垫费用添加成功！"信息提示框。单击"确定"按钮返回。

步骤 3 单击"审核"按钮，系统弹出"是否只处理当前张？"信息提示框。单击"确定"按钮，系统弹出"单据审核成功！"信息提示框。单击"确定"按钮返回，如图 10.21 所示。

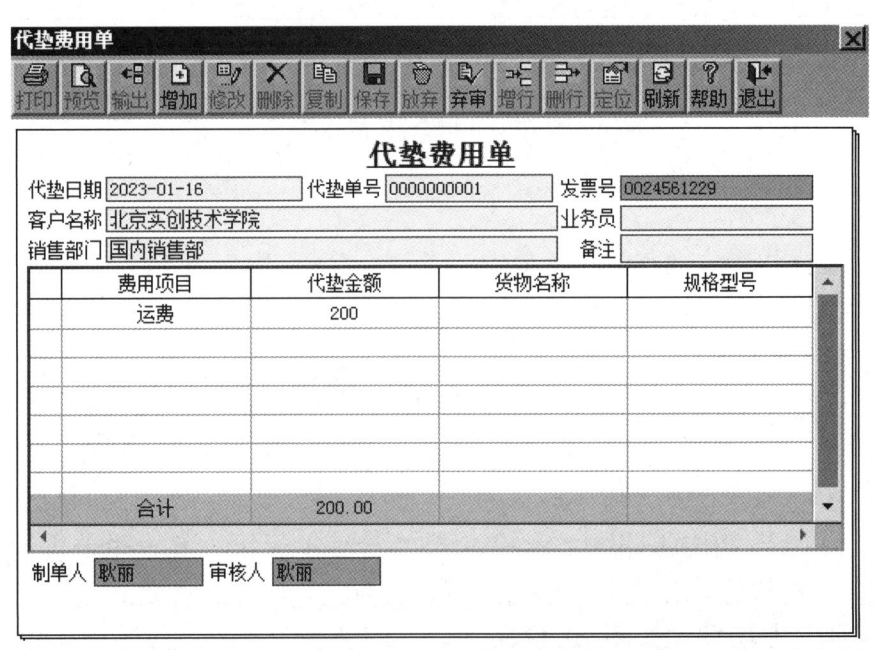

图 10.21 代垫费用单

步骤 4 单击"退出"按钮返回。

3. 应收单制单

步骤 1 选择"核算"|"凭证"|"客户往来制单"命令，打开"客户制单查询"对话框。选中"应收单制单"复选框，单击"确定"按钮，打开"客户往来制单"（应收单制单）窗口，如图 10.22 所示。

步骤 2 选择要制单的单据，单击"制单"按钮，生成一张记账凭证。输入贷方科目"1001"，然后单击"保存"按钮，生成凭证。其会计分录如下。

借：应收账款   200
　　贷：库存现金   200

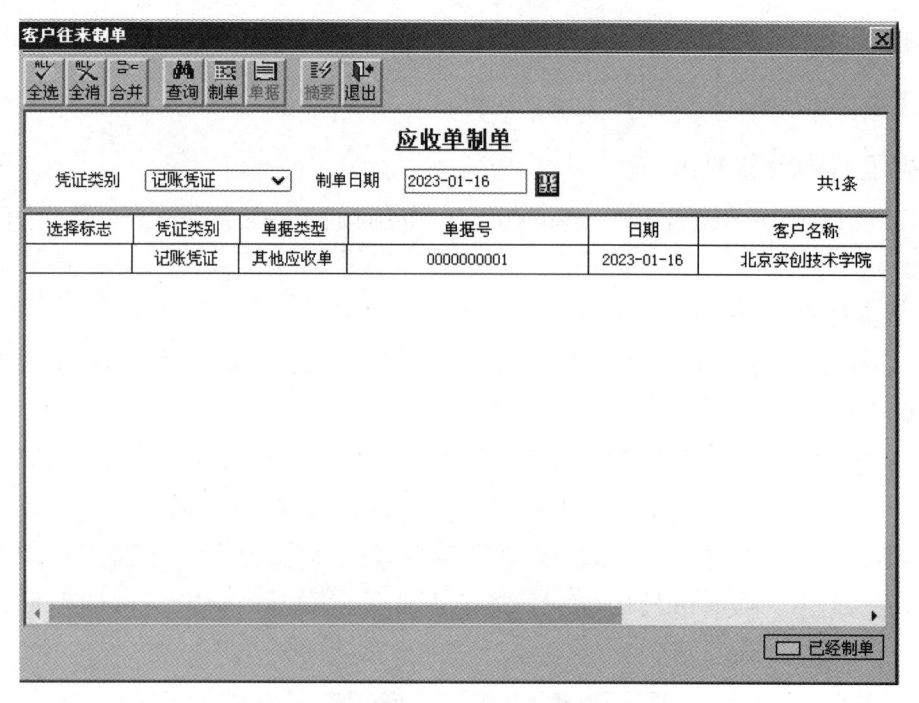

图 10.22 应收单制单

任务 5　开票直接发货

任务下达

由账套主管进行开票直接发货业务处理。

任务解析

开票直接发货的业务模式是指根据销售订单或其他销售合同、协议向客户开具销售发票，客户根据发票到指定仓库提货。

任务详情

2023 年 1 月 18 日，国内销售部向瑞美出售 2 台华宇天星。其无税单价为 4 500 元/台，适用税率为 13%。货款已转账支付，票据号为 26790528，货物从成品库发出，并据此开具电子专用发票一张。原始凭证如图 10.23 所示。

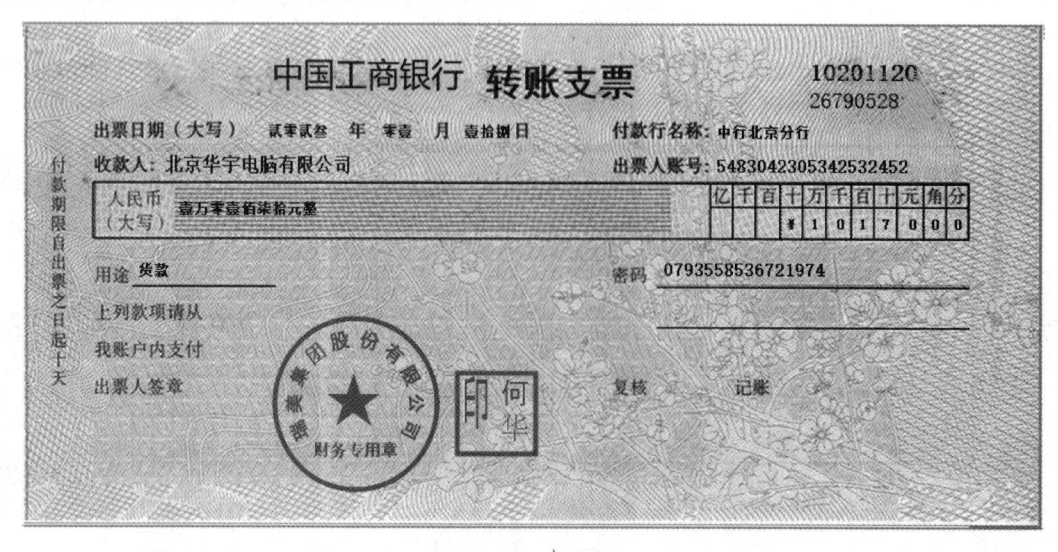

图 10.23　原始凭证

任务指引

1. 填制销售专用发票，现结并开票

步骤1　选择"销售"|"销售发票"命令，打开"销售发票"窗口。单击"增加"下拉按钮，选择"专用发票"选项，打开"销售专用发票"窗口。

步骤2　按资料输入销售专用发票内容，发票介质选择"电子发票"，然后单击"保存"按钮。

步骤3　单击"现结"按钮，进行现结处理。

步骤4　单击"复核"按钮，复核销售专用发票。

步骤5　单击"开票"按钮，系统弹出"开票订单已生成，请到电子发票系统的开票订单页面中进行开票"信息提示框。单击"确定"按钮，再单击"退出"按钮。

2. 一键取票并审核

步骤1　选择"发票管理"|"订单查询"命令，打开"订单查询"对话框。

步骤2　选择本笔业务订单，单击"开票"按钮，系统提示"已提交开票，请在发票列表查看发票"。关闭当前窗口返回。

步骤3　选择"发票管理"|"发票采集"命令，打开"发票"窗口。

步骤4　打开"发票采集"下拉按钮，选择"一键取票"选项，系统弹出"成功导入1条记录"信息提示框。单击"确定"按钮。

步骤5　打开"销项发票"选项卡，选中本次导入的发票记录，单击"审核"按钮，系统弹出"审核成功！"信息提示框。单击"确定"按钮返回。

步骤6　单击"退出"按钮。

3. 查询销售发货单

选择"销售"|"销售发货单"命令，打开"发货单"窗口。可以查看到根据销售专用发票自动生成的发货单，且发货单为已审核状态。

4. 审核销售出库单

步骤1　选择"库存"|"销售出库单生成/审核"命令，打开"销售出库单"窗口。

步骤2　找到根据发票自动生成的销售出库单，单击"复核"按钮。

步骤3　单击"退出"按钮返回。

5. 在核算管理子系统中记账并生成相关凭证

步骤1　选择"核算"|"核算"|"正常单据记账"命令，然后单击"确定"按钮，对销售出库单进行记账。

步骤2　选择"核算"|"凭证"|"购销单据制单"命令，选择销售出库单生成出库凭证。

步骤3　选择"核算"|"凭证"|"客户往来制单"命令，对销售发票制单生成现结凭证。

任务6　预收款业务处理

任务下达

由账套主管进行预收款业务处理。

任务解析

收款单用来记录企业所收到的客户款项，款项性质既可以是应收款，也可以是预收款。

任务详情

2023年1月18日，收到瑞美交来的转账支票一张。金额为120 000元，票号为23991522，用以归还 2022 年 12 月前欠货款 113 000 元。余款转为预收款。原始凭证如图 10.24 所示。

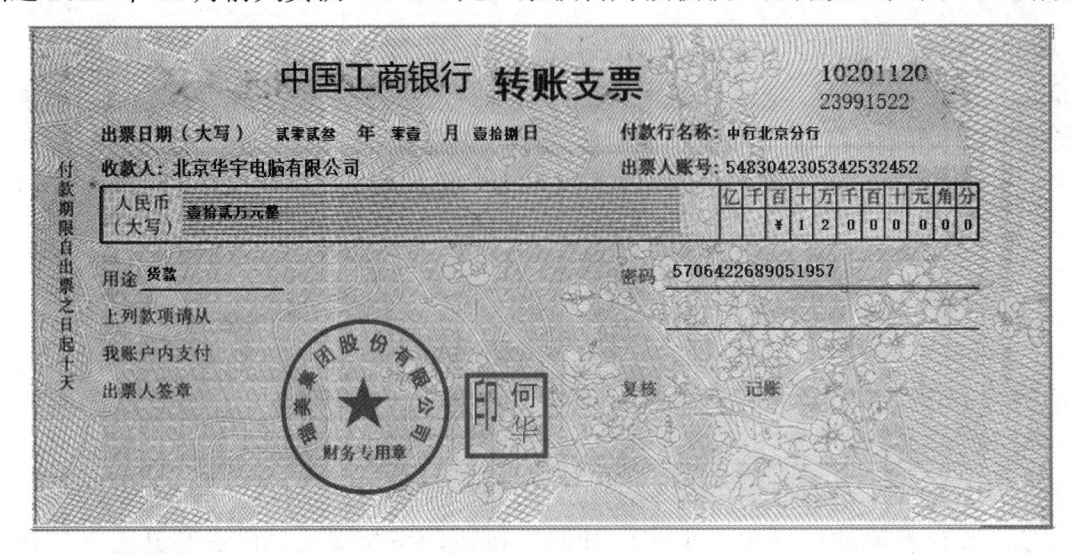

图 10.24 原始凭证

任务指引

步骤 1　选择"销售"|"客户往来"|"收款结算"命令，打开"单据结算"窗口。

步骤 2　选择客户"001 瑞美集团股份有限公司"，单击"增加"按钮。选择结算方式"转账支票"，输入金额"120000"、票据号"23991522"，然后单击"保存"按钮。

步骤 3　单击"核销"按钮，收款单表体中显示未核销的应收款。在 2022 年 12 月业务的"本次结算"栏输入结算金额"113000"，如图 10.25 所示。

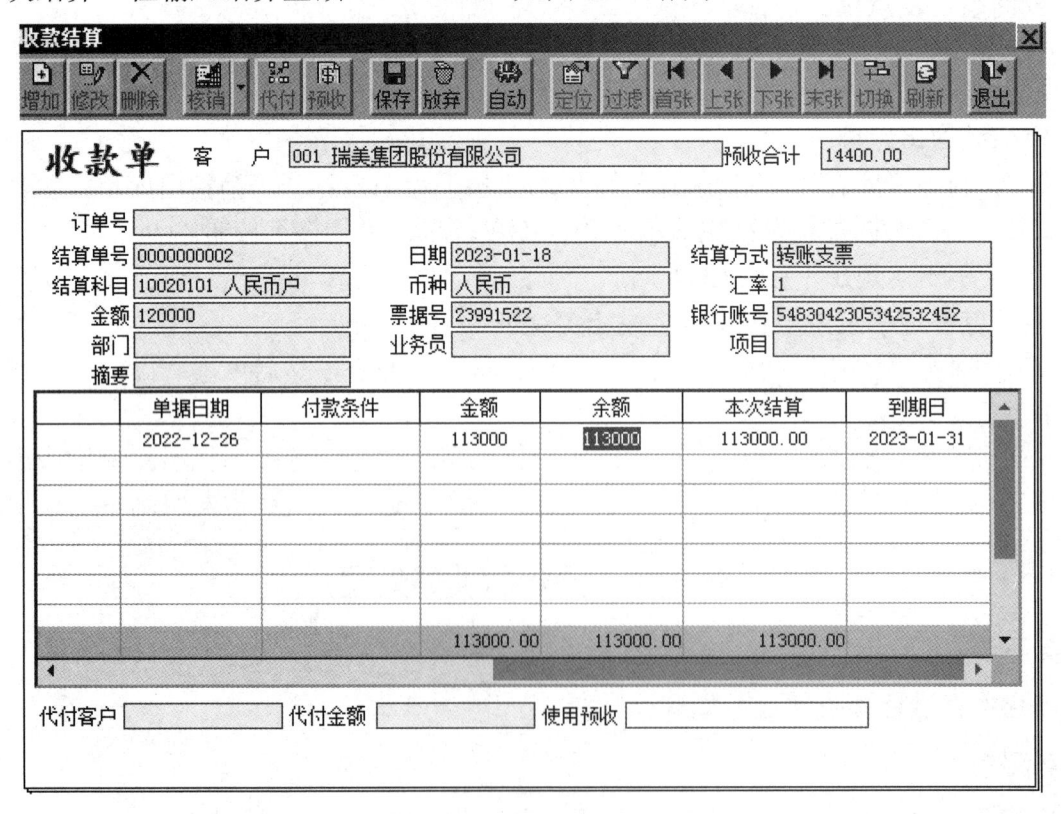

图 10.25　收款核销

步骤 4　单击"保存"按钮，收款单中剩余未核销的金额 7 000 元系统自动转为预收款，在单据上方的"预收合计"中显示。

步骤 5 选择"核算"|"凭证"|"客户往来制单"命令，选中"核销制单"复选框，生成凭证，如图 10.26 所示。

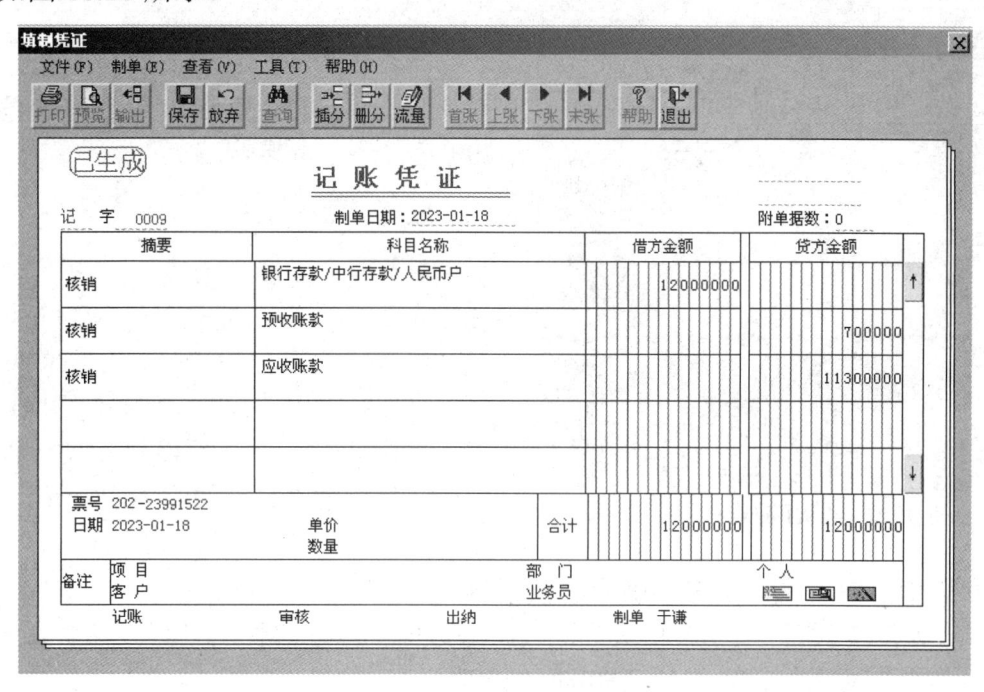

图 10.26 收款核销生成凭证

任务 7 应收冲应收业务处理

任务下达

由账套主管进行应收冲应收业务处理。

任务解析

转账处理是指在日常业务处理中经常发生的应收冲应付、应收冲应收、预收冲应收和红票对冲业务的处理。

1. 应收冲应付

应收冲应付是指用某客户的应收账款冲抵某供应商的应付款项。系统通过应收冲应付功能将应收款业务在客户和供应商之间进行转账，实现应收业务的调整，解决应收债权与应付债务的冲抵问题。

2. 应收冲应收

应收冲应收是指将一家客户的应收款转到另一家客户。通过应收冲应收功能可将应收款业务在客户之间进行转入、转出，实现应收业务的调整，解决应收款业务在不同客户之间入错户或合并户的问题。

3. 预收冲应收

预收冲应收是指处理客户的预收款和该客户应收欠款的转账核销业务，即某一个客户有预收款时，可用该客户的一笔预收款冲抵其一笔应收款。

4. 红票对冲

红票对冲可实现某客户的红字应收单与其蓝字应收单、收款单和付款单之间的冲抵。例如，当发生退票时，用红字发票对冲蓝字发票。红票对冲通常可以分为系统自动冲销和手工冲销两种处理方式：自动冲销可同时对多个客户依据红票对冲规则进行红票对冲，提高红票对冲的效率；手工冲销可对一个客户进行红票对冲，并自行选择红票对冲的单据，提高红票对冲的灵活性。

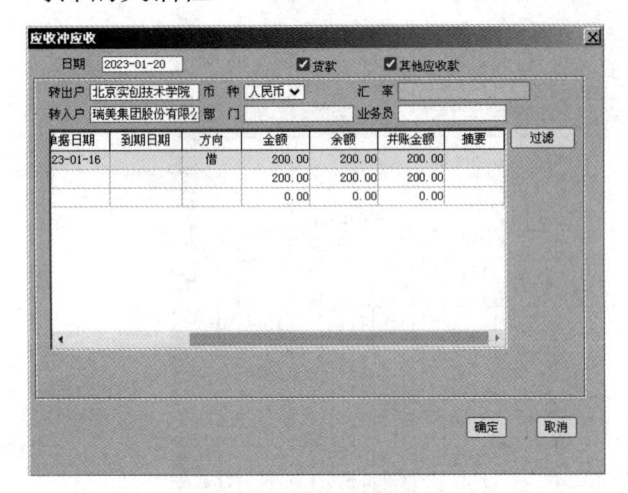

图 10.27 确认并账金额

任务详情

2023 年 1 月 20 日，经三方协商，将实创 200 元代垫运费转给瑞美。

任务指引

步骤 1　选择"销售"|"客户往来"|"应收冲应收"命令，打开"应收冲应收"对话框。

步骤 2　选择转出户"北京实创技术学院"、转入户"瑞美集团股份有限公司"，然后单击"过滤"按钮。系统列出实创的应收款，确认并账金额 200，如图 10.27 所示。

步骤 3　单击"确定"按钮，系统弹出"保存成功！"信息提示框。单击"确定"按钮返回。

步骤 4　选择"核算"|"凭证"|"客户往来制单"命令，打开"客户制单查询"对话框。选中"并账制单"复选框，生成凭证如图 10.28 所示。

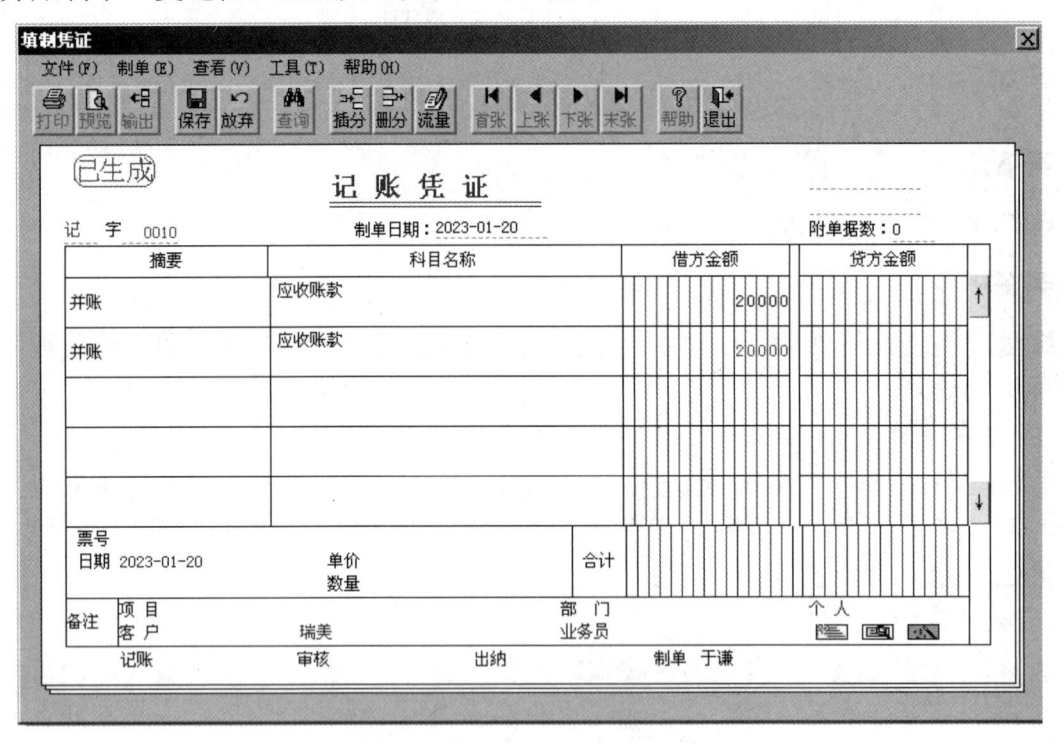

图 10.28 应收冲应收生成凭证

任务 8　退货业务处理

任务下达

2023 年 1 月 30 日，收到瑞美退回华宇天星 2 台，入成品库。无税单价为 4 500 元/台（成本 3 800 元/台），开具红字销售专用发票，并以电汇方式当即办理退款。原始凭证如图 10.29 所示。

项目 10　销售与应收管理

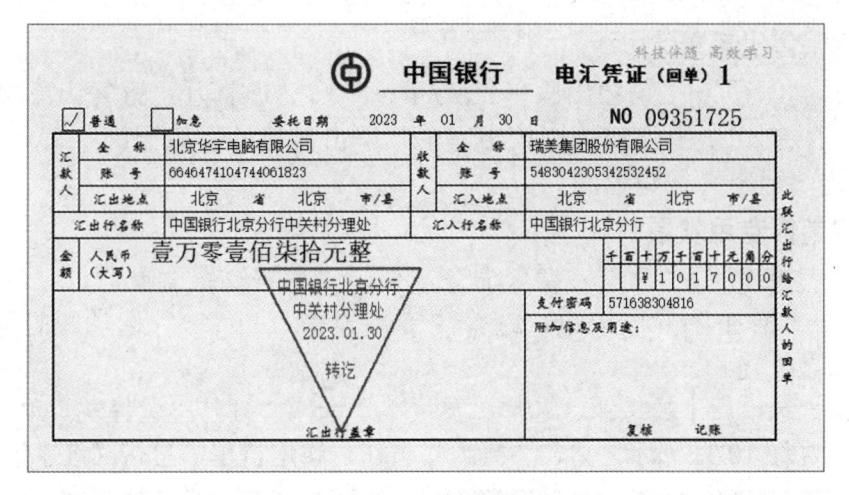

图 10.29　原始凭证

任务解析

销售退货是指客户因质量、品种、数量不符合规定要求而将已购货物退还。退货时需要填写退货单并审核，生成红字销售出库单，开具红字销售发票，然后做退款处理。

任务指引

1．填制退货单并审核

步骤 1　选择"销售"|"销售发货单"命令，打开"发货单"窗口。

步骤 2　选择"增加"下拉列表中的"退货单"选项。选择仓库"成品库"、货物名称"华宇天星"，输入数量"-2"、无税单价"4500"，然后单击"保存"按钮，系统提示"退货单添加成功"。单击"确定"按钮。

步骤 3　单击"审核"按钮，系统提示"单据审核成功"。单击"确定"按钮，如图 10.30 所示。

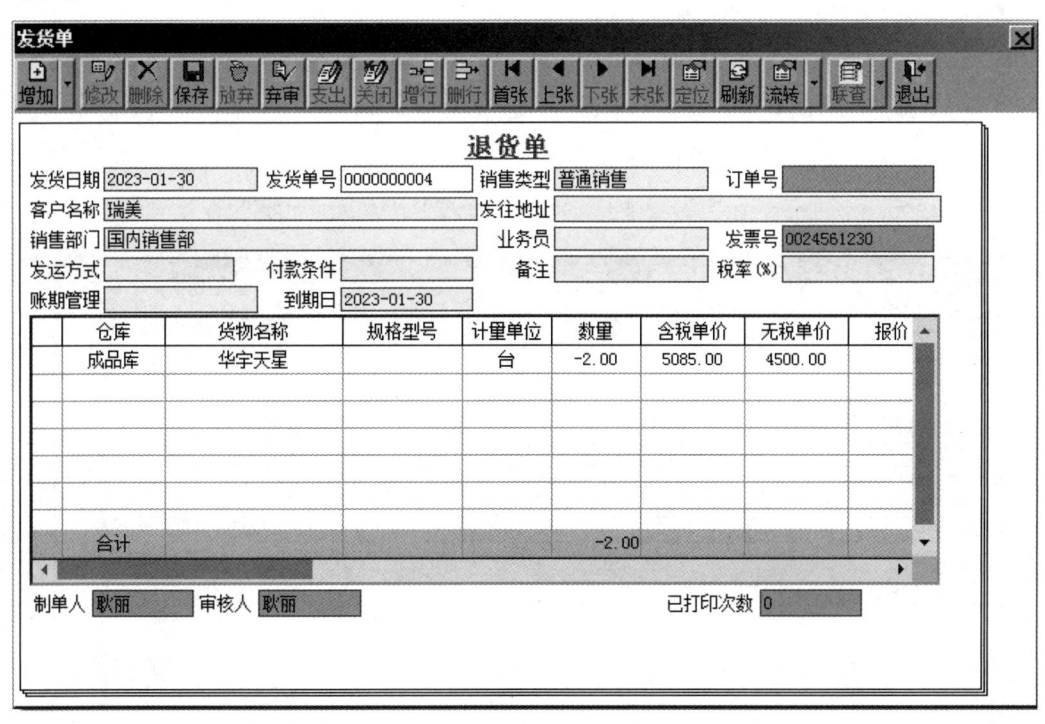

图 10.30　填制并审核退货单

步骤 4　单击"退出"按钮返回。

2. 审核红字销售出库单

步骤1　选择"库存"|"销售出库单生成/审核"命令，打开"销售出库单"窗口。

步骤2　找到根据退货单生成的销售出库单，单击"复核"按钮。

步骤3　单击"退出"按钮返回。

3. 开具红字销售专用发票

步骤1　选择"销售"|"销售发票"命令，打开"销售发票"窗口。

步骤2　单击"增加"下拉按钮，选择"专用发票（红字）"选项，打开"销售发票"（红字销售专用发票）窗口。

步骤3　单击"选单"下拉按钮，选择"发货单"选项，打开"选择发货单"对话框。选中要参照的退货单，如图10.31所示。单击"确认"按钮，将退货单信息带回红字销售专用发票。

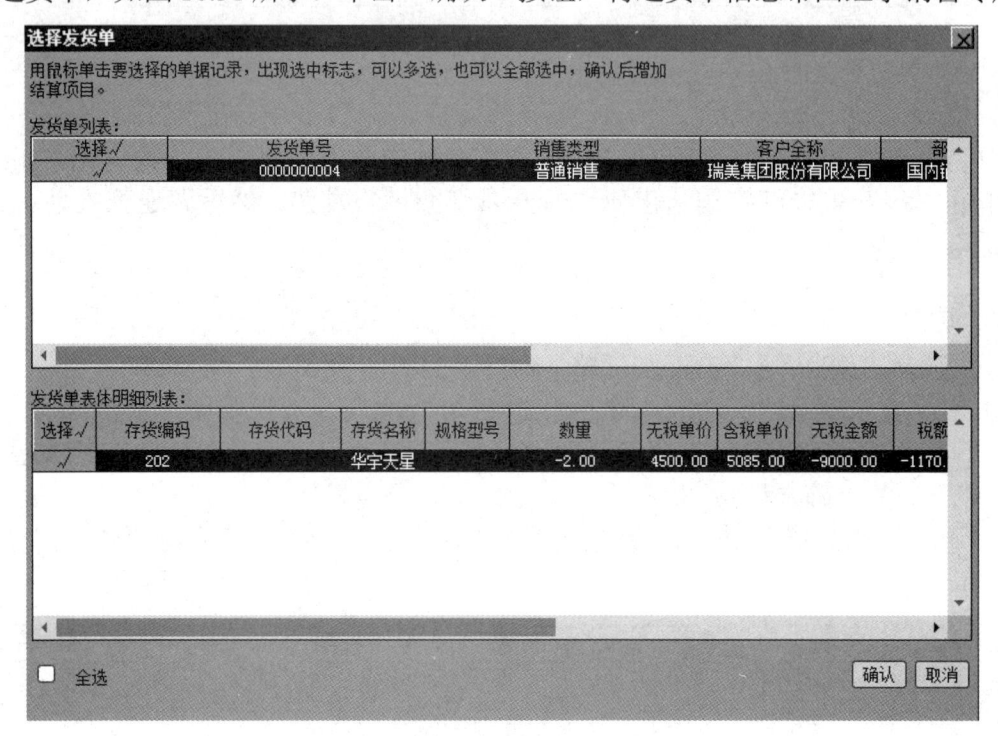

图10.31　选择退货单生成红字发票

步骤4　选择发票介质"电子发票"，单击"保存"按钮，如图10.32所示。

图10.32　红字销售专用发票

步骤 5　单击"现结"按钮,打开"销售现结"对话框。选择结算方式"电汇",输入结算金额"-10170",然后单击"确定"按钮,系统提示"现结记录已保存!"。单击"确定"按钮,再单击"退出"按钮,现结成功。

步骤 6　单击"复核"按钮,对红字销售专用发票进行复核。关闭当前窗口返回。

步骤 7　选择"开票"|"发票列表"命令,打开"发票列表"对话框。选择已开具蓝字发票价税合计金额 10 170 元的发票,如图 10.33 所示。

开票操作时间	开票类型	发票类别	发票代码	发票号码	价税合计	合计金额	合计税额	作废标志	操作
2023-10-19 17…	红字发票	增值税电子专用…	011002351613	34746420	-10170.00	-9000.00	-1170.00	未作废	详情
2023-10-19 17…	红字发票	增值税电子专用…	011002305313	91702984	-10170.00	-9000.00	-1170.00	未作废	详情
2023-10-19 17…	蓝字发票	增值税电子专用…	011002306913	25135362	10170.00	9000.00	1170.00	未作废	详情
2023-10-19 16…	蓝字发票	增值税电子专用…	011002328213	79253511	10170.00	9000.00	1170.00	未作废	详情
2023-10-19 16…	蓝字发票	增值税电子专用…	011002355113	54010226	508500.00	450000.00	58500.00	未作废	详情
2023-10-19 16…	蓝字发票	增值税电子专用…	011002319413	25231133	135600.00	120000.00	15600.00	未作废	详情

图 10.33　选中要红冲的发票

步骤 8　单击"详情",打开"发票列表"对话框,如图 10.34 所示。

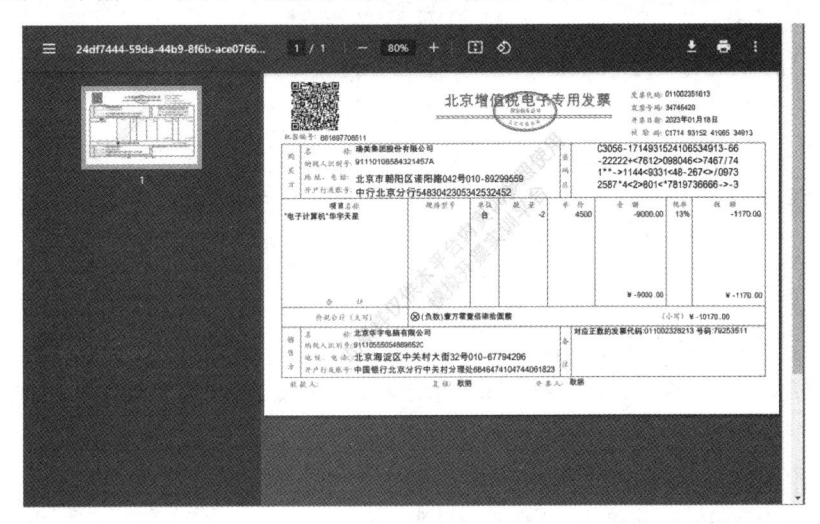

图 10.34　发票详情

步骤 9　单击"冲红"按钮,开具红字电子发票。单击"提交开票"按钮,提交开票。

4. 补充红字销售出库单单价、记账并制单

步骤 1　选择"核算"|"销售出库单"命令,打开"销售出库单"窗口。单击"修改"按钮,补充输入华宇天星单价"3800",然后单击"保存"按钮。

步骤 2　选择"核算"|"核算"|"正常单据记账"命令,对红字销售出库单进行记账。

步骤 3　选择"核算"|"凭证"|"购销单据制单"命令,对销售出库单生成凭证。其会计分录如下。

　　借:主营业务成本　　　　　　　　　　　　　　　　　　　　　　　-7 600
　　　贷:库存商品　　　　　　　　　　　　　　　　　　　　　　　　-7 600

5. 对红字销售专用发票制单

选择"核算"|"凭证"|"客户往来制单"命令,打开"客户制单查询"对话框。选中"现结制单"复选框,单击"确定"按钮,打开"客户往来制单"(现结制单)窗口。选中要制单的记录,单击"制单"按钮,生成凭证。其会计分录如下。

　　借:银行存款/中行存款/人民币户　　　　　　　　　　　　　　　-10 170
　　　贷:主营业务收入　　　　　　　　　　　　　　　　　　　　　-9 000
　　　　应交税费/应交增值税/销项税额　　　　　　　　　　　　　-1 170

全部完成后，将账套备份至"销售管理"文件夹中。

通关测试

一、判断题

1. 可以一次发货分次开票，但不能一次发货多次出库。（   ）
2. 随销售过程发生的代垫费用需要在总账管理子系统中直接填制凭证。（   ）
3. 既可以先发货后开票，也可以开票直接发货。（   ）

二、选择题

1. 销售管理与T3以下（   ）子系统存在数据关联。
   A. 总账管理　　　　B. 采购管理　　　　C. 库存管理　　　　D. 核算管理
2. 以下（   ）存货计价方式，不能在实现销售后当即结转销售成本。
   A. 先进先出　　　　B. 移动平均　　　　C. 全月平均　　　　D. 售价法
3. 销售业务流程中，以下（   ）环节不是必需的。
   A. 销售订货　　　　B. 销售发货　　　　C. 销售出库　　　　D. 销售开票
4. 向客户预收货款需要以（   ）形式输入。
   A. 应收单　　　　　B. 预收单　　　　　C. 收款单　　　　　D. 发票
5. 为客户代垫的运费用（   ）记录。
   A. 发票　　　　　　B. 应收单　　　　　C. 代垫费用单　　　D. 销售支出单

三、思考题

1. 参照图9.1，画出普通销售业务的处理流程。
2. 在很多单据界面上有"流转"按钮，该按钮的作用是什么？
3. 客户往来中的应收单是用来记录什么的？
4. 发票复核和发票现结有先后顺序吗？
5. 先发货后开票和开票直接发货有何不同？

项目 11

库存管理

知识目标
1. 了解库存管理子系统的功能。
2. 了解库存管理子系统与 T3 其他子系统的数据关联。
3. 阐述材料领用、产品入库的业务流程。

技能目标
1. 掌握材料领用的业务处理。
2. 掌握产品入库的业务处理。
3. 掌握其他出入库的业务处理。
4. 掌握盘点业务处理。

素质目标

通过实训操作，培养学生认真细致的工作作风；通过对库存业务的熟悉，让学生认识到购销对库存的影响，提升合理控制库存水平以降低运营成本的理念。

项目背景

企业采购业务会引起库存的增加，生产加工会耗用材料引起原料库存的减少；加工完成会增加成品库存，销售发货之后会减少成品库存。因此，采购业务和销售业务与库存管理子系统紧密相关。虽然在学习采购业务完整流程和销售业务完整流程的同时也涉及与库存相关的处理，但项目实施小组更希望能从库存管理子系统的角度来全面、深入地了解其功能，以帮助企业合理控制库存水平，降低运营成本。

基本知识

11.1 认识库存管理子系统

库存管理子系统的功能主要包括以下几个方面。

11.1.1 日常收发存业务处理

库存管理子系统的主要功能是对采购管理子系统和销售管理子系统填制的各种出入库单据进行审核，并对存货的出入库数量进行管理。

除了管理采购业务、销售业务形成的入库和出库业务，它还可以处理仓库间的调拨业务、盘点业务、组装拆卸业务、形态转换业务等。

11.1.2 库存控制

库存管理子系统支持批次跟踪、保质期管理、现存量（可用量）管理、最高最低库存管理。

11.1.3 库存账簿和统计分析

通过查询库存管理子系统提供的库存账、批次账、统计表，可以实现对库存业务的实时管理；通过储备分析，可以提供存货的超储、短缺、呆滞积压等管理信息。

11.2 库存管理子系统和 T3 其他子系统之间的数据关联

库存管理子系统对采购管理子系统输入的采购入库单进行审核确认。如果是由库存管理子系统生成销售出库单，则可以根据销售管理子系统的发货单、发票生成销售出库单并审核；如果是由销售子管理系统生成销售出库单，则可以对销售出库单进行审核。库存管理子系统为销售管理子系统提供各种存货的可销售量信息。库存管理子系统中的各种出入库单据需要在核算管理子系统中进行记账、生成凭证，核算管理子系统为各种出入库单据提供成本信息。

实训任务

任务 1　入库业务处理

任务下达

由系统管理员在系统管理中引入"购销存初始化"账套。
由账套主管完成产成品入库业务处理。

任务解析

存货是企业一项重要的流动资产。存货入库业务主要包括采购入库、产成品入库和其他入库。

1. 采购入库

采购货物到达企业后，采购员在采购管理子系统中填制采购入库单，然后到库房办理入库。仓库保管员对采购的实际到货情况进行质量、数量的检验和签收，然后对采购入库单进行审核。

2. 产成品入库

产成品入库单是管理工业企业的产成品入库、退回业务的单据。工业企业对原材料和半成品进行一系列的加工后，形成可销售的产品，然后验收入库。只有工业企业才有产成品入库单，商业企业没有此单据。

一般在入库时是无法确定产成品的总成本和单位成本的，因此在填制产成品入库单时，一般只有数量，而没有单价和金额。

产成品入库的业务流程如图 11.1 所示。

3. 其他入库

其他入库是指除采购入库、产成品入库之外的入库，如调拨入库、盘盈入库、

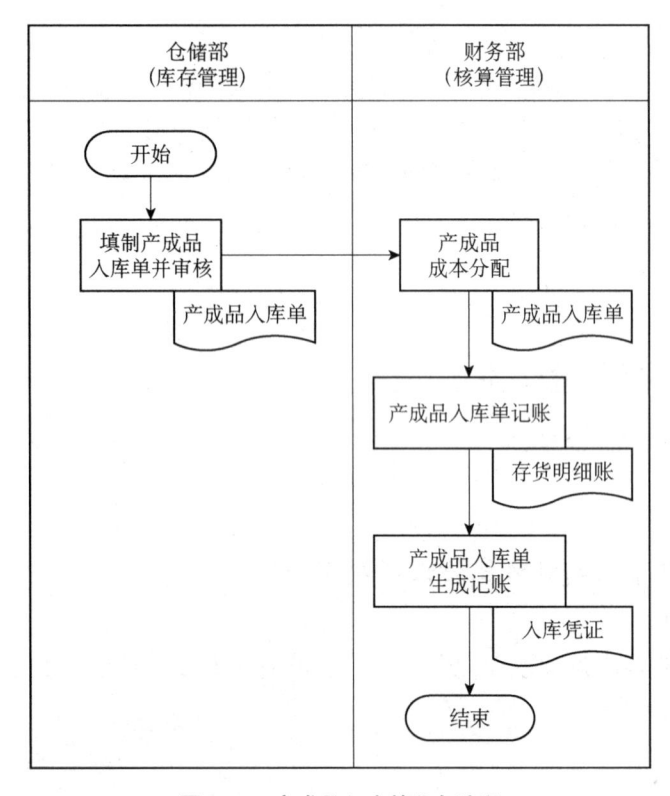

图 11.1　产成品入库的业务流程

组装拆卸入库、形态转换入库等。

需要注意的是，调拨入库、盘盈入库、组装拆卸入库、形态转换入库等业务可以自动形成相应的入库单，除此之外的其他入库单由用户手工填制。

任务详情

① 2023 年 1 月 3 日，成品库收到生产部生产的 50 台天骄台式机，做产成品入库。原始凭证如图 11.2 所示。

产成品入库单

科技伴随 高效学习

仓库：成品库

交库单位：　　2023 年 01 月 03 日　　编号：693

产品编号	产品名称	规格	计量单位	数量		单位成本	总成本	备注
				送检	实收			
201	天骄台式机			50	50		0.00	

仓库主管：　　保管员：　　记账：　　制单：

图 11.2　原始凭证

② 2023 年 1 月 5 日，成品库收到生产部生产的 10 台天骄台式机，做产成品入库。原始凭证如图 11.3 所示。

产成品入库单

科技伴随 高效学习

仓库：成品库

交库单位：　　2023 年 01 月 05 日　　编号：895

产品编号	产品名称	规格	计量单位	数量		单位成本	总成本	备注
				送检	实收			
201	天骄台式机			10	10		0.00	

仓库主管：　　保管员：　　记账：　　制单：

图 11.3　原始凭证

③ 随后收到财务部提供的完工产品成本，其中天骄台式机的总成本为 276 000 元。立即做成本分配，记账生成凭证。

产品入库业务处理

任务指引

1. 在库存管理子系统中输入产成品入库单并审核

步骤 1　选择“库存”|“产成品入库单”命令，打开“产成品入库单”窗口。

步骤 2　单击“增加”按钮，输入入库日期“2023-01-03”、入库类别“产成品入库”，选择仓库“成品库”、部门“生产部”。

步骤 3　选择产品编码“201”，输入数量“50”。

步骤 4　单击“保存”按钮，系统弹出“保存成功”信息提示框。单击“确定”按钮返回。

步骤 5　单击“审核”按钮，完成对该单据的审核，如图 11.4 所示。

图 11.4 填制并审核产成品入库单

步骤 6　用同样的方法，输入第 2 张产成品入库单。

步骤 7　单击"退出"按钮返回。

> **注意**
>
> 产成品入库单上无须填写单价，待产成品成本分配后会自动写入。

2. 在核算管理子系统中输入生产总成本并进行产成品成本分配

步骤 1　选择"核算"|"核算"|"产成品成本分配"命令，打开"产成品成本分配表"窗口。

步骤 2　单击"查询"按钮，打开"产成品成本分配表查询"对话框。选择"成品库"，单击"确认"按钮，打开"需要分配的产成品单据选择"对话框。选中"全选"复选框，单击"确定"按钮，系统将符合条件的记录带回产成品成本分配表。

步骤 3　在"201 华宇天骄"记录行的"金额"栏输入"276000"。

步骤 4　单击"分配"按钮，系统弹出"分配成功！"信息提示框，如图 11.5 所示。单击"确定"按钮返回。

图 11.5　输入产品成本分配金额并分配产品成本

步骤 5　单击"退出"按钮,返回 T3 主界面。

3. 在核算管理子系统中对产成品入库单进行记账并生成凭证

步骤 1　选择"核算"|"核算"|"正常单据记账"命令,对产成品入库单进行记账处理。

步骤 2　选择"核算"|"凭证"|"购销单据制单"命令,打开"生成凭证"窗口。单击"选择"按钮,打开"查询条件"对话框。选中"产成品入库单"复选框,单击"确定"按钮,打开"选择单据"窗口。

步骤 3　单击"全选"按钮选中要制单的记录,再单击"确定"按钮,打开"生成凭证"窗口。单击"合成"按钮,补充输入"生产成本/直接材料"的核算项目"华宇天骄",合并生成入库凭证,如图 11.6 所示。

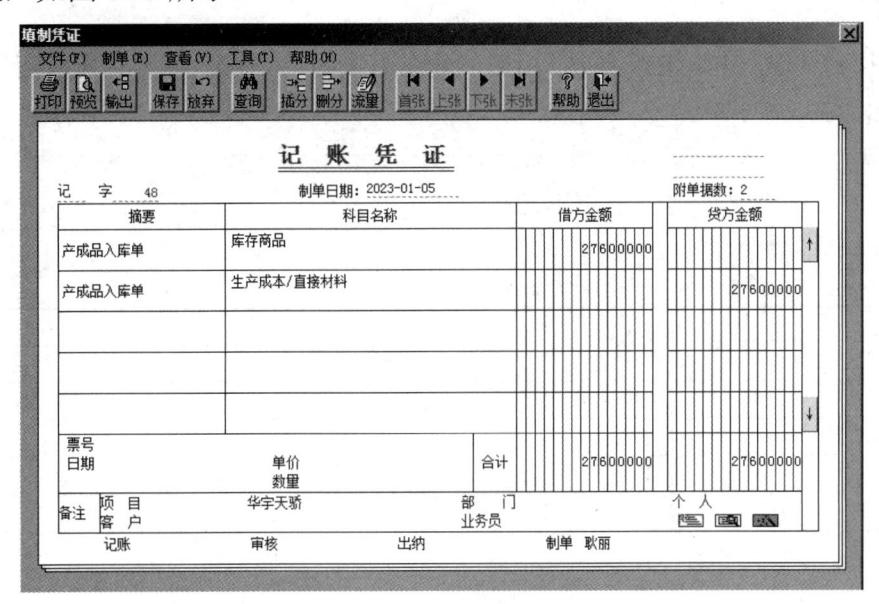

图 11.6　产成品入库单生成凭证

> **注意**
>
> 因为凭证上"生产成本/直接材料"科目设置有项目辅助核算,所以凭证保存时系统提示"项目辅助核算不能为空!"。这时需要将光标定位在该科目行,将鼠标指针下移至备注区,待鼠标指针变为笔状时双击,在打开的"辅助项"对话框中选择项目"华宇天骄",即可成功保存凭证。

任务 2　出库业务处理

任务下达

由账套主管完成材料领用出库、捐赠出库业务处理。

任务解析

库存管理子系统的出库业务主要包括以下几类。

1. 销售出库

如果在选项设置中设置了由库存生成出库单,那么在库存管理子系统中可以参照销售管理子系统填制的销售发票、发货单生成出库单,然后进行审核;如果在选项设置中设置了由销售生成出库单,那么销售出库单可以在销售管理子系统生成后传递到库存管理子系统,再由库存管理子系统进行审核。

2. 材料领用出库

材料出库单是工业企业领用材料时所填制的出库单据，也是进行日常业务处理和记账的主要原始单据之一。只有工业企业才有材料出库单，商业企业没有此单据。

3. 其他出库

其他出库是指除销售出库、材料出库之外的出库业务，如维修、办公耗用、调拨出库、盘盈出库、组装出库、拆卸出库、形态转换出库等。

需要注意的是，调拨出库、盘盈出库、组装出库、拆卸出库、形态转换出库等业务可以自动形成相应的出库单，除此之外的其他出库单则均由用户手工填制。

任务详情

① 2023 年 1 月 10 日，生产部从材料一库领用主板 20 个，用于生产华宇天骄电脑。登记材料明细账，生成领料凭证。原始凭证如图 11.7 所示。

领　料　单　　　科技伴随 高效学习

领料部门：生产部

用　途：原料库　　　2023 年 01 月 10 日　　　编号：026

材料编号	材料名称	规格	计量单位	数量		成本	
				请领	实发	单价	金额
101	主板			20	20		0.000
合计				20	20		¥0.000

主管：　　记账：　　仓管主管：　　领料：　　发料：

图 11.7　原始凭证

② 国内销售部向实创捐赠 10 台华宇天星电脑。

任务指引

1. 材料领用出库

（1）在库存管理子系统中填制材料出库单并审核

步骤 1　选择“库存”|“材料出库单”命令，打开“材料出库单”窗口。

步骤 2　单击“增加”按钮，填写出库日期“2023-01-10”，选择仓库“材料一库”、出库类别“材料领用出库”、部门“生产部”。

步骤 3　选择“101 主板”，输入数量“20”。

步骤 4　单击“保存”按钮，然后单击“审核”按钮，如图 11.8 所示。

步骤 5　单击“退出”按钮，返回 T3 主界面。

（2）在核算管理子系统中对材料出库单记账并生成凭证

步骤 1　选择“核算”|“核算”|“正常单据记账”命令，对材料出库单进行记账。

步骤 2　选择“核算”|“凭证”|“购销单据制单”命令，选择材料出库单生成凭证，如图 11.9 所示。

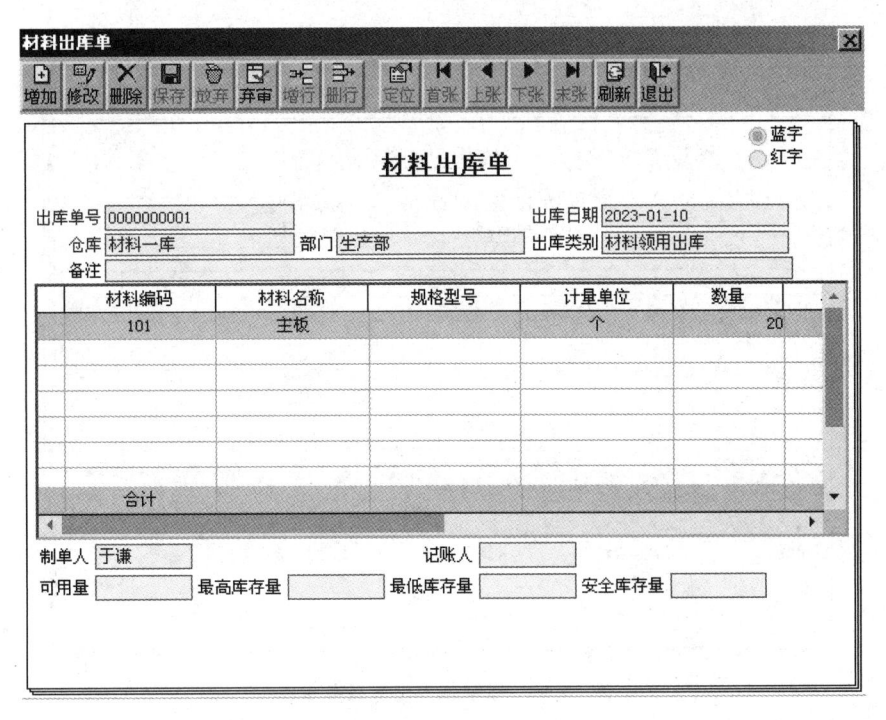

图 11.8　材料出库单

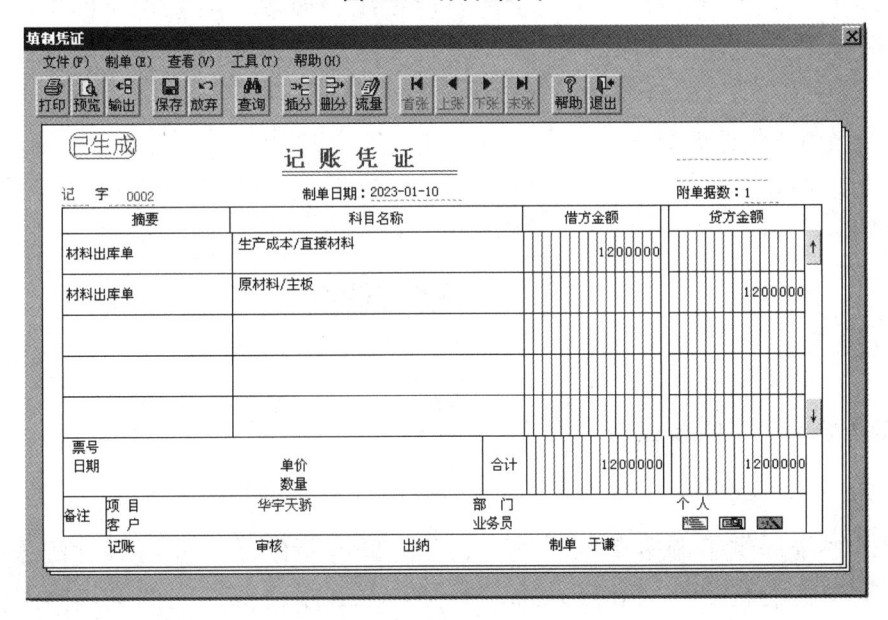

图 11.9　材料出库单生成凭证

2. 其他出库

（1）在库存管理子系统中填制其他出库单并审核

步骤1　选择"库存"|"其他出库单"命令，打开"其他出库单"窗口。

步骤2　单击"增加"按钮，填写出库日期"2023-01-10"，选择仓库"成品库"、出库类别"其他出库"、部门"国内销售部"。

步骤3　选择"202 华宇天星"，输入数量"10"。

步骤4　单击"保存"按钮。然后单击"审核"按钮，如图11.10所示。

（2）在核算管理子系统中对其他出库单记账并生成凭证

步骤1　选择"基础设置"|"财务"|"会计科目"命令，增加会计科目"571106 捐赠支出"。

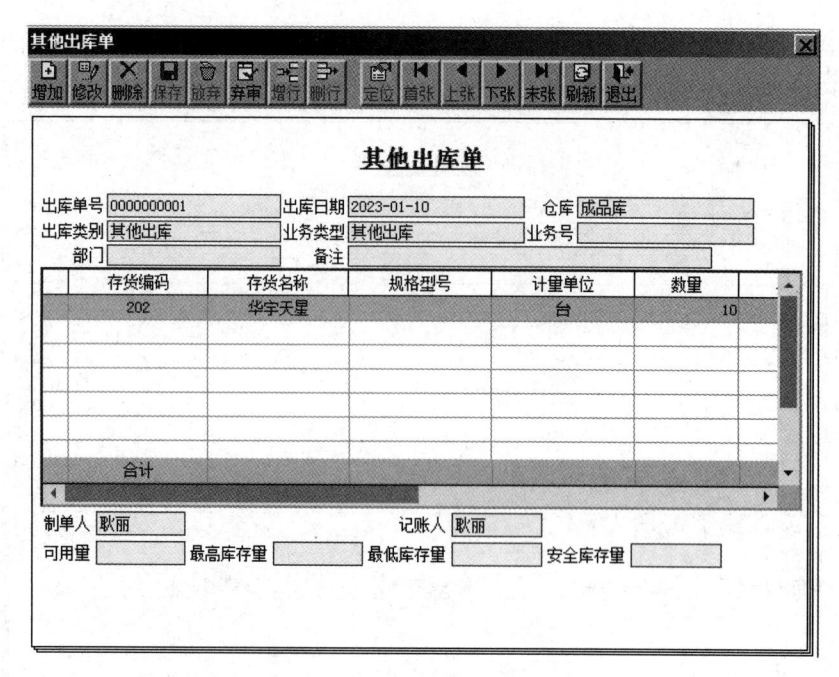

图 11.10　填制其他出库单并审核

步骤 2　选择"核算"|"核算"|"正常单据记账"命令，对其他出库单进行记账。

步骤 3　选择"凭证"|"购销单据制单"命令，选择其他出库单生成凭证。其会计分录如下。

　　借：营业外支出/捐赠支出　　　　　　　　　　　　　　　　　　　42 940
　　　　贷：库存商品　　　　　　　　　　　　　　　　　　　　　　38 000
　　　　　　应交税费/应交增值税/销项税额　　　　　　　　　　　　 4 940

任务 3　调拨业务

任务下达

由账套主管完成库存调拨业务处理。

任务解析

库存管理子系统提供了调拨单用于处理仓库之间存货的转库业务或部门之间的存货调拨业务。如果调拨单上的转出部门和转入部门不同，就表示是部门之间的调拨业务；如果转出部门和转入部门相同，但转出仓库和转入仓库不同，就表示是仓库之间的转库业务。

任务详情

2023 年 1 月 15 日，因材料二库维修，将仓库中的 60 个键盘（单价 125 元/个）调拨到材料一库中。

任务指引

1. 在库存管理子系统中填制调拨单

步骤 1　选择"库存"|"库存其他业务"|"调拨单"命令，打开"库存调拨单"窗口。

步骤 2　单击"增加"按钮，输入调拨日期"2023-01-15"，选择转出仓库"材料二库"、转入仓库"材料一库"、出库类别"其他出库"、入库类别"其他入库"。

步骤 3　选择存货编码"102"，输入数量"60"、单价"125"，然后单击"保存"按钮，如图 11.11 所示。

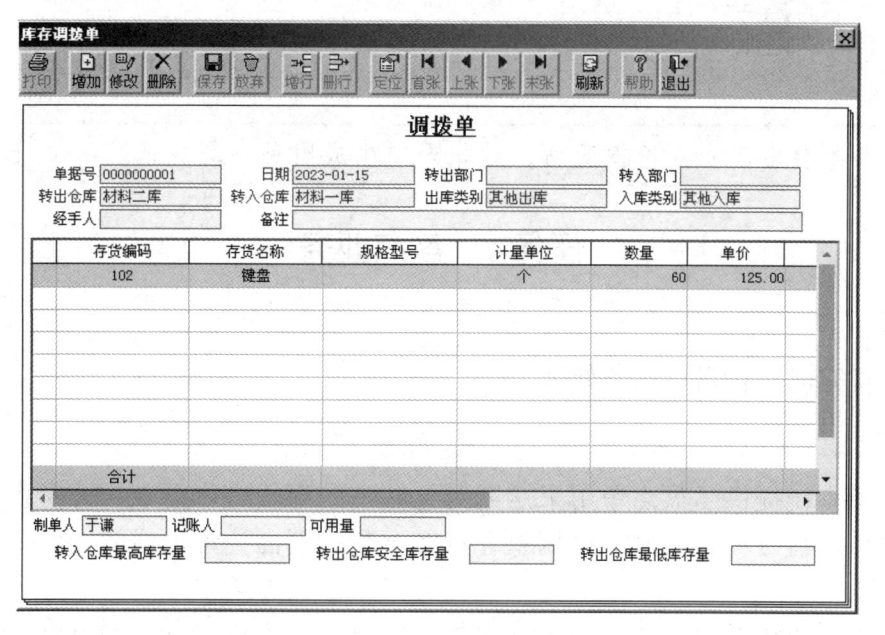

图 11.11 调拨单

> **注意**
> 调拨单保存后，系统自动生成其他入库单和其他出库单，且由调拨单生成的其他入库单和其他出库单不得修改与删除。

2. 在库存管理子系统中对调拨单生成的其他出入库单进行审核

步骤1 选择"库存"|"其他入库单"命令，打开"其他入库单"窗口。

步骤2 找到调拨业务生成的其他入库单，单击"审核"按钮。

步骤3 用同样方法完成对其他出库单的审核。

3. 在核算管理子系统中进行记账

步骤1 选择"核算"|"核算"|"正常单据记账"命令，打开"正常单据记账条件"对话框。

步骤2 单击"确定"按钮，打开"正常单据记账"窗口。选择要记账的单据，如图 11.12 所示。

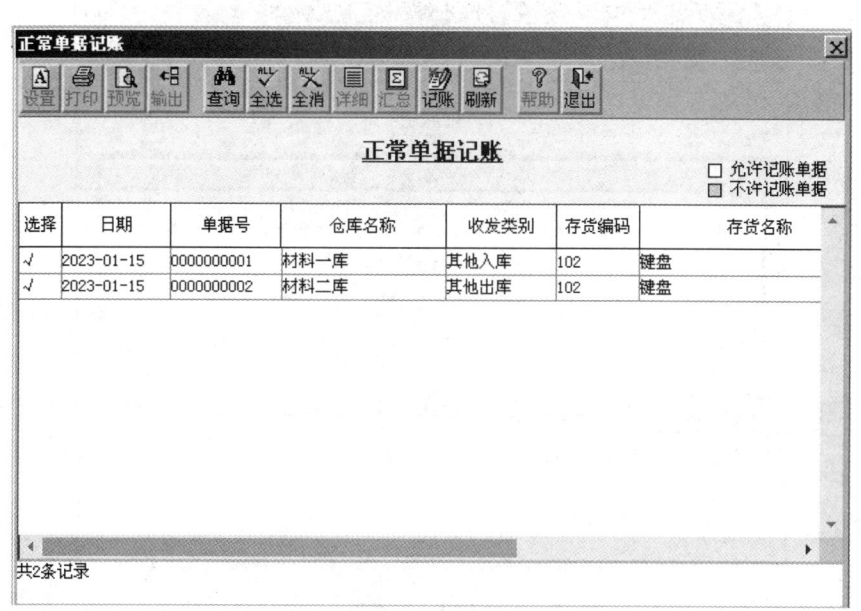

图 11.12 正常单据记账

步骤 3　单击"记账"按钮。

> **注意**
> 调拨业务不会引起企业价值变动，因此无须生成财务核算凭证。

任务 4　盘点业务

任务下达

由账套主管完成库存盘点业务处理。

任务解析

库存管理子系统提供了盘点单用来定期对仓库中的存货进行盘点。存货盘点报告表是证明企业存货盘盈、盘亏和毁损并据以调整存货实存数的书面凭证，经企业领导批准后即可作为原始凭证入账。

本系统提供了两种盘点方法，即按仓库盘点和按批次盘点，并可对各仓库或批次中的全部或部分存货进行盘点，盘盈、盘亏的结果可自动生成出入库单。

任务详情

2023 年 1 月 15 日，对材料一库的主板存货进行盘点，盘点数量为 83 个。

任务指引

1. 在库存管理子系统中增加盘点单

步骤 1　选择"库存"|"库存其他业务"|"库存盘点"命令，打开"盘点单"窗口。

步骤 2　单击"增加"按钮，输入日期"2023-01-15"，选择盘点仓库"材料一库"、出库类别"其他出库"、入库类别"其他入库"。

步骤 3　在表体中选择存货"101 主板"，自动带出账面数量为"80"。

步骤 4　输入盘点数量"83"，单击"保存"按钮，系统提示"保存成功"。

步骤 5　单击"审核"按钮，如图 11.13 所示。单击"确定"按钮，再单击"退出"按钮。

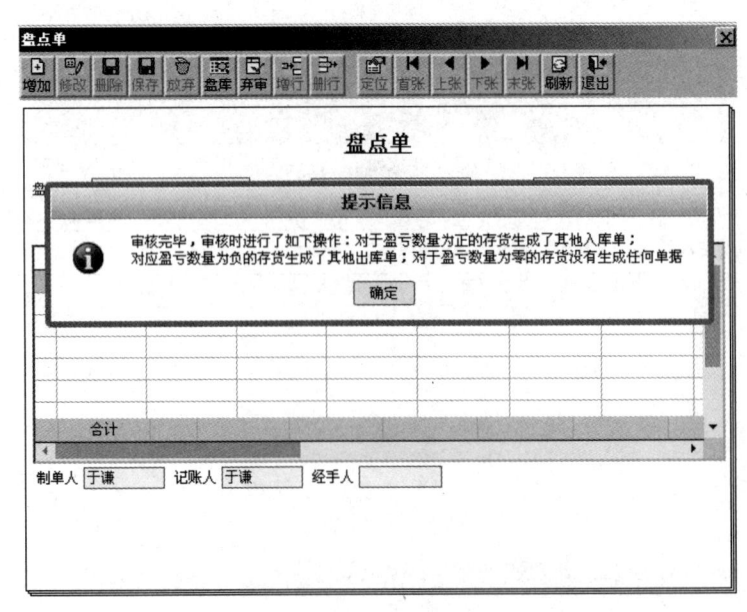

图 11.13　盘点单

> **注意**
> ① 盘点单审核后，系统自动生成相应的其他入库单和其他出库单。
> ② 单击"盘库"按钮，表示选择盘点仓库中所有的存货进行盘点；单击"选择"按钮，表示按存货分类批量选择存货进行盘点。
> ③ 盘点单中输入的盘点数量是实际库存盘点的结果。

2. 在库存管理子系统中对盘点单生成的其他入库单进行审核

选择"库存"|"其他入库单"命令，对盘点单生成的其他入库单进行审核。

3. 在核算管理子系统中对盘点单生成的其他入库单进行记账并生成凭证

选择"核算"|"正常单据记账"命令，对其他入库单进行记账。

选择"核算"|"凭证"|"购销单据制单"命令，对其他入库单生成凭证。其会计分录如下。

借：原材料/主板　　　　　　　　　　　　　　　　　　　　　　　　98 840
　　贷：待处理财产损溢/待处理流动资产损溢　　　　　　　　　　　　98 840

全部完成后，备份当前账套至"库存管理"文件夹中。

通关测试

一、判断题

1. 产成品入库单上的单价在产成品成本分配后能自动写入。（　　）
2. 盘盈生成的入库单不能删除。（　　）
3. 调拨单审核后自动生成其他入库单和其他出库单。（　　）
4. 库存调拨不涉及账务处理，因此调拨单无须记账。（　　）
5. 只能在核算管理子系统中修改出入库单上的单价。（　　）

二、选择题

1. 库存管理子系统与T3（　　）子系统存在数据关联。
　　A. 总账管理　　　　B. 采购管理　　　　C. 销售管理　　　　D. 核算管理
2. 库存管理子系统中的入库单据包括（　　）。
　　A. 采购入库单　　　B. 受托代销入库单　C. 产成品入库单　　D. 其他入库单
3. 库存管理子系统中的出库单据包括（　　）。
　　A. 销售出库单　　　B. 委托代销出库单　C. 对外捐赠出库单　D. 其他出库单
4. 收到赠品入库需要用（　　）记录。
　　A. 采购入库单　　　B. 产成品入库单　　C. 赠品入库单　　　D. 其他入库单

三、思考题

1. 哪些业务可自动生成其他入库单？
2. 盘点方法分为哪两种？需要注意什么问题？
3. 库存调拨分为哪两种情况？

项目 *12*

存货核算

知识目标
1. 了解核算管理子系统的功能。
2. 了解核算管理子系统与 T3 其他子系统的数据关联。
3. 了解出入库调整业务的作用。

技能目标
1. 掌握利用出入库调整单调整存货价格的处理。
2. 掌握暂估入库业务的处理。

素质目标

通过实训操作,培养学生认真细致的工作作风,提高学生严控成本的意识。

项目背景

库存管理子系统主要是对存货的出入库数量进行管理,核算管理子系统又是从何种角度对存货进行管理的呢?它与库存管理子系统的业务范围和系统功能究竟有何不同,两者又是如何协同工作的呢?这些都是项目实施小组在学习核算管理子系统时必然会有的疑问。

库存管理子系统和核算管理子系统的对象都是企业的存货:库存管理子系统侧重于对存货的入库、出库和结存数量进行管理,对应企业仓储部门的职能;核算管理子系统侧重于核算存货的入库成本、出库成本和结存成本,对应企业财务部门材料成本会计的职能。

基本知识

12.1 认识核算管理子系统

在企业中,存货成本直接影响利润水平,尤其在市场经济条件下,存货品种日益更新,存货价格变化较快,管理层更为关心存货的资金占用和周转情况,因此存货核算是企业会计核算的一项重要内容。

核算管理子系统主要针对企业存货的收发存业务进行核算,以便掌握存货的耗用情况,及时、准确地把各类存货成本归集到各成本项目和成本对象上,为企业的成本核算提供基础数据。核算管理子系统的功能具体包括以下几项。

12.1.1 出入库成本核算

核算管理子系统提供按仓库和按部门两种成本核算方式,提供先进先出、后进先出、移动平均、全月平均、个别计价、计划价/售价 6 种存货计价方法。

采购入库单在采购管理子系统中输入,在核算管理子系统中可以修改采购入库单上的入库金额。

产成品入库单在填制时一般只填写数量，单价和金额既可以通过修改产成品入库单直接填入，也可以由核算管理子系统的产成品成本分配功能自动计算填入。

大部分其他入库单都是由相关业务直接生成的，如果与库存管理子系统集成使用，则可以通过修改其他入库单的操作对盘盈入库业务生成的其他入库单的单价进行输入或修改。

出库单据包括销售出库单、材料出库单和其他出库单。在核算管理子系统中可以修改出库单据的单价或金额。

12.1.2 出入库单据记账

单据记账是指将所输入的各种出入库单据记入存货明细账、差异明细账等。单据记账应注意以下几点。

① 无单价的入库单据不能记账，因此记账前应对暂估入库的成本、产成品入库单的成本进行确认或修改。

② 各个仓库的单据应该按照时间顺序记账。

③ 已记账单据不能修改和删除。如果发现已记账单据有错误，则在本月未结账状态下可以取消记账；如果已记账单据已生成凭证，则不能取消记账，除非先删除相关凭证。

12.1.3 出入库成本调整

出入库单据记账后，如果发现单据金额输入错误，则通常采用修改方式进行调整。但如果遇到由于暂估入库后发生零出库业务等造成出库成本不准确或库存数量为 0 而仍有库存金额的情况，则需要利用调整单据进行调整。

12.1.4 暂估入库业务处理

核算管理子系统中对采购暂估入库业务提供了月初回冲、单到回冲、单到补差 3 种处理方式，暂估处理方式一旦选择就不可修改。无论采用哪种方式，都要遵循以下步骤：待采购发票到达后，在采购管理子系统中填制发票并进行采购结算，然后在核算管理子系统中完成暂估入库业务成本处理。

12.1.5 生成凭证

在核算管理子系统中，可以将各种出入库单据中涉及存货增减和价值变动的单据生成凭证传递到总账管理子系统。

对于比较规范的业务，在核算管理子系统的初始设置中可以事先设置好凭证上的存货科目和对方科目，系统将自动采用这些科目生成相应的出入库凭证，并传递到总账管理子系统。

12.1.6 综合查询

核算管理子系统提供了存货明细账、总账、出入库流水账、入库汇总表、出库汇总表、差异（差价）分摊表、收发存汇总表、存货周转率分析表、入库成本分析表、暂估材料余额分析表等多种分析统计账表。

12.2 核算管理子系统和 T3 其他子系统之间的数据关联

核算管理子系统可对采购管理子系统暂估入库的采购入库单、对销售管理子系统生成的销售出库单、对库存管理子系统的各种出入库单据进行记账处理，并针对购销业务、客户往来业务、供应商往来业务制单，生成凭证传递给总账管理子系统。

核算管理子系统和 T3 其他子系统之间的数据关联如图 12.1 所示。

会计信息化应用（T3 财税云平台）

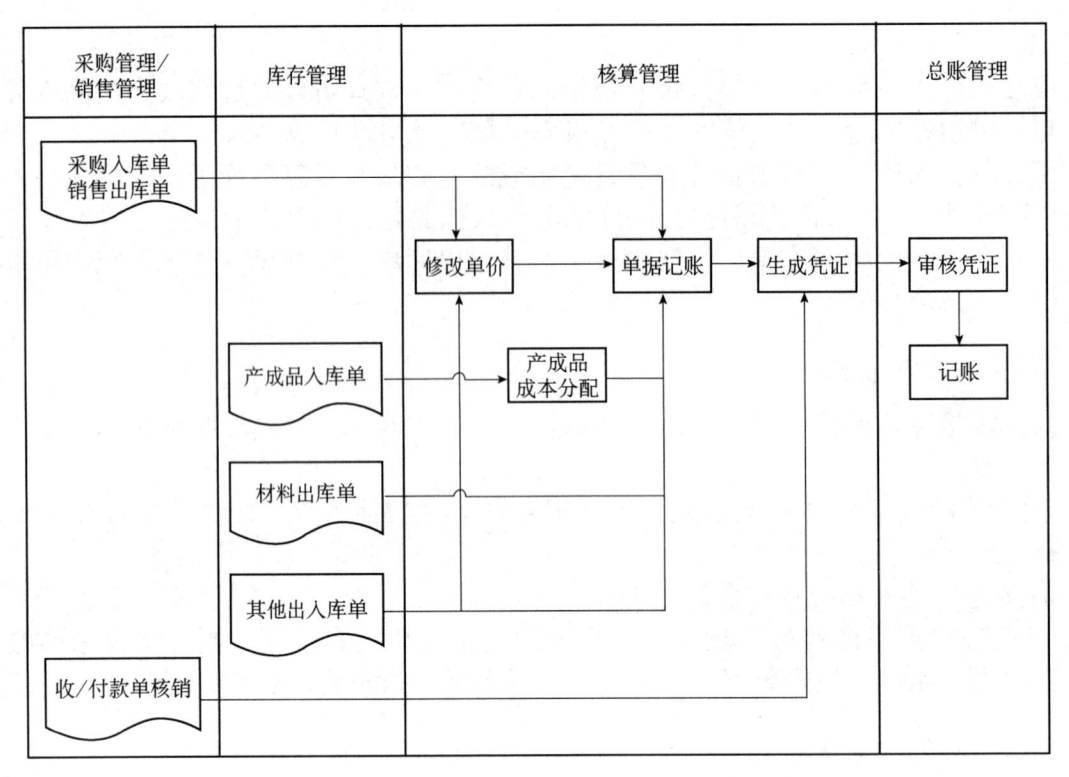

图 12.1 核算管理子系统和 T3 其他子系统之间的数据关联

实训任务

任务 1　入库及调整业务处理

任务下达

以系统管理员身份在系统管理中恢复"购销存初始化"账套。由账套主管进行入库及调整业务处理。

任务解析

出入库单据记账后，如果发现单据金额输入错误，则可以利用调整单据进行调整。调整单据包括入库调整单和出库调整单，都只针对当月存货的出入库成本进行调整，并且只调整存货的金额，不调整存货的数量。

出入库调整单保存即记账，因此已保存的单据不可修改、删除。

任务详情

① 2023 年 1 月 16 日，向亚捷订购的 20 个键盘到货，入材料二库。收到采购专用发票一张，发票号为 42466095，无税单价为 125 元/个。原始凭证如图 12.2 所示。

② 2023 年 1 月 28 日，将 1 月 16 日发生的采购键盘的入库成本增加 400 元。

图 12.2　原始凭证

任务指引

1. 办理采购入库

步骤 1　填制采购入库单。选择"采购"|"采购入库单"命令，填制采购入库单后保存。

步骤 2　采集电子发票并审核。选择"发票管理"|"发票采集"命令，采集本笔业务电子发票并审核。

步骤 3　复核采购专用发票。选择"采购"|"采购发票"命令，对采购专用发票进行复核。

步骤 4　进行手工结算。在"采购发票"（采购专用发票）窗口中，单击"流转"下拉按钮，选择"手工结算"选项，打开"条件输入"对话框。单击"确定"按钮，打开"入库单和发票选择"对话框。选择要结算的入库单和发票，进行采购结算。

步骤 5　审核采购入库单。选择"库存"|"采购入库单审核"命令，审核采购入库单。

步骤 6　入库记账。选择"核算"|"核算"|"正常单据记账"命令，对采购入库单记账。

步骤 7　生成入库凭证。选择"核算"|"凭证"|"购销单据制单"命令，对采购入库单生成入库凭证。

步骤 8　发票制单。选择"核算"|"凭证"|"供应商往来制单"命令，选择发票制单并生成凭证。

2. 调整入库成本

步骤 1　选择"核算"|"入库调整单"命令，打开"入库调整单"窗口。

步骤 2　单击"增加"按钮，选择"材料二库"，输入日期"2023-01-28"，选择收发类别"采购入库"、部门"采购部"、供应商"亚捷商贸有限公司"。

步骤 3　选择存货编码"102"，输入金额"400"，然后单击"保存"按钮，如图 12.3 所示。

会计信息化应用（T3 财税云平台）

图 12.3　入库调整单

> **注意**
>
> 　　入库调整单是对存货的入库成本进行调整的单据，既可针对单据进行调整，也可针对存货进行调整。

步骤 4　选择"核算"|"凭证"|"购销单据制单"命令，选择对入库调整单生成凭证，如图 12.4 所示。

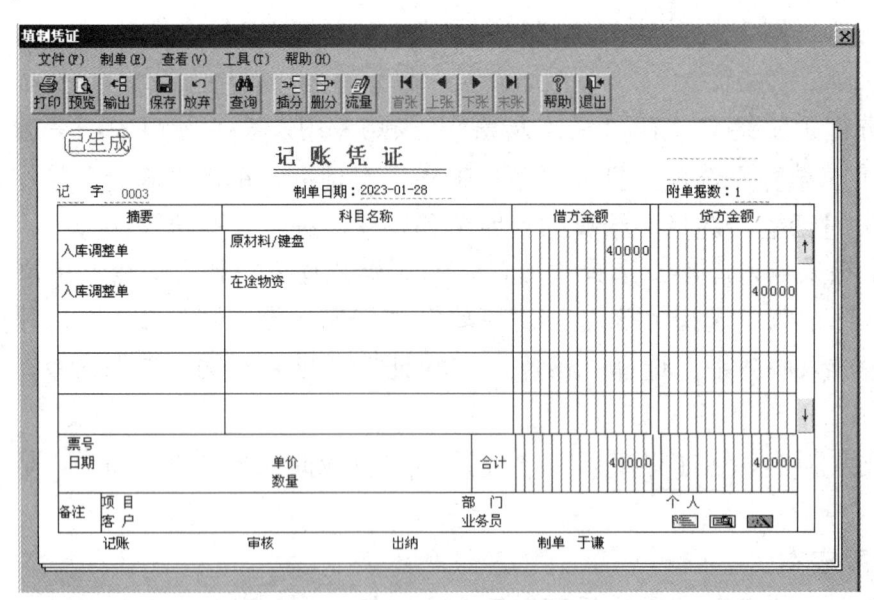

图 12.4　对入库调整单生成凭证

任务 2　购销存和核算月末结账

任务下达

由账套主管进行购销存和核算结账。

项目 12　存货核算

任务解析

本月经济业务全部处理完成后，需要进行月末结账处理，以开始下个会计期间的工作。按照购销存管理子系统和核算管理子系统的数据关联，需要先进行采购管理和销售管理月结，再进行库存管理月结，最后进行核算管理月结。

任务指引

步骤 1　选择"采购"|"月末结账"命令，打开"月末结账"对话框。选中要结账的月份，单击"结账"按钮，系统弹出"你选择的月份结账成功！"信息提示框，如图 12.5 所示。单击"确定"按钮返回，再单击"退出"按钮。

步骤 2　选择"销售"|"月末结账"命令，打开"月末结账"对话框。选中要结账的月份，单击"月末结账"按钮，结账完成。再单击"退出"按钮。

步骤 3　选择"库存"|"月末结账"命令，打开"月末结账"对话框。选中要结账的月份，单击"结账"按钮，再单击"退出"按钮。

步骤 4　选择"核算"|"月末处理"命令，打开"月末处理"对话框。单击"全选"按钮，选中要进行月末处理的仓库。单击"确定"按钮，系统提示如图 12.6 所示。单击"确定"按钮，系统弹出"期末处理完毕！"信息提示框。单击"确定"按钮。关闭当前窗口返回。

图 12.5　采购月末结账　　　　　　　　　图 12.6　核算期末处理

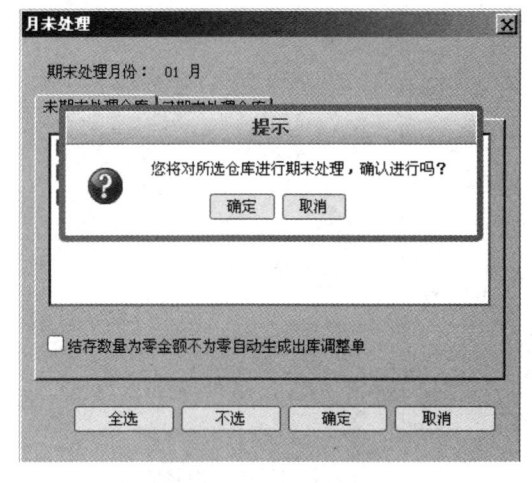

步骤 5　选择"核算"|"月末结账"命令，打开"月末结账"对话框。选中"月末结账"单选按钮，单击"确定"按钮，系统弹出"结账成功！"信息提示框。单击"确定"按钮返回。

通关测试

在线测试

一、判断题

1. 核算管理子系统主要核算企业存货的入库成本、出库成本和结余成本。　　（　　）
2. 无单价的入库单据不能记账。　　　　　　　　　　　　　　　　　　　　（　　）
3. 出入库调整单既可以调整存货数量，也可以调整存货单价。　　　　　　　（　　）

二、选择题

1. 核算管理子系统中的入库单据包括（　　）。

　　A. 采购入库单　　　　B. 入库调整单　　　　C. 产成品入库单　　　　D. 其他入库单

209

2. T3 提供的存货暂估处理方法有（　　）。
   A. 月初回冲　　　　B. 单到回冲　　　　C. 单到补差　　　　D. 补充更正
3. 关于入库调整单，以下说法正确的有（　　）。
   A. 只能对存货的入库数量进行调整
   B. 只能对存货的入库金额进行调整
   C. 只能针对当月存货进行调整
   D. 既可以针对单据，也可以针对存货进行调整

三、思考题

1. 企业暂估方式能修改吗？
2. 哪些情况会用到入库调整单？
3. 采购入库单（暂估记账）和采购入库单（报销记账）的区别在哪里？
4. 取消单据记账的前提是什么？

项目 13

纳税申报

知识目标
1. 掌握税收法律法规知识。
2. 熟悉网上纳税申报的一般流程。

技能目标
1. 正确计算企业主要税费和社保金。
2. 应用智能工具进行税费网上申报。

素质目标

树立学生的纳税意识,培养学生多为企业创收、多为国家缴税的家国情怀。

项目背景

该企业经国家税务部门认定为增值税一般纳税人企业。城市维护建设税税率为7%,教育费附加费率为3%。本期发生的增值税进项税均设定在本期经过合法认证,本期销售形成的销项税与收入均在本期确认。企业目前已执行2019年增值税新税率。该企业不适用增值税加计扣除的方法。

该企业采用应付税款法核算企业所得税。企业所得税税率为25%。企业所得税根据本月利润按月预提,季末按季预缴,每季终了后15日内缴纳,全年汇算清缴,年末按全年利润总额和适用所得税税率计算调整,完成所得税的汇算后多退少补。

基本知识

13.1 认识纳税申报子系统

纳税申报子系统的功能主要包括以下几个方面。

1. 增值税申报处理

增值税申报包括纳税性质设置,纳税期限设置,会计准则设置,纳税申报表打开、保存、重算、重置等。

2. 附加税申报处理

附加税主要包括城市维护建设税、教育费附加等。

3. 企业所得税申报处理

企业所得税申报包括:纳税设置;会计准则设置;征收方式设置;纳税申报表打开、保存、重算、重置,等等。

4. 国税申报

国税申报包括选择申报类型、申报报表、申报地区和申报日期等。

13.2 纳税申报子系统和T3其他子系统之间的数据关联

纳税申报子系统主要与发票管理子系统关联，它们之间的数据关联如图13.1所示。

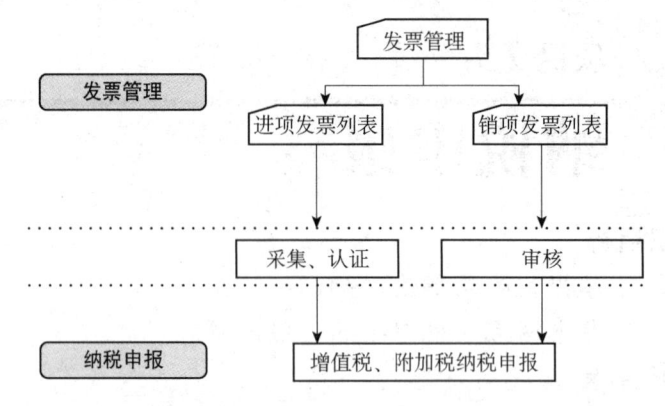

图13.1 纳税申报与发票管理的关系

在纳税申报前，要核查发票管理子系统中进行是否已进行进项发票认证、销项发票审核。

实训任务

任务1 纳税申报相关设置

任务下达

以系统管理员身份恢复"纳税申报初始账套"文件夹中的账套。
以会计的身份进行纳税申报相关设置。
本企业属于增值税一般纳税人，按月纳税。
本企业所得税采用查账征收方式。
本企业执行"2013小企业会计准则"。

思政小课堂
增值税的认识及意义

任务解析

纳税申报设置中，要设置本单位增值税的纳税性质、纳税期限、是否加计递减；设置所得税的纳税期限、是否小型微利企业、是否科技型中小企业、征收方式等。

1. 增值税纳税性质

增值税纳税性质是确定本单位是一般纳税人还是小规模纳税人。一般纳税人和小规模纳税人的主要区别如表13.1所示。

表13.1 一般纳税人和小规模纳税人的主要区别

比较项目	一般纳税人	小规模纳税人
年销售额	超过国家规定标准	未超过国家规定标准
适用税率	6%、9%、13%	3%
增值税专用发票是否能抵扣进项	能	不能

2. 所得税征收方式

所得税征收分为查账征收和核定征收两种方式。
查账征收是由纳税人依据账簿记录，先自行计算缴纳，事后经税务机关查账核实。这种征收方式适用于已建立会计账册、会计制度健全且会计记录完整的企业采用。

核定征收是由税务机关根据纳税人情况，在正常生产经营条件下，对其生产的应税产品查实核定产量和销售额，然后依据税法规定的税率征收税款的征收方式。

任务指引

步骤 1　以会计的身份登录 T3，选择"纳税申报"|"纳税设置"命令，打开"纳税设置"对话框。

步骤 2　在"增值税"选项卡中，选择纳税性质"一般纳税人"、纳税期限"月"，如图 13.2 所示。

步骤 3　在"企业所得税"选项卡中，查看所得税征收方式"查账征收（A 类）"，如图 13.3 所示。单击"确定"按钮。

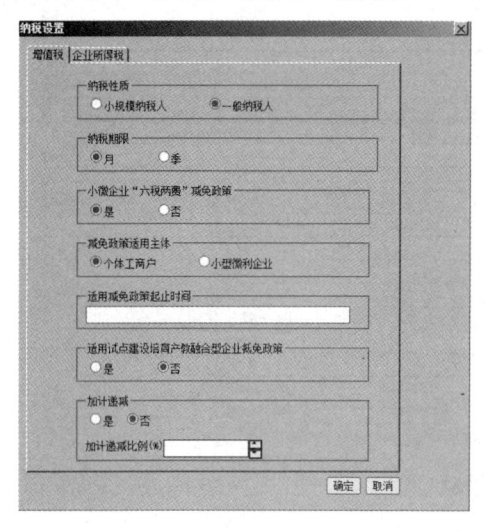

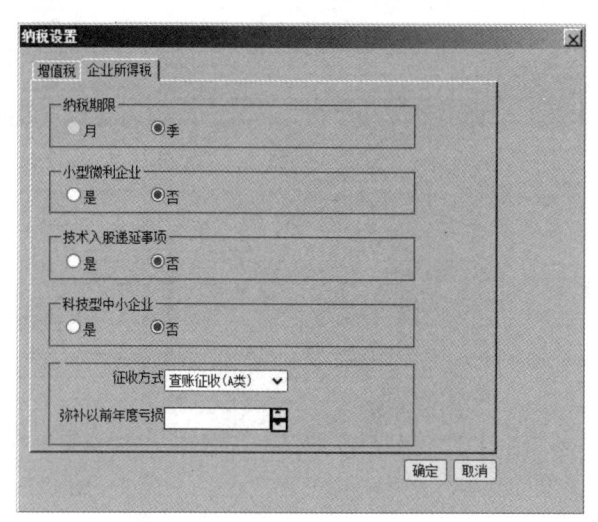

图 13.2　纳税设置——增值税　　　　图 13.3　纳税设置——企业所得税

步骤 4　选择"纳税申报"|"会计准则"命令，打开"会计准则设置"对话框。选择会计准则"2013 小企业会计准则"，如图 13.4 所示。单击"确认"按钮，系统提示"设置成功"。单击"确定"按钮返回。

图 13.4　会计准则设置

任务 2　税务报表填报

任务下达

由会计进行 2023 年 1 月份税务报表填报，包括增值税申报表填报、附加税申报表填报和所得税申报表填报。

任务解析

本月经济业务月末结账完成后，需要进行纳税申报。

任务指引

1. 增值税申报表申报

步骤1　选择"纳税申报"|"税务报表"|"增值税申报表"命令，打开"增值税申报表"窗口。

步骤2　选择"文件"|"重算"命令，系统弹出"使用报表公式重新生成报表数据，是否继续？"信息提示框。单击"确定"按钮，系统自动计算本期增值税数据，如图13.5所示。

图 13.5　增值税申报表

步骤3　选择"文件"|"保存"命令，保存申报表数据。

步骤4　选择"文件"|"退出"命令。

2. 附加税申报表申报

步骤1　选择"纳税申报"|"税务报表"|"附加税申报表"命令，打开"附加税申报表"窗口。

步骤2　选择"文件"|"重算"命令，系统弹出"使用报表公式重新生成报表数据，是否继续？"信息提示框。单击"确定"按钮，系统自动计算附加税数据，如图13.6所示。

图 13.6　附加税申报表

步骤3　选择"文件"|"保存"命令，保存申报表数据。
步骤4　选择"文件"|"退出"命令。

3. 所得税申报表申报

步骤1　选择"纳税申报"|"税务报表"|"企业所得税预缴申报表"命令，打开"企业所得税预缴申报表"窗口。

步骤2　选择"文件"|"重算"命令。系统弹出"使用报表公式重新生成报表数据，是否继续？"信息提示框。单击"确定"按钮，系统自动计算，如图13.7所示。

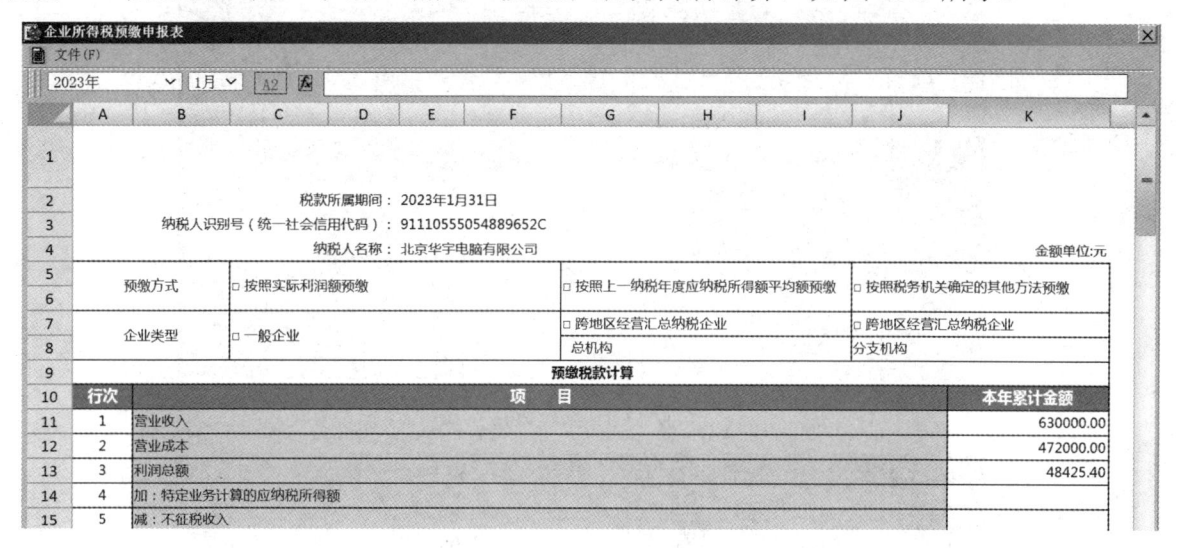

图 13.7　所得税申报表

步骤3　选择"文件"|"保存"命令，保存申报表数据。
步骤4　选择"文件"|"退出"命令。

任务3　进行纳税申报

任务下达

由会计进行纳税申报。

任务解析

本月申报表完成后，进行一键申报。

任务指引

步骤1　选择"纳税申报"|"纳税申报"命令，打开"纳税申报"对话框。

步骤2　选择申报类型"月报"、申报报表"增值税申报表""附加税申报表""企业所得税预缴申报表"、申报地区"北京"、申报日期"2023-02-15"，如图13.8所示。

步骤3　单击"一键申报"按钮，打开"申报确认"对话框，如图13.9所示。

步骤4　信息确认无误后，单击"立即申报"按钮，系统弹出"申报成功！"信息提示框。单击"确定"按钮。

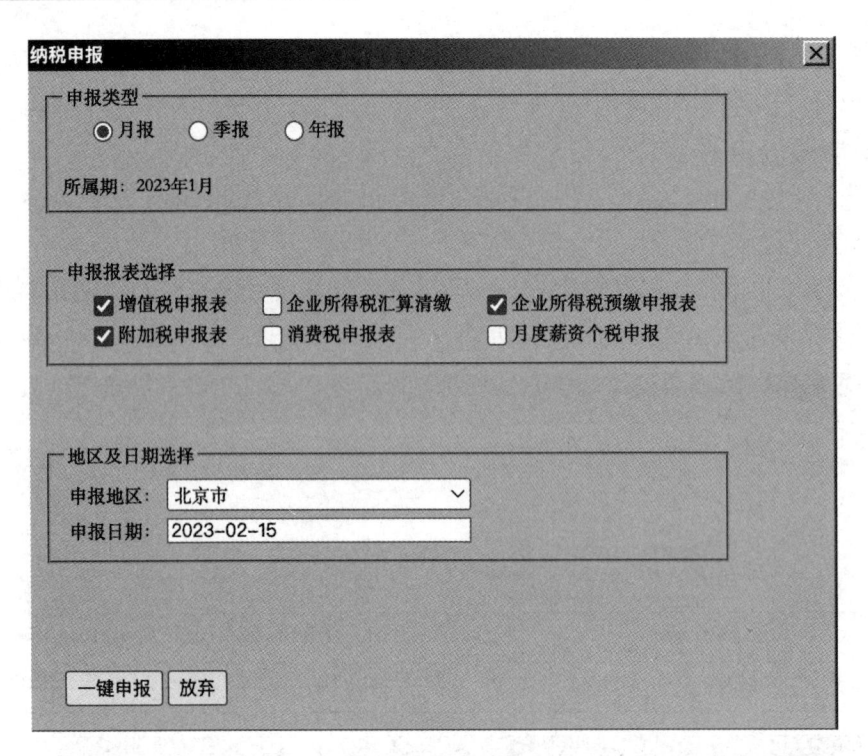

图 13.8　纳税申报

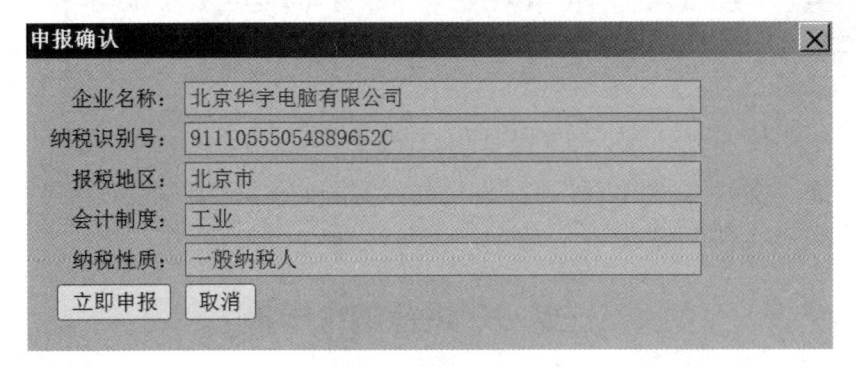

图 13.9　申报确认

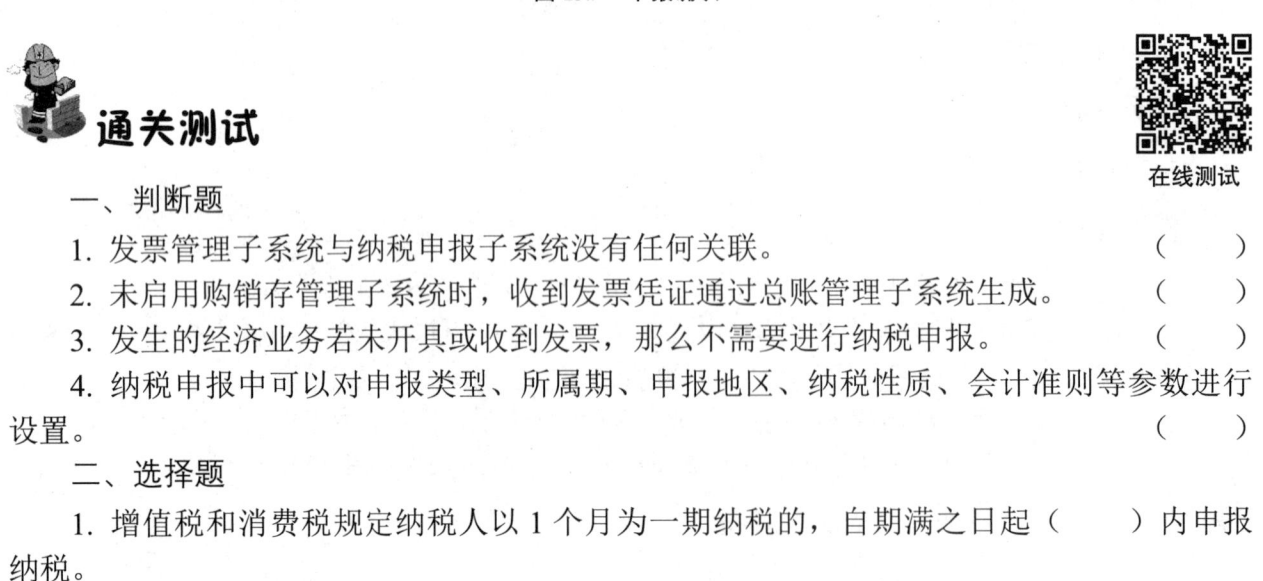

通关测试

一、判断题

1. 发票管理子系统与纳税申报子系统没有任何关联。　　　　　　　　　　（　　）
2. 未启用购销存管理子系统时，收到发票凭证通过总账管理子系统生成。　（　　）
3. 发生的经济业务若未开具或收到发票，那么不需要进行纳税申报。　　　（　　）
4. 纳税申报中可以对申报类型、所属期、申报地区、纳税性质、会计准则等参数进行设置。　　　　　　　　　　　　　　　　　　　　　　　　　　　　　　　　　　　（　　）

二、选择题

1. 增值税和消费税规定纳税人以 1 个月为一期纳税的，自期满之日起（　　）内申报纳税。

　　A. 5 日　　　　　B. 10 日　　　　　C. 15 日　　　　　D. 3 日

2. 截至 2022 年 07 月 18 日能够开具全电发票的省市包括（　　）。

　　A. 广东　　　　　B. 深圳　　　　　C. 上海　　　　　D. 内蒙古

3. T3 中，启用发票管理子系统前，必须先启用（　　）子系统。
   A. 总账管理　　　B. 购销存管理　　　C. 核算管理　　　D. 财务报表
4. 下列各项中，系统支持的纳税申报是（　　）。
   A. 增值税申报　　　　　　　　　　　B. 消费税申报
   C. 企业所得税申报　　　　　　　　　D. 个税申报
5. 以下几种情况，说法正确的是（　　）。
   A. 未启用购销存管理子系统，收到发票凭证通过总账管理子系统生成
   B. 未启用购销存管理子系统，开具发票凭证通过总账管理子系统生成
   C. 启用购销存管理子系统，收到发票凭证通过核算管理子系统生成
   D. 启用购销存管理子系统，开具发票凭证通过核算管理子系统生成

三、思考题

1. 增值税电子发票能作废吗？电子发票开错怎么办？
2. 金税四期，增值税申报流程？
3. 金税四期，企业所得税申报流程？
4. 金税四期，消费税申报流程？
5. 金税四期，个税申报流程？

项目 14

RPA 财务机器人

知识目标

1. 理解 RPA 的基本概念，了解 RPA 的发展历程和主流工具。
2. 了解 RPA 的技术框架、功能及部署模式等。
3. 熟悉 RPA 工具的使用过程。

技能目标

1. 掌握利用 RPA 工具做流程设计和运行等操作。
2. 会创建简单的 RPA 财务机器人，实施自动化任务。

素质目标

通过实训操作，培养学生积极拥抱变革、勇于创新的工匠精神。

项目背景

自 2017 年以来，在"影响中国会计行业的十大信息技术评选"中，RPA 财务机器人连续四年（2020年、2021年、2022年、2023年）荣登榜单，流程自动化以 41.92%的综合得票率排名第 4，充分彰显了其在财务领域中的价值。

传统业务模式下需要占用大量专业人员和时间的业务场景，RPA（Robotic Process Automation，机器人流程自动化）无须人工参与，大幅提升了工作效率，释放了宝贵的人力资源，同时避免了大部分人工操作风险，并能明显降低错误率。RPA 是以软件机器人和人工智能为基础，通过模仿用户手动操作的过程，让软件机器人自动执行大量重复的、基于规则的任务，将手动操作自动化的技术。RPA 工具能够模拟人类的后台任务，如提取数据、填写表单和移动文件等。

基本知识

14.1 认识RPA财务机器人

14.1.1 RPA 财务机器人的发展历程

RPA 技术最初只能模拟人类可见的操作，但随着技术的不断发展，现在已经可以自动化执行更复杂的任务。RPA 与人工智能的深度融合将成为未来发展的必然趋势。通过与机器学习和自动化技术的紧密结合，RPA 能够自动学习和适应新的业务规则和变化，实现更为智能化和自适应的自动化流程。未来的 RPA 系统将提供更强大的集成能力，能够与企业现有的软件系统、数据源和服务进行无缝集成，包括 ERP 系统、CRM 系统、数据库等。RPA 的集成能力还可以降低企业的运营成本和提高工作效率。RPA 的应用范围将进一步扩大，如客户服务、人力资源、供应链管理等。RPA 将帮助企业实现更大范围的自动化，为其带来更高的效率、准确性和可靠性。

14.1.2　RPA 财务机器人如何实现自动化

RPA 财务机器人主要通过录屏、模拟、脚本、API 等方式将人类在计算机上的数字化业务实现端到端的自动化。

14.1.3　RPA 财务机器人应用场景

RPA 财务机器人将重复、枯燥、无意义的数字化业务流程实现端到端自动化，具有执行效率高、弱耦合性、易使用、扩展灵活等技术特性，能最大限度地平衡开发周期和成本，且投资回报周期较短。企业的业务流程中，纸质文件输入、电子票据验证、从电子邮件和文档中提取数据、跨系统数据迁移、企业 IT 应用自动操作等工作，可通过 RPA 财务机器人准确、快速地完成，减少人工错误、提高效率并大幅降低运营成本。

14.2　RPA财务机器人和T3子系统应用场景

RPA 财务机器人和 T3 子系统应用场景如图 14.1 所示。

客户档案维护机器人
通过OCR识别企业信息，创建一个文件夹，将其命名为"组织+客户"，通过解析文件夹的名称把所属组织和客户存到Excel中。登录T3，依据Excel中的组织，选择所属组织，查询是否存在此客户，如果不存在，则依据Excel中的企业名称、统一社会信用代码（税号）、地区及电话、开户银行及账号信息输入T3，保存。根据日志的成功和失败状态，自动修改Excel中的成功和失败状态。

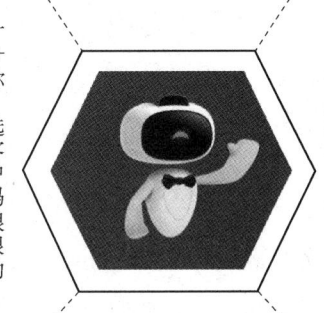

固定资产卡片录入机器人
根据IT设备部或其他部门提供的设备清单，机器人通过内置规则调整Excel数据。登录T3，打开固定资产卡片节点，单击"新增"，依据Excel字段和一些默认规则输入卡片数据信息并保存。根据日志的成功和失败状态，自动修改Excel中的成功和失败状态。

税收分类编码机器人
在企业实际业务中，项目在与开票系统对接时，物料档案中需维护好税收分类编码，用于自动开票。T3中存货档案数量较多，新增频繁。需要专人查询物料名称对应的税收分类编码，并修改物料档案的税收分类编码字段。如果不能及时更新税收分类编码，会导致财务在开票时因税收分类编码为空，无法正常开票。机器人代替人工操作，无须人员干预，节省专人查询时间，能及时更新物料档案。

月末结账机器人
集团企业存在多组织，则月末结账时存在多组织，工作量大，出错率较高，不易被发现。通过机器人实现自动批量结账，如果前一期未结账，则输出未结账的组织，通知财务人员。用机器人可以减少人工作业，释放劳动力，提高效率和准确率，实现人机协同完成所有操作。

图 14.1　RPA 财务机器人和 T3 子系统应用场景

实训任务

任务1　客户档案维护机器人

任务下达

将 Excel 客户档案表中的客户信息（见表 14.1）通过运行 RPA 财务机器人快速保存到 T3 中。

表 14.1　客户信息

客户编号	客户名称	客户简称	税　号	开户银行	银行账号
003	武汉江城电动车商贸公司	武汉江城	915665312389071083	农行苏州市中环路支行	28080976724781

会计信息化应用（T3 财税云平台）

任务解析

客户信息包括的字段有客户编号、客户名称、客户简称、税号、开户银行和银行账号等。

任务指引

步骤 1 双击桌面"智多星 RPA"图标，使用账号、密码登录"智多星 RPA"系统，单击左侧的"打开"按钮，选择"客户档案维护机器人"，双击打开"客户档案维护机器人.proj"文件，如图 14.2、图 14.3 所示。

☞ 客户档案维护

图 14.2　打开智多星 RPA 系统　　　　图 14.3　打开"客户档案维护机器人.proj"文件

步骤 2 在"变量栏"选项卡中，依次选择 T3Url、Fexamid、Password、InnerLoginName、TimeInfo，修改其变量值。在 T3Url 的"变量值"文本框中输入跳转 T3 的网址"https://t3.seentao.com/exam_login/login/login.jsp"，在 Fexamid 的"变量值"文本框中输入"20230803090101"，在 Password 的"变量值"文本框中输入"20230803090101"，在 InnerLoginName 的"变量值"文本框中输入"1101"，在 TimeInfo 的"变量值"文本框中输入"2023-01-01"，如图 14.4 所示。

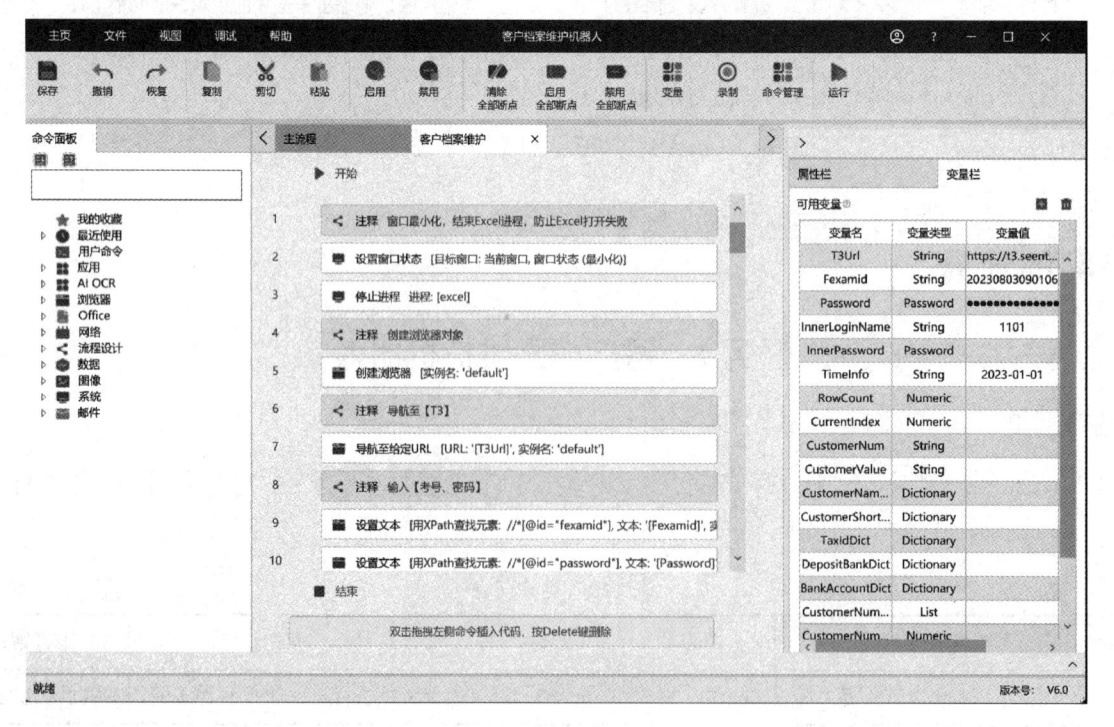

图 14.4　修改变量值

步骤3　输入完变量值，单击"运行"按钮，运行客户档案维护机器人，自动进行客户档案维护处理。处理完成后，出现"程序运行结束！"信息提示，如图14.5所示。

图 14.5　运行结束

步骤4　结束后，以账套主管的身份登录T3，选择"基础设置"|"客户档案"命令，打开客户档案，可以看到Excel表中的客户信息已保存到T3中。

任务2　税收分类编码机器人

任务下达

将Excel税收分类编码表中的存货信息（见表14.2）通过运行RPA财务机器人快速保存到T3中。

表 14.2　存货信息

存货编码	存货名称	开票名称	税收分类编码	税收分类简称
101	主板	主板	1090509	电子计算机及其部件
102	CPUi7-8250	CPUi7-8250	1090509	电子计算机及其部件
103	CPUi7-8650	CPUi7-8650	1090509	电子计算机及其部件
104	内存条-8GB	内存条-8GB	1090509	电子计算机及其部件
105	内存条-16GB	内存条-16GB	1090509	电子计算机及其部件
106	硬盘-512GB	硬盘-512GB	1090509	电子计算机及其部件
107	硬盘-1TB	硬盘-1TB	1090509	电子计算机及其部件
108	显示器	显示器	1090509	电子计算机及其部件
109	键盘	键盘	1090509	电子计算机及其部件
110	鼠标	鼠标	1090509	电子计算机及其部件
111	机箱	机箱	1090509	电子计算机及其部件
112	电源	电源	1090509	电子计算机及其部件

任务解析

存货信息包括的字段有存货编码、存货名称、开票名称、税收分类编码和税收分类简称等。

任务指引

步骤1　双击桌面"智多星RPA"图标，使用账号、密码登录"智多星RPA"系统，单击左侧的"打开"按钮，选择"税收分类编码机器人"，双击打开"税收分类编码机器人.proj"文件，如图14.6所示。

会计信息化应用（T3 财税云平台）

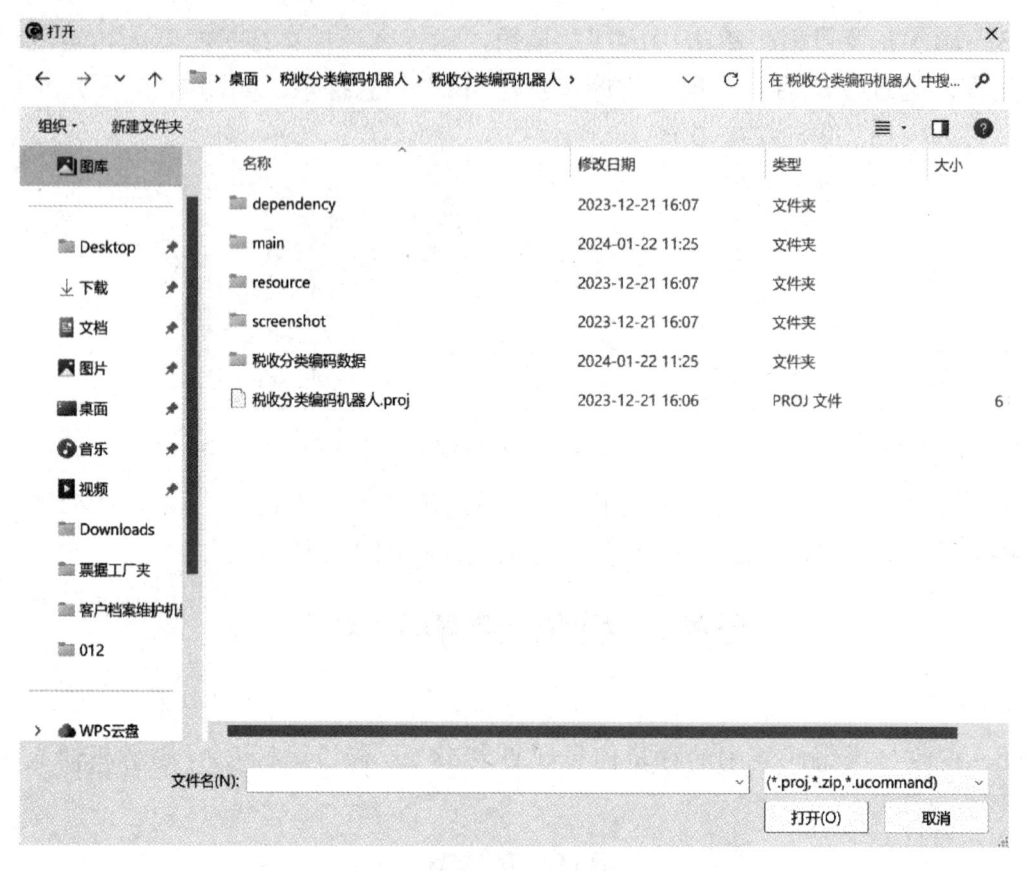

图 14.6 打开"税收分类编码机器人.proj"文件

步骤 2 在"变量栏"选项卡中，依次选择 T3Url、Fexamid、Password、InnerLoginName、TimeInfo，修改其变量值。在 T3Url 的"变量值"文本框中输入跳转 T3 的网址"https://t3.seentao.com/exam_login/login/login.jsp"，在 Fexamid 的"变量值"文本框中输入"20230803090101"，在 Password 的"变量值"文本框中输入"20230803090101"，在 InnerLoginName 的"变量值"文本框中输入"1101"，在 TimeInfo 的"变量值"文本框中输入"2023-01-01"，如图 14.7 所示。

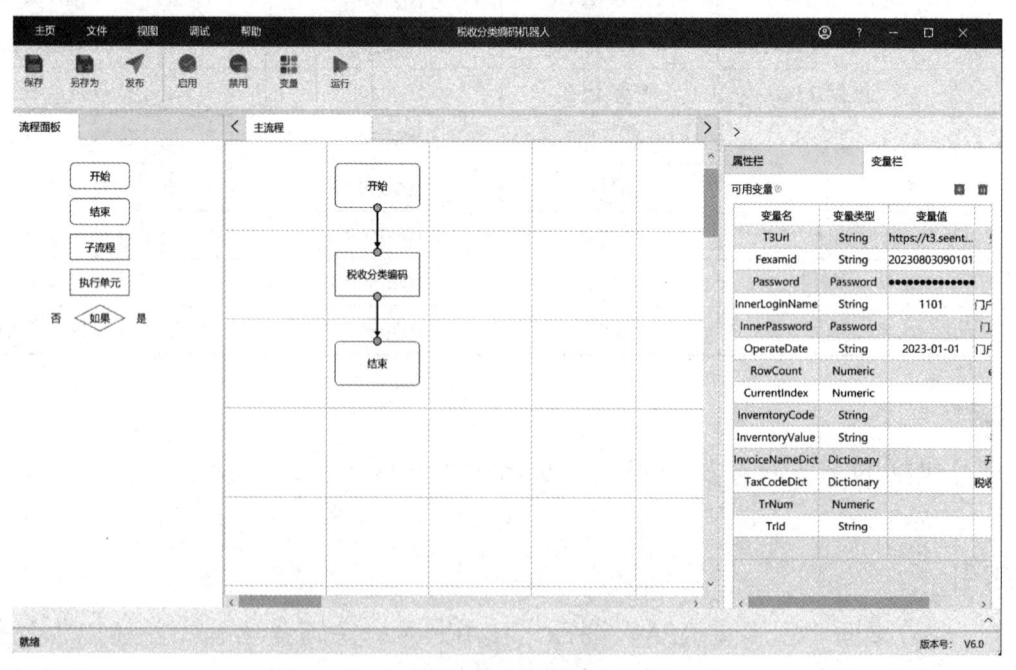

图 14.7 修改变量值

步骤 3 输入完变量值,单击"运行"按钮,运行税收分类编码机器人,会自动进行税收分类编码处理。处理完成后,出现"程序运行结束!"信息提示。

步骤 4 结束后,以账套主管的身份登录 T3,选择"发票管理"|"开票商品同步"命令,打开开票商品同步,可以看到 Excel 表中存货信息已保存到 T3 中。

任务3 固定资产卡片录入机器人

任务下达

将 Excel 资产卡片表中的资产信息(见表 14.3)通过运行 RPA 财务机器人快速保存到 T3 中。

表 14.3 资产信息

卡片编号	固定资产名称	使用部门	增加方式	使用状况	残值率	使用年限	折旧方法	开始使用日期	原值	累计折旧
02007	自动包装机	生产部	直接购入	在用	10	10	平均年限法(一)	2016/11/12	78 000	19 305

任务解析

资产信息包括的字段有卡片编号、固定资产名称、使用部门、增加方式、使用状况、残值率、使用年限、折旧方法、开始使用日期、原值和累计折旧等。

任务指引

步骤 1 双击桌面"智多星 RPA"图标,使用账号、密码登录"智多星 RPA"系统,单击左侧的"打开"按钮,选择"固定资产卡片录入机器人",双击打开"固定资产卡片录入机器人.proj"文件,如图 14.8 所示。

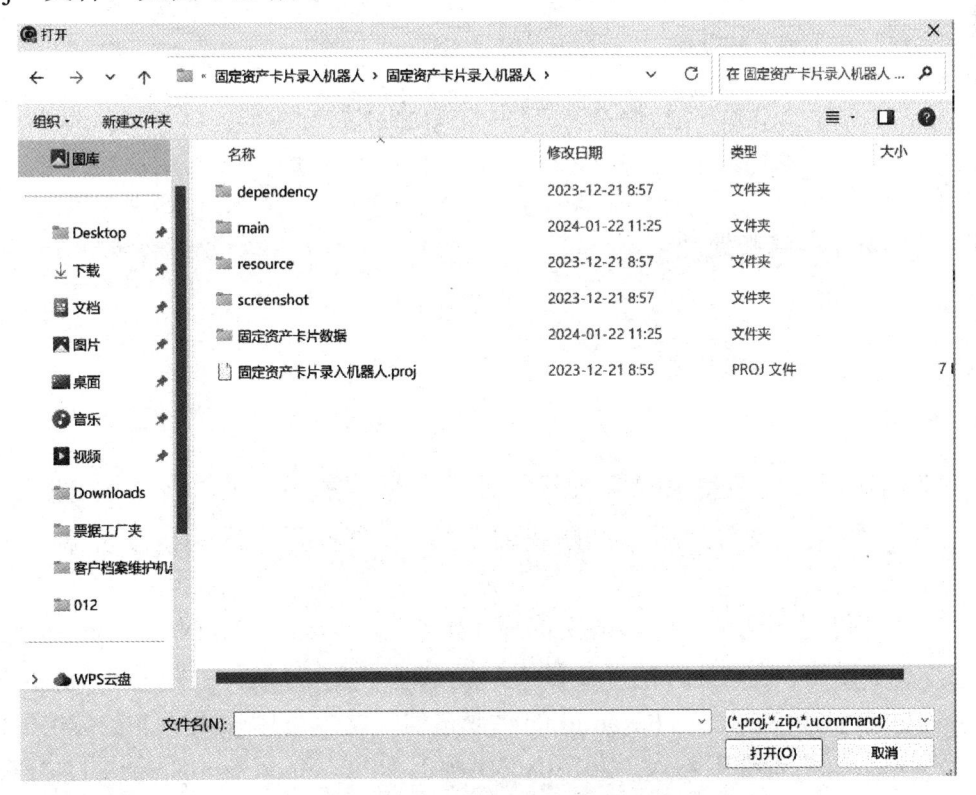

图 14.8 打开"固定资产卡片录入机器人.proj"文件

步骤2　在"变量栏"选项卡中，依次选择 T3Url、Fexamid、Password、InnerLoginName、TimeInfo，修改其变量值。在 T3Url 的"变量值"文本框中输入跳转 T3 的网址"https://t3.seentao.com/exam_login/login/login.jsp"，在 Fexamid 的"变量值"文本框中输入"20230803090101"，在 Password 的"变量值"文本框中输入"20230803090101"，在 InnerLoginName 的"变量值"文本框中输入"1101"，在 TimeInfo 的"变量值"文本框中输入"2023-01-01"，如图 14.9 所示。

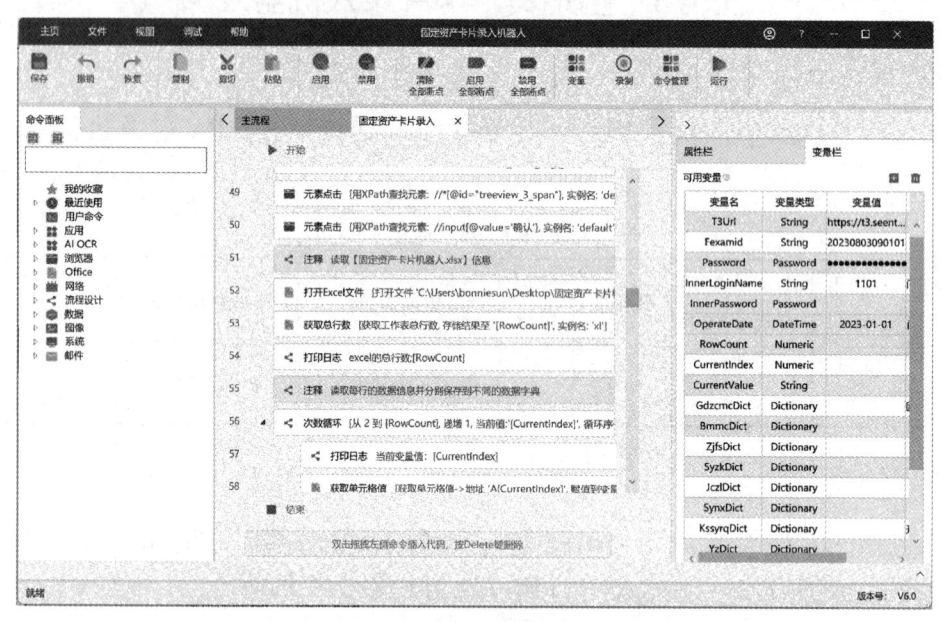

图 14.9　修改变量值

步骤3　输入完变量值，单击"运行"按钮，运行固定资产卡片录入机器人，自动进行固定资产卡片录入处理。处理完成后，出现"程序运行结束！"信息提示。

步骤4　结束后，以账套主管的身份登录 T3，选择"固定资产"|"卡片管理"命令，打开卡片管理，可以看到 Excel 表中卡片信息已保存到 T3 中。

任务4　月末结账机器人

任务下达

登录 T3，完成月末结账处理。

任务解析

登录总账系统，完成月末结账。

任务指引

步骤1　双击桌面"智多星 RPA"图标，使用账号、密码登录"智多星 RPA"系统，单击左侧的"打开"按钮，选择"月末结账机器人"，双击打开"月末结账机器人.proj"文件，如图 14.10 所示。

步骤2　在"变量栏"选项卡中，依次选择 T3Url、Fexamid、Password、InnerLoginName、TimeInfo，修改其变量值。在 T3Url 的"变量值"文本框中输入跳转 T3 的网址"https://t3.seentao.com/exam_login/login/login.jsp"，在 Fexamid 的"变量值"文本框中输入"20230803090101"，在 Password 的"变量值"文本框中输入"20230803090101"，在 InnerLoginName 的"变量值"文本框中输入"1101"，在 TimeInfo 的"变量值"文本框中输入"2023-01-31"，如图 14.11 所示。

项目14　RPA 财务机器人

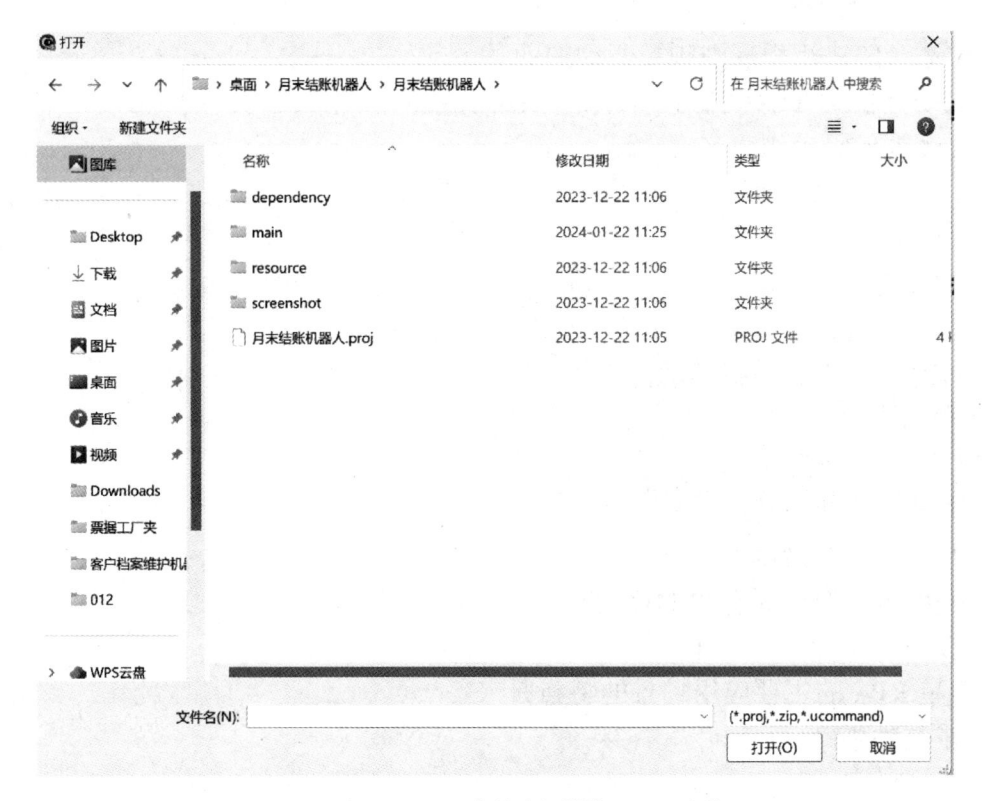

图 14.10　打开"月末结账机器人.proj"文件

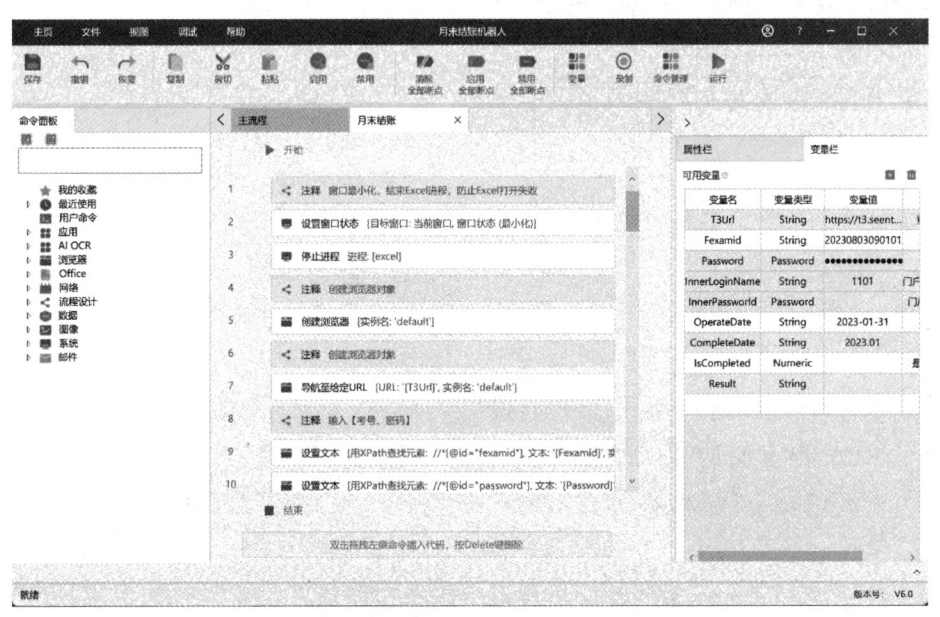

图 14.11　修改变量值

步骤 3　输入完变量值，单击"运行"按钮，运行月末结账机器人，自动进行月末结账处理。处理完成后，出现"程序运行结束！"信息提示。

步骤 4　结束后，以账套主管的身份登录 T3，选择"总账系统"|"月末结账"命令，打开月末结账，可以看到 T3 已进行 1 月份结账处理。

通关测试

一、判断题

1. 所有的工作流程都可以转化为 RPA 流程。　　　　　　　　　　　　　　　（　　）

225

2. RPA 适合解决流程规则频繁变动的业务。　　　　　　　　　　　　　　（　）
3. IT 系统评估是 RPA 可行性评估的关键组成部分。　　　　　　　　　　（　）
4. RPA 是零代码操作。　　　　　　　　　　　　　　　　　　　　　　（　）

二、选择题

1. 什么是 RPA？（　　）
   A. RPA 是 Robotic Process Automation 的英文缩写
   B. 机器人流程自动化
   C. 软件机器人、虚拟劳动力
   D. 自动化软件

2. RPA 的工作原理是（　　）。
   A. 基于计算机程序
   B. 基于明确的规则
   C. 需要改变企业原有的 IT 结构
   D. 模拟用户的手工操作

3. 智多星 RPA 的主要应用场景的特点是（　　）。
   A. 重复性强
   B. 处理量大
   C. 需要改变企业原有的 IT 结构
   D. 模拟用户的手工操作

4. 智多星 RPA 可应用于哪些场景？（　　）
   A. 财务对账　　　　　　　　　　　B. 纳税申报
   C. 费用分摊　　　　　　　　　　　D. 报表导出

5. 智多星 RPA 可应用于哪些工作？（　　）
   A. 搜集信息　　　　　　　　　　　B. 整理信息
   C. 记录数据　　　　　　　　　　　D. 传输信息

三、思考题

1. RPA 财务机器人还可应用于哪些场景？
2. 智多星 RPA 的主要功能包括哪些？

尊敬的老师：

您好。

请您认真、完整地填写以下表格的内容（务必填写每一项），索取相关图书的教学资源。

教学资源索取表

书　　名					作者名	
姓　　名			所在学校			
职　　称			职　　务		讲授课程	
联系方式	电　话			E-mail		
	QQ 号			微 信 号		
地 址（含 邮 编）						
贵校已购本教材的数量（本）						
所需教学资源						
系/院主任姓名						

系／院主任：_____（签字）

（系／院办公室公章）

20＿＿＿年＿＿月＿＿日

注意：

① 本配套教学资源仅向购买了相关教材的学校老师免费提供。

② 请任课老师认真填写以上信息，并请系/院加盖公章，然后传真到（010）80115555 转 718438 索取配套教学资源。也可将加盖公章的文件扫描后，发送到 fservice@126.com 索取教学资源。欢迎各位老师扫码添加我们的微信，随时与我们进行沟通和互动。

③ 个人购买的读者，请提供含有书名的购书凭证，如发票、网络交易信息，以及购书地点和本人工作单位来索取。

微信

反侵权盗版声明

电子工业出版社依法对本作品享有专有出版权。任何未经权利人书面许可，复制、销售或通过信息网络传播本作品的行为；歪曲、篡改、剽窃本作品的行为，均违反《中华人民共和国著作权法》，其行为人应承担相应的民事责任和行政责任，构成犯罪的，将被依法追究刑事责任。

为了维护市场秩序，保护权利人的合法权益，我社将依法查处和打击侵权盗版的单位和个人。欢迎社会各界人士积极举报侵权盗版行为，本社将奖励举报有功人员，并保证举报人的信息不被泄露。

举报电话：（010）88254396；（010）88258888
传　　真：（010）88254397
E-mail：dbqq@phei.com.cn
通信地址：北京市万寿路173信箱
　　　　　电子工业出版社总编办公室
邮　　编：100036